# 前　言

　　《宁夏师范学院"学人文库"第六辑》编纂完成,将于 2018 年与读者见面,本辑有三部著作(论文集),分别为徐燕教授等人编著的《信息技术与现代教育手段》、王鲁玉副教授的《唯物辩证法的矛盾法则——马克思主义哲学中国化视域下的〈矛盾论〉研读》、刘衍青教授主编的《固原历史文化研究》(第五辑)。从数量来看,本辑比前几辑要少,但三部论著集中反映了宁夏师范学院近年来学科发展的重点和特色,值得推介,以飨读者。

　　宁夏师范学院于 2016 年入选宁夏回族自治区"一流学科"创建单位,教育学学科被确定立项为一流建设学科,按照西部一流学科(B 类)标准进行建设。目前,教育学学科已形成了四个特色鲜明的研究方向,"教育技术学"是其中之一,是为适应大数据下现代教育的发展需求,集合校内外科研力量而开辟的一个比较新的研究方向。徐燕教授等人发挥专业优势,撰写的《信息技术与现代教育手段》一书,既注重理论与应用实践相结合,突出师范生教育技术动手能力的培养,又具有开阔的视野,对信息技术对现代教育之影响有科学的预判。本书的出版发行,将有益于推动宁夏师范学院教育技术学研究的发展,引领学者探索现代信息技术在高校文化传承中的作用与意义。中国共产党历经近一个世纪,其间跌宕峰回,波澜壮阔,但贯穿全过程的主题,始终是马克思主义中国化。而毛泽东同志创作于 20 世纪 30 年代,最终完成于 50 年代的《矛盾论》是一篇享誉世界的哲

学名作,也是马克思主义中国化理论与实践的经典文本。王鲁玉副教授的《唯物辩证法的矛盾法则——马克思主义哲学中国化视域下的〈矛盾论〉研读》,对毛泽东《矛盾论》的基本思想、逻辑展开和理论价值,作了全方位的考察和探寻。刘衍青教授主编的《固原历史文化研究(第五辑)》是宁夏回族自治区人文社科重点研究基地固原历史文化研究中心的集体成果。本辑从政治军事、语言民俗、文学艺术等多个领域,反映了当代学者对丝路重镇固原历史文化研究的最新成果,从史料挖掘、方法更新、地方文化交流等方面,体现出固原历史文化的研究正朝着深入、开放的方向发展。

《宁夏师范学院"学人文库"第六辑》凝聚着作者(编者)与编辑同志辛苦耕耘的汗水,在学校专项经费的资助下,即将面世。我们真诚期待读者朋友的批评与指正,期待宁夏师范学院的教师借助这个平台,在科学研究方面取得更多、更好的成果。

《宁夏师范学院"学人文库"第六辑》编委会

2017 年 12 月

# 目　录

# 历史与文化

LISHIYUWENHUA

# 安西王与安西王相府

薛正昌①

　　**摘　要:**成吉思汗在六盘山是一个历史性的转折。他不仅是在六盘山避暑,而且谋划并制定了攻金统一南宋的战略。他的继承者窝阔台、蒙哥、忽必烈都在这个大战略背景下向前推进。安西王分封与安西王府的设立,实际上都是这个大战略的延续。元朝建立、统一南宋后,安西王府有过撤罢,安西王也参与过元朝皇权的争夺。元朝建立后,忽必烈分封忙哥剌为安西王,设立王相府,负责统一南宋的战事,包括北征海都。安西王府为皇学建筑群,建筑模式源于元大都(今北京市)。元人姚燧的延釐寺碑碑文记载了安西王府的堂皇与华丽。安西王府衰落,原因一是第一代安西王忙哥剌之死,二是第二代安西王阿难答参与皇权之争失败,三是大德十年(1306年)开城大地震,四是末代安西王谋逆。

　　**关键词:**安西王　安西王府　延釐寺碑碑文　王府衰落

　　成吉思汗在六盘山是一个历史性的转折。他不仅在六盘山避暑,而且谋划并制定了攻金统一南宋的战略。他的继承者窝阔台、蒙哥、忽必烈都在这个大战略背景下向前推进。安西王分封与安西王府的设立,实际上都是这个大

---

①　薛正昌(1956—　　),男,宁夏固原人,宁夏社会科学院研究员。

战略的延续。元朝建立、统一南宋后，安西王府有过撤罢，安西王也参与过元朝皇权的争夺。王府的衰落，缘于天灾人祸。

### 一、安西王忙哥刺

宁夏固原城南 15 千米处的开城镇，在元代初年颇为重要。忽必烈曾封皇子于此，建立王相府，其地位和当时的上都相等。安西王府的地位，是在成吉思汗时期奠定的。1227 年闰五月，成吉思汗在攻西夏的前夜避暑六盘山。

成吉思汗之后，太宗窝阔台、宪宗蒙哥、太祖忽必烈都先后驻跸六盘山。忽必烈时期，六盘山已成为当时政治、军事的中枢，不少重大事件都是在六盘山行宫议定的。1253 年秋七月，忽必烈"受京兆封地"后，六盘山行宫就成为其活动的中心。迎请藏传佛教高僧的佛事，是在六盘山进行的；八思巴与忽必烈第一次相见，也是在六盘山行宫；忽必烈以皇太弟身份受封京兆后，奉诏再出征云南前，仍驻军六盘山；贺仁杰之父贺贲曾往六盘山拜谒忽必烈并呈送金币；刘秉忠向忽必烈推荐奇才王恂等也是在六盘山行宫进行的，直到忙哥刺受封安西王。

元世祖忽必烈皇后察必生三子，长子早死，次子真金立为太子，三子为忙哥刺（？—1278）。至元八年（1271 年），忽必烈建立元朝。至元九年（1272 年）冬，忽必烈封皇子忙哥刺为安西王，赐京兆封地，授螭纽金印（二等印），驻兵六盘山下，在开城设立王相府。至元十年（1273 年），"诏安西王益封秦王，别赐金印（兽纽金印，一等印），其府在长安者曰安西，在六盘者曰开城，皆听为宫邸"。《元史·赵炳传》载："王府冬居京兆，夏居六盘山，岁以为常。"所以是"一藩二印，两府并开"，地位至尊。奉元路（今陕西西安市）元代为上路。中统四年（1263 年）出现了京兆路的记载，皇子忙哥刺封安西王后，改京兆路为安西路。安西王阿难答角逐皇位失败被杀后，再改安西路为奉元路，可见其影响力。

元代"凡守亲王分地者,一子当备宿卫"①,忙哥剌的西安、开城两地,郝家须向其派遣子弟充任侍从。郝天泽于至元九年(1272 年)入侍安西王府。时安西王"教令之加,于陇于凉,于蜀于羌,诸侯王、郡牧、蕃酋星罗棋错于是间者,靡不舆金篚帛,效马献琛,辐辏庭下,勃蹊竭蹙,如恐或后"②,权力之大,地域之广,实为罕见。在分治秦蜀大地的同时,帅统一南宋之责。忽必烈亦曾言于臣下:"今欲事朕乎,事太子乎,事安西王乎?惟汝意所向。"③皇帝、太子与安西王之间似乎有了权力的竞争,造成了实际上的矛盾。

**二、安西王相府**

忙哥剌受封后,安西王府应运而生,并立王相府,以商挺为王相。安西王府的设置,是当时特殊背景下的产物。此后,安西王忙哥剌的地位及王府的格局也不断发生变化。

至元十五年(1278 年)七月,改"京兆府为安西府"④,"在长安者曰安西路,在六盘者曰开成路"⑤,一王二府,直辖二路。安西王相府实际上是一个小朝廷,王府左、右相及相关官员配置齐全,有一套全方位运转的官署班子。至元九年安西王受封的同时,设立王相府,商挺出任王相,管辖西北、西南大片区域,显示了安西王特殊的地位、身份和权力。同时,怯怜口民匠总管府,于至元九年改由"具受安西王令旨",隶属于安西王府管辖;陕西转运司也隶属于安西王和王相府。安西王驻节六盘山,目的在于"分治秦、蜀"。因为安西王忙哥剌受封六个月后,陕西、四川行省就被废止。"犍河之外,秦固内地。教令之加,于陇于凉,于蜀于羌……其大如军旅之振治,爵赏之予夺,威刑之宽猛,承

① 刘因. 泽州长官段公墓碑多铭文[M]. 北京:中华书局,1985:62.
② 姚燧. 姚燧集[M]. 北京:人民文学出版社,2011:146.
③ 宋濂. 元史[M]. 北京:中华书局,1976:3916.
④ 宋濂. 元史[M]. 北京:中华书局,1976:203.
⑤ 宋濂. 元史[M]. 北京:中华书局,1976:2736.

制行之。自余商贾之征，农亩之赋，山泽之产，盐铁之利，不入王府，悉邸自有。"① 王相府取代陕西、四川而获得"承制"治军、命官、司法、征税等广泛的权力。直到至元十七年（1280 年），即安西王忙哥刺死后第二年，陕西、四川行省才得以恢复。安西王有自己的王相府，有自己任命的官员，拥有自己的军队，"凡河东、河南、山之南与陕西食解池盐地，皆置吏督其赋入，悉输王府"②。同时，"凡官关中者，职与不职，听其承制迁黜"③。

至元九年到至元十七年，安西王封藩、王相府设立、陕西和四川行省废罢，这一系重大决策显示的是安西王的地位与权力。同时，经济方面也有特殊的待遇。遵照忽必烈的旨意，"解州课盐"给"王府经费"，由王府全权支配。至元十六年（1279 年），赵炳任安西王相，解州盐引大增，由之前的 15000 引增加至 64000 引。大德十一年（1307 年）成宗过世后，安西王阿难答与武宗海山兄弟争夺皇位失败被杀，解州盐引收回中书省。

安西王府选址不是凭空而来的，缘于成吉思汗时期在六盘山下避暑的行宫。蒙古人习惯于游牧生活，不耐夏季的暑热。由元朝大都、中都、上都的修建即可看出元朝统治者春夏移住的习俗。安西王府的修建，正体现了这种迁徙移住的习俗。忙哥刺受封后，在西安和六盘山下的开城同时建有王府，其习俗与性质同于元上都、元大都。

此外，习惯于游牧生活的蒙古人离不开草场。安西王府所在的开城周围，是大片水草丰美的地方。即使现在的开城，也是半阴湿之地，水源丰富，绿草茵茵。发源于六盘山东麓的清水河绕王府而过，身后是碧绿黛色的六盘山。这里的自然地理条件也是安西王府选址的缘由之一。

安西王府的一部分草场圈自民田。在安西王领地内，农田被占作牧场的土

---

① 姚燧. 姚燧集[M]. 北京：人民文学出版社，2011：146.

② 姚燧. 姚燧集[M]. 北京：人民文学出版社，2011：287.

③ 姚燧. 姚燧集[M]. 北京：人民文学出版社，2011：361.

地竟达 30 万顷之多。① 大量的耕地变成了牧场,多年后政府派人清理才退回,这与元朝政府逐渐重视农业生产有关。

(一)两川枢密院

从攻取南宋的战局来看,特殊时期的忙哥剌统辖四川东、西两川枢密院;从时间上看,东、西两川枢密院的设置与安西王相府设置大致相当,印证了陕西、四川行省的撤罢。此时,元朝的中枢仍在北方,六盘山行宫所在的开城安西王府是控制四川战局的中枢所在,安西王相亲往坐镇成都指挥。安西王相还兼任西川枢密院事,战况由安西王府奏报朝廷。至元十一年后,元大都的营建工程告一阶段,元朝政治中心由元上都开平府东移至元大都。此前,元上都与四川连接,安西王府所在的六盘山居中调度,统一指挥,实为中央派出的秦蜀地区最高行政和军事首脑。同时,还具特权,一是安西王有权派遣官吏巡视和督察,二是特殊情况可发布特殊指令,称之为"教"②,以别于天子的"敕",具有圣旨一样的权威③。日本学者在《北京图书馆藏历代石刻拓本汇编》(第 48 册),发现了蒙哥汗六年(1256 年)的《创建开平府祭告济渎记》碑文,是皇太弟忽必烈在即皇位之前,为了纪念开平府(后来的元上都)的建立而立的。碑文里忽必烈说的话"乃下教曰",也是"教"④。安西王说话的分量,与当年乃父是一样的。三是安西王傅铜印改为银印⑤,也是特殊时期王府地位提升的一种体现。

当时,元朝中央政府与南宋间的战争正处在胶着状态,安西王府以及王相府所在的六盘山还发挥着重要的军事作用。1273 年至 1279 年的六年时间

---

① 韩儒林. 元朝史(上)[M]. 北京:人民出版社,2008:328.

② 姚燧. 姚燧集[M]. 北京:人民文学出版社,2011:270.

③ 肖建新. 两川行院述论[J]. 四川大学学报,1992(4).

④ 王大方. 元上都遗址申遗的新成果:创建开平府祭告济渎记碑文被发现 [J]. 内蒙古社会科学,2011(5).

⑤ 宋濂. 元史[M]. 北京:中华书局,1976:188.

最为关键。这期间，六盘山安西王府直接控制着统一南宋过程中的四川战局，在统一南宋的过程中发挥过重要作用。

（二）安西王北征

忽必烈即大汗位建立元朝后，漠北并不安定，直接影响着国家的管理。安西王辖地曾出现叛军。安西王属下的军队一度出征漠北。

海都（1235—1301），是元代初年西北诸王领袖。他是窝阔台之孙，蒙哥即位后，窝阔台系宗王失势，海都被迁转置于海押立（今哈萨克斯坦）。忽必烈与阿里不哥争位，海都支持阿里不哥。有了这个背景与积怨，海都成为窝阔台系诸王的首领，与忽必烈形成长期的军事对抗。阿里不哥投降后，忽必烈的帝位始告稳定，但在内部各种矛盾和斗争时有发生，包括武装叛乱一类的事。至元十四年（1277年）冬，开城安西王忙哥剌的驻夏地六盘山地区发生叛乱。至元十三年（1276年）秋，脱脱木儿等共推蒙哥之子昔里吉为帝，昔里吉等向岭北进犯，占领吉利吉思等地。次年春，昔里吉等分道东进，叛军主力越过杭海岭（今爱杭山），进入土兀拉河（今土拉河）一带。忽必烈命大军北上堵截，昔里吉仓促应战，被元军击溃。安西王忙哥剌奉诏出征昔里吉后，六盘山地区由南平王秃鲁主管。秃鲁之父诸王禾鲁在沙州叛乱，失败后奔海都。负责六盘山地区的秃鲁趁安西王忙哥剌率兵北上平息叛军关内空虚之际，联合诸王拜答寒、伯颜起兵，安西王相商挺、赵炳率兵平叛。至元十九年（1282年），昔里吉被忽必烈流放海南岛。

元成宗执政时期，阿难答就是新疆至宁夏一带元军的军事统帅，其部十余万军队是防御海都的重要力量，一度参与过漠北的战争。海都于1269年在中亚建立了一个独立而且强大的反忽必烈联盟。海都与忽必烈之间的军事斗争一直持续到忽必烈去世（1294年）。

### 三、皇家建筑格局

#### (一)王城夏宫

元代实行两都巡幸制。从忽必烈开始,一般是每年二月或三月从大都北上,前往上都驻夏;八月或九月从上都南还至大都。安西王府的修建,也体现着这种制度。至元八年(1271年),忽必烈建立元朝。至元九年(1272年)冬,封皇子忙哥剌为安西王,赐京兆封地,驻兵六盘山下,在开城设立王相府。

安西王府是元代在固原开城设置的具有皇权性质的政权建制。安西王府的建筑体现着皇家气魄,建筑规模大,规格层级高。《元史·五行志》记载,大德十年(1306年)八月,固原曾发生过一次较强的地震,"开城地震,坏王宫及官民庐舍,压死故秦王妃也里完等五千余人"。从地震伤亡的人数可看出王府建筑规模之宏大。考古探测安西王府遗址面积两平方千米,[①]自南向北布局,是一处元代大型遗址。20世纪50年代,考古工作者对西安安西王府进行过勘探,《考古》杂志专门做过报道。[②]21世纪初,考古工作者对六盘山下的安西王府进行勘探。安西王府王城筑东、南、西三城门,城中央筑有规模宏大的夯土台基,为宫殿遗址,建筑构件材料皆为黄釉琉璃瓦、黄釉龙纹瓦当、三角形龙纹滴水等,套兽与鸱吻造是王府建筑重要的饰件,石质构件台沿螭首亦非常典型。王府建筑由主城和瓮城两部分构成,主城墙四周还配有角台,增强了城墙的雄阔感和防御功能。瓮城是围绕在南城门外的小城,以护卫主城南门,增强防御力量。

瓮城东、南、西三面城墙的形制和轮廓尚存,占地面积约2318平方米。[③]

---

① 宁夏文物考古研究所,固原市原州区文物管理所. 开城安西王府遗址勘探报告[M]. 北京:科学出版社,2009:7.

② 马得志. 西安元代安西府勘查记[J]. 考古,1960(5).

③ 宁夏文物考古研究所,固原市原州区文物管理所. 开城安西王府遗址勘探报告[M]. 北京:科学出版社,2009:90.

瓮城门址位于瓮城南墙中部,大体处在瓮城的中轴线上。①瓮城、南城门与城内宫殿建筑大致处在一条中轴线上,体现了王府建筑的格局。此外,窑址、城址、宫殿、御苑及普通居址和墓葬区等,皆有序布局。忽必烈修建的开平府城宫殿也建在台基上,"城内又建第二宫,距前宫约一箭之遥",苑囿在城外。②这种王城建筑形制,与安西王府宫殿建筑形制大致是一样的。

2009 年,内蒙古考古工作者对元上都穆清阁进行了考古发掘。穆清阁是元上都重要的大内宫殿,出土的建筑构件中有琉璃瓦当、琉璃滴水、琉璃鸱吻等,多施以蓝色、黄色、绿色等釉。此外,还有白玉螭首(开城为青石质)、花纹石构件等。③这些建筑材料、建筑构件的样式和造型,与开城安西王府出土的近似。由此也可以看出王城夏宫皇家建筑的格局。

养渔池是安西王府建筑群的重要组成部分。明《嘉靖万历固原州志·古迹》记载:"养渔池,在旧开城西三里。元安西王养鱼处,又名莲花池。"元代姚燧在延釐寺碑碑文里有"求即六盘兴隆池园为寺"的记载,即在安西王府"兴隆池园"择地建延釐寺。养渔池即兴隆池园里的一处观赏景观。这里地形呈半封闭状,北依缓坡,脚下有河水穿过。养渔池正在缓坡下的台地上,多处泉水汇而为池,至今遗迹清晰。当地村落仍以"渔池村"冠名。从地理环境来看,这里是安西王府的花园区,应该是一处集殿阁、楼榭、亭台等为一体的建筑群落。

(二)延釐寺碑碑文与王府建筑

安西王忙哥剌死后,其子阿难答嗣位。成宗元贞元年(1295 年),阿难答"请于帝,求即六盘山兴隆池园为寺,用资两圣冥福,以永帝之亿万惟年"。皇

---

① 宁夏固原县文物管理所. 宁夏固原开城元代安西王府建筑遗址调查报告 [J]. 中国历史博物馆刊,2000(1).

② 宁夏文物考古研究所,固原市原州区文物管理所. 开城安西王府遗址勘探报告[M]. 北京:科学出版社,2009:128.

③ 内蒙古文物考古研究所. 内蒙古元上都发掘取得重要收获[N]. 中国文物报,2009-12-18.

帝同意了安西王的请求,在六盘山下开城安西王府兴隆池建寺。建寺费用,朝廷赐"黄金二百五十两,钱币五万贯,粮米一千四百五十石"。建寺规制,"以都城敕建诸寺为师而小之"①。工程始于元贞丙申年(1296 年),落成于大德癸卯年(1303 年),这就是安西王阿难答奏请皇帝准允修建的延釐寺。姚燧笔下的延釐寺碑碑文,记载了安西王府的格局与华丽。

姚燧(1238—1313)是元代著名学者,号牧庵。他的伯父姚枢,忽必烈早期已邀入藩邸,提出过许多"救时之法"。忽必烈征大理时,他立主不妄杀人。忽必烈即位后曾任宣抚使、司农使,是元代著名的理学家。姚燧曾拜学于伯父姚枢,撰延釐寺碑碑文时,他正在江西行省参知政事任上。

延釐寺碑碑文记载了延釐寺的缘起及碑文撰写的前后经过。延釐寺,虽名为寺院建筑,但仍是安西王府建筑的重要组成部分。延釐寺的修建,是安西王阿难答为纪念忽必烈和皇后,于元贞二年(1296 年)报请成宗皇帝准允动工修建的。前后经过八年时间的修建,始告竣工。姚燧为新落成的寺院题名并撰写延釐寺碑碑文。

元代大德八年(1304 年)秋,姚燧迁官于江西行省参知政事(江西行省的副长官)。十月,安西王相塔齐遣开成路总管府判官常谦带上安西王阿难答给姚燧的信函,由开城千里迢迢前往江西。"数千里驿,致安西王教于燧",姚燧深为感动。阿难答在信中陈述了修建延釐寺的原因、耗资、建筑规模和过程:安西王感恩于世祖忽必烈和皇后,要修建一座寄托他恩情的寺院,选址就在六盘兴隆池园,这里是一处环境优美的地方。建寺耗资黄金两百五十两,钱币五万贯,食用粮食一千四百五十石。建筑样式和规制,"以都城敕建诸寺为师而小之",与元大都皇家敕建寺院建筑样式一样,只是规模较小而已。修建的过程由安西王府王相来主持,"始于元贞丙申者,成于大德癸卯"。在阿难答看

---

① 姚燧. 姚燧集[M]. 北京:人民文学出版社,2011:145.

来，修建如此大的寺院，不"托于金石"便无以传世。其大致意图，一是请姚燧题写寺名，二是撰写碑文。然后，由集贤院的集贤学士刘赓书丹，请征士(旧时经朝廷征聘而不肯受职的隐士)萧斝篆刻。

姚燧描述了长安安西王府建筑的华丽，"名王雄藩，无有若是吾君之子威仪盛者"。特殊时期的安西王府，"其时犍河之外，秦固内地。教令之加，于陇于凉，于蜀于羌，诸侯王、郡牧、番酋，星罗棋错于是间者"，管辖陇东、甘凉、蜀地、羌地等，西部地区大多皆在辖境之内；军事、赏罚、刑威、商贾、赋税、盐铁等皆隶属于王府，包括河东(今山西运城市)食盐的管理、官员的升迁等。尤其是诏益封秦王后，绾两枚金印，一藩二印。府邸在长安者为安西，在六盘者为开城，皆听为府邸。费用不足时取之于朝廷。自至元九年(1272 年)置王相府，到安西王忙哥剌去世，前后七年时间。姚燧说"岁七年而弃其国"，时间当在至元十五年，与他撰写的《李德辉行状》载安西王死于至元十五年十一月是一致的。至元十六年(1279 年)，阿难答继任安西王。安西王忙哥剌死后第三年，朝廷罢王相府，安西王府的地位受到了影响。姚燧追述了安西王府最兴盛的时期。

在姚燧看来，自己谙于儒学而未尝研究佛教，但如果佛教亦视"忠勤""孝恭"者为"善"为"福"的话，那么，佛教与儒学在教化方面可谓殊途同归。缘此，在寺院的命名上，他将宗教与山脉连在一起思考：按传统礼数，诸侯只祭祀封地内的山川。在安西王封地内，华山为西岳之尊，为安西王封地内至尊之山。"揭而宣釐，则表寺之名，莫延釐寺为宜也。""釐"字如果读 xi，是福的意思，通"禧"，是取福、禧之意，即以华山作为标志，寺门取华山之祠门，延及六盘山，便有了延釐寺的名字。姚燧将安西王府的两处府邸，用华山和六盘山将它们连在一起，蕴意高妙深远。

姚燧曾为翰林学士承旨，为文有西汉风格，史噪一时。翻看他的《牧庵集》，会发现他的作品多为当时名臣勋戚碑传之类。可见，为安西王府新建

寺院命名与撰写碑文,至少有两层意思:一是他曾在安西王府供过职,有世事经历;二是他是当时著名学者,他所处的那个时代需要他的思想和文笔。

延釐寺碑碑文不长,但描写极尽姚燧之才华。"……土木之工,雕楹绘墉。朱尘绮疏,匹帝之宫。金茎一气,颉颃上下……"整个建筑格局,显示出的是皇家气派。从延釐寺前的大柱子到楼舍的修建,从天花板的装饰到窗户的镂空雕刻,再现的是当时最高的工艺水平。镀金鎏银的建筑样式,可与元大都的建筑相比。碑文里同样写到了成吉思汗、忽必烈"帝开其先,面势略畔"的经营过程,这里不光指延釐寺建筑,实际上包括对整个六盘山安西王府的修建:依山(六盘山)面水(清水河)。安西王府建筑群在姚燧笔下是"八稔成绩,岿然都城"。"八稔"虽指延釐寺修建所花的时间,但"岿然都城"却是从安西王府的建筑群意义来说的,如同都城一般。

六盘山,元代也称"略畔山",[①]取其谐音。安西王府位于六盘山下,在攻取南宋的过程中,安西王忙哥剌也曾"受诏征漠北"。南宋降将王立事件牵扯到安西王府王相李德辉,安西王忙哥剌自军中"下教长安"[②]。"教"显示了安西王的皇权地位与影响力。

延釐寺碑碑文:

> 于昭列圣,事佛尽敬,爰质之书,古无有并。土木之工,雕楹绘墉,朱尘绮疏,匹帝之宫。金茎一气,颉颃上下。静供之修,乘舆必驾。佛游悠久,其言斯存。孰为其言,百世梵孙。帝度其孙,而教善治。无间迩远,京师必治。匪徒致之,曰时予师。坐而祗连,出辔并驰。有如今王,于亲则懿。制地千里,规为时寺。颐指其相,展若易然。匀锡金粟,帝开其先。面势略畔,八稔成绩。岿然都城,敕建遗

---

① 姚燧. 姚燧集[M]. 北京:人民文学出版社,2011:269.

② 姚燧. 姚燧集[M]. 北京:人民文学出版社,2011:269.

则。帝师京师，时寺门楣。以长以雄，匪弟子谁？鼓钟之音，梵呗之力。釐帝之余，必王见及。帝忆万年，王年斯干。为磐石宗，以固以绵。燧作是诗，刻时乐石。尚凭佛乘，垂示无极。

### 四、王府的衰落

（一）忙哥剌之死

忙哥剌在安西王任上七年时间，去世时还不到 30 岁。这期间，他与朝廷的关系、与其父的关系如何，后人不得而知。忽必烈曾说过："今欲事朕乎，事太子乎，事安西王乎？惟汝意所向。"[1]可以看出他们父子之间有不和谐之处。忙哥剌的死因，目前仍是一个谜案。

安西王府衰落的象征之一，是统一南宋后安西王忙哥剌之死。《元史·卷十一·世祖八》载，至元十七年（1280 年）六月，"安西王薨"。姚燧的《中书左丞李忠宣公行状》载："是年，王薨。"[2]"是年"，即至元十五年（1278 年）忙哥剌"薨"。前后时间有误。姚燧是经历者，所载忙哥剌死于至元十五年是确切的。《元史·卷十一·校勘记五》载，据《赵炳传》及《元文类·卷四九·李德辉行状》，安西王死于至元十五年十一月，至十七年始罢王相府。[3]

安西王府衰落的象征之二，是安西王相府被罢。《元史·卷十一·世祖八》载："王薨，罢其王相府。"[4]将安西王忙哥剌的死与罢王相府放在同一个时空，显然是有问题的。《中书左丞李忠宣公行状》载："十七年……王相府罢。"说得很清楚，这个时间是确切的。

安西王府衰落的象征之三，是大德十年（1306 年）八月开城大地震。开成路地震剧烈，王府建筑受到严重损毁，王宫及官民庐舍皆坏，压死故秦王妃也

---

① 宋濂. 元史[M]. 北京：中华书局，1976：3916.
② 姚燧. 姚燧集[M]. 北京：人民文学出版社，2011：462.
③ 宋濂. 元史[M]. 北京：中华书局，1976：237.
④ 宋濂. 元史[M]. 北京：中华书局，1976：224.

里完等五千余人①。富丽堂皇的安西王府成为残垣断壁。地震后,朝廷"以钞万三千六百余锭,粮四万四千一百余石赈之"②。

忙哥剌出任安西王七年,盛年突然故去,是病死,还是谋位,抑或其他原因,正史里没有记载,姚燧的《中书左丞李忠宣公行状》也避而不谈,只记载"王薨,公(李德辉,作者注)感其受知深,而悼夫弃国之蚤(早,作者注)也,哭之几不能生。"③元初南宋末人郑思肖在他的《心史·大义略叙》中写道:"……尝谋篡父,事泄为父杀。"④原因是谋位篡权而被杀身。这应该是最早涉及安西王忙哥剌早逝原因的说法。有学者在《心史·大义略叙》相关记载的基础上,破解忙哥剌的死因之谜,认为他的死与汗位之争有着密不可分的关系,郑思肖的记载是可信的。⑤确否? 尚待印证。

(二)阿难答皇权之争

1.平息海都的漠北之战

海都,太宗窝阔台之孙,合失宗王之子。以海都为首的西北诸王是由窝阔台系、察合台系、术赤系诸后以及成吉思汗其他后裔结成的政治军事集团。海都认为自己是窝阔台嫡系,以没有继承汗位为憾事,久有叛意。忽必烈与海都为首的西北诸王之间进行了长达26年的军事斗争,若从海都参与阿里不哥叛乱算起,则长达34年之久。大德二年(1298年),朝廷再次派遣大军前往漠北围剿西北诸王之首海都,安西王阿难答奉命率部北征。大德五年(1301年),海都再次勾结笃哇及窝阔台、察合台两系诸王向元朝发动军事进攻,安西王阿难答率部再度北征,因北征有战功,元成宗赏赐阿难答等参战将军。元室在对抗海都的三十余年中,军事前线呈后收缩状。阿难答的军队是当时防御海

① 宋濂. 元史[M]. 北京:中华书局,1976:471.
② 宋濂. 元史[M]. 北京:中华书局,1976:471.
③ 姚燧. 姚燧集[M]. 北京:人民文学出版社,2011:462.
④ 陈福康点校. 郑思肖集[M]. 北京:上海古籍出版社,1991:178.
⑤ 陈广恩. 元安西王忙哥剌死因之谜[J]. 民族研究,2008(3).

都七支部队中的一支，而且实力雄厚，驻防地一度在河西走廊以西吐鲁番一带，包括甘肃和宁夏的西夏故地。据拉施德丁说，元成宗（1295—1307）初年，驻防吐鲁番及河西走廊的阿难答统帅的军队有15万人。[①]这与元人姚燧所记载的人数相近，他说1281年"西北边"共有军士10万人。[②] 这一时期，阿难答的军队戍边发挥过重大作用，是有功于朝廷的。

海都死后，笃哇成了西北诸王之首，但他深知无力与大汗对抗，遂于大德七年（1303年）遣使至漠北请和。实际上，笃哇是向驻守和林边境的宗王阿难答派出使者，通过他向元成宗表示臣服。皇帝命安西王阿难答"慎饬军士，安置驿传以俟来者"[③]，说明当时驻防漠北诸王中确以安西王阿难答为首。[④]这一时期，朝廷增加了宁夏军民屯垦，生产力的恢复和发展为漠北军事防御提供了尽可能多的粮食和军需。

至元十五年（1278年）安西王忙哥剌死，至元十七年忙哥剌之子阿难答（？—1307）继任安西王。此时，发生了根本性变化，统一南宋的战争结束，已转入戍守和屯田时期，六盘山地区的军屯规模不断扩大。王相府撤罢，秦王印收回，原先由王府管理的广大地域、包括收取各种税金的特权，全部被朝廷收回，王室原有的优厚待遇也在逐渐削减。元成宗虽然再次准允设立王相府，但"赋税军站，皆朝廷所司"，权力已今非昔比，更不能影响陕西行省的设置与权限。虽时过境迁，但元成宗还是追念忽必烈时期安西王的作用和贡献，把忽必烈时期给予忙哥剌的那支军队（据称为15万人）及原属于他的唐兀惕地区同样赐给了阿难答。

2. 皇权之争

由于安西王政治地位的变化，物质上的供给亦随之发生变化。据史料记

① 萧启庆. 内北国而外中国：上册[M]. 北京：中华书局，2007：268.

② 姚燧. 姚燧集[M]. 北京：人民文学出版社，2011：197.

③ 宋濂. 元史[M]. 北京：中华书局，1976：454.

④ 陈得芝. 蒙元史研究丛稿[M]. 北京：人民出版社，2005：184.

载,阿难答时期,粮饷常常不足,至元二十五年(1288年)以后,经常申报朝廷
赈济。元成宗即位后,亦先后多次赐安西王钞锭与粮米,但阿难答仍以贫困为
由不断向朝廷陈述王府的现状,希望得到朝廷的关心。同时,由于政治待遇的
变化,阿难答内心逐渐不平且产生怨气。成宗元贞三年(1297年)五月,安西
王阿难答又"遣使来告贫乏",要求赈济和赏赐。成宗以训斥的口吻说:"若言
贫乏,岂独汝也?去岁赐钞二十万锭,又给以粮。今与,则诸王以为不均;不与,
则汝言人多饿死。其给粮万石,择贫者赈之。"安西王属下不是到了没有饭吃
的程度,这实质上反映了朝廷与诸王之间的矛盾。实际上,阿难答虽然能够统
辖军队,但此前完整的军政权力不复存在,他的一部分所需由陕西行省供给。
在安西王镇戍区内,"合罕的大臣禾笔阁赤主管税关,但大部分税收都被用于
他(阿难答,作者注)的军队"①。

　　元成宗后期,"政出中宫"②。大德十一年(1307年)正月,元成宗铁穆耳病
逝,皇太子德寿早于大德九年夭折。铁穆耳去世时没有明确的继承者,贵族和
大臣分成了两派,每派支持一个继任者。成宗病危时爆发了皇位之争。皇后卜
鲁罕贬爱育黎拔力八达母子于怀州,同时,与中书左丞相阿忽台等合谋,皇后
卜鲁罕临朝称制,扶持安西王阿难答继承皇位,但受到中书右丞相哈剌哈孙
等人的反对,他们希望答剌麻八剌的儿子海山和爱育黎拔力八达继承皇位。
阿难答作为长辈,在帝位继承中占据有利地位。

　　成宗驾崩时海山为怀宁王,总兵北边,卜鲁罕皇后"恐其归,必报前怨,后
乃命取安西王阿难答失里来京师,谋立之"③。安西王阿难答与诸王明里铁木
儿于正月先行到达京师,被贬往怀州的爱育黎拔力八达知道皇帝驾崩的消息
后,以为有机可乘,遂以奔丧为名于1307年二月到达京师,双方都在伺机而

① 拉施德著. 余大钧,周建奇译. 史集:第2卷[M]. 北京:商务印书馆,1985:382.
② 宋濂. 元史[M]. 北京:中华书局,1976:478.
③ 宋濂. 元史[M]. 北京:中华书局,1976:2874.

动。阿难答一方的支持者主要是左丞相阿忽台、平章八都马辛、前中书平章伯颜、中政院使怯烈道兴等。爱育黎拔力八达一方的主要支持者是右丞相哈剌哈孙。爱育黎拔力八达担心"俟怀宁王至,恐乱生不测,不若先事而发"①,与右丞相密谋先行发动了一场宫中政变。三月,哈剌哈孙一派突然发难,逮捕阿难答,处死阿鲁忽如等人,将阿难答党一网打尽,皇权落入爱育黎拔力八达之手。取得政权之后,他"奉御玺,北迎武宗"②,远在朔方的怀宁王海山成了新皇帝。

阿难答镇守西北地区,手中握有一支军队,北征期间在与海都和笃哇的战争中起过重要作用,但皇权之争失败了。一是他的实力在遥远的边地,京城没有支持他夺取帝位的军队;二是阿难答是个虔诚的穆斯林,而元皇室中佛教徒居多。这两点使阿难答明显处于不利的地位。③阿难答最终被押解至上都处死,新皇帝海山依照蒙古皇族葬俗,并参之以伊斯兰教葬俗,将其葬于上都东南的白城子察罕脑儿行宫。2000年,河北省考古工作者在沽源县境内考古发掘并经专家证实,印证了阿难答的丧葬地与葬俗。阿难答赐死,成为安西王府由盛而衰的一个转折点。

安西王阿难答死后,王府财产被詹事院没收,其子月鲁帖(铁)木儿失去继承权。直到泰定帝继位,至治三年(1323年)九月下诏恢复安西王位,以"诸王月鲁铁木儿袭封安西王"④。同年十二月,又"坐与铁赤等谋逆"而再度流放于云南。后虽被放回,但早已是江河日下。

陶宗仪的《南村辍耕录·卷一·大元宗室世袭》载,安西王忙哥剌生有两子,安西王阿难答和秦王按檀不花。阿难答生子月鲁帖木儿。

① 宋濂. 元史[M]. 北京:中华书局,1976:478.

② 宋濂. 元史[M]. 北京:中华书局,1976:4086.

③ 温玉成. 元安西王与宗教(39)[N]. 内蒙古日报,2009-03-23.

④ 宋濂. 元史[M]. 北京:中华书局,1976:639.

（三）开成路地震

元大德十年(1306)八月，开成路大地震，王宫及官民庐舍皆震坏，地震造成的损失很大，仅王府"压死故秦王妃也里完等五千余人"，朝廷救灾"以钞万三千六百余锭，粮四万四千一百余石赈之"(《元史·卷二十一·成宗纪四》)。开成路地震给安西王府建筑带来毁灭性的破坏。

（四）月鲁帖木儿谋逆

泰定帝继位后，于至治三年(1323)九月下诏恢复安西王位，以阿难答之子月鲁帖木儿为安西王(《元史·卷二十九·泰定帝纪一》)。此时，开成路已降为开城州，原封地及人匠总管府划归陕西行省管辖，王府地位一落千丈。同年十二月，又"坐与铁赤等谋逆"而再度流放于云南。后虽被放回，但早已是江河日下。至此安西王与安西王府没落。

# 固原是关中平原的北面关隘

## ——谈固原古代的军事地位

佘贵孝[①]

**摘　要**：自商周始，固原一直为中原统治集团的北部边陲。本文从筑长城防御匈奴，设萧关为防御门户，置安定郡为边防重镇，设"三军一州"防御西夏，建明代固原城防等方面阐述了固原的军事地位，即清朝以前，固原是"据八郡之肩背，绾三镇之要膂"的咽喉冲要。

**关键词**：固原　关中平原　关隘

秦汉以来，固原一直以军事要塞闻名于世。历代王朝或政权，为防御漠北游牧民族南下，都十分重视对清水河谷要道的控制，始设战国秦长城，再设萧关，继设安定郡，作为一道又一道防线，驻以重兵，层层防守。有的设堡筑寨，屯兵扼守；有的选将命帅，坐镇边关；有的派遣重臣督察巡视，甚至由朝廷重臣亲统大军镇守。

## 一、军事地位

商周起，固原就是北方草原文化和中原农耕文化相互碰撞、融会的一个

---

① 佘贵孝（1947—　），男，宁夏固原人，固原市地方志办公室副调研员，宁夏文史研究馆馆员，宁夏师范学院固原历史文化研究中心特邀研究员，宁夏社会科学院固原分院特邀研究员。

重要地区。固原扼守着清水河河谷通道,成为北方游牧民族入袭内地的必争要隘。汉文帝十四年(前166年),匈奴老上单于率14万骑入朝那萧关,在一场场恶战中,北地郡都尉孙卬以身殉职,匈奴掳掠人口畜产甚多。隋唐时期,突厥、吐蕃多次循此古道奔袭内地,吐蕃也曾占据固原。宋代,固原更成为防御西夏的第一门户。这种军事地位一直延续到明代,鞑靼也曾多次入侵固原,明王朝不得不把固原纳入九边之一,陕西三边总制驻节固原。故《读史方舆纪要》称固原是"左控五原,右带兰会,黄流绕北,崆峒阻南""据八郡之肩背,绾三镇之要脊"的咽喉冲要。明嘉靖《固原州志》说得更清楚:"固原者,陕西西北大城镇也,后累置文武重臣守备,故又设固原州。而总制大臣居此以镇,凡榆、夏、甘肃诸镇,皆听命焉。""固原长壕大堑,连山峻极,四塞之接而襟带之固也。固原居中而执其枢,左顾则赴援绥、灵,右顾则迎应甘、凉。击长山之蛇,以合左右之节,逐中野之鹿,以成犄角之势,固原实有焉。"明朝巡抚马文升也说:"平、巩为关陕藩篱,而固原为平、巩屏蔽。平、巩有警,则关陕震惊,而固原一带,尤不可无备。"《皇明九边考》记载明人的言论:"固原在宁夏之南,实番胡要害之地。""东向可以顾榆林,西向可以顾甘肃,总督、游击、守备官皆驻扎于此,犹家室之有堂奥也。"这些都说明了固原军事地位的重要性。

## 二、筑长城防御匈奴

诸戎,是指活动在今陇山和泾水、洛水上游一带的戎族。从商王武丁时起,就成为商王朝西北方的主要边患。据《左传》《史记》等史籍记载,大大小小的部族有30多个,"盖戎无定名,居何地者,即以何地之名施之"。到西周、春秋时,居住或毗邻今固原地区者就有犬戎、义渠戎、乌氏戎、空同戎、大原戎等。

《后汉书·西羌传》载:"武丁征西戎鬼方,三年克之。"小盂鼎铭文载,周康

王二十五年（前996年），鬼方和周人发生过一次规模很大的战争，在这次战争中，周人大败鬼方，俘获鬼方13000多人、酋长三人，还俘获车、马和很多牛羊。武丁死后，王业渐衰，戎狄势炽，西北边患进一步严重。

商朝末期，有乌氏戎、义渠戎等。在这些分散、不相统属的小方国中，举族皆兵，其部落武装各有首领，居住在清水河两岸和六盘山水甘草丰、适宜游牧的地区。其中义渠戎发展较快，成为商周王朝西部的主要边患。义渠戎部落武装经常与周人发生战争。

周武王灭商建立周王朝后，西北诸戎小国对周时顺时叛，周王朝对其进行了攻伐。周文王时，曾征伐犬戎。周穆王十七年，六师西征犬戎，俘戎王五个儿子，强令他们率领所部退回大原（今宁夏固原市）一带居住。周夷王七年，命虢公率六师之众伐大原猃狁（戎族一支），"至于俞泉，获马千匹"，大胜而归。周穆王时迁于大原的戎族（猃狁），至周夷王时，又进扰周畿镐京（今陕西长安县）、泾阳（今陕西泾阳县）等地。

周宣王时，猃狁逼近西周腹地。宣王为了改变这种局面，曾经三次派兵攻打大原之戎，兵锋所至，抵达固原一带。《竹书纪年》载宣王命秦仲伐西戎，秦仲败死。这些战争使西周消耗了大量的人力、物力。由于连年用兵，精疲力竭，为了补充兵源和财政收入，"乃料民于大原"。由此可知，西周末年就进行过人口调查工作。可见中国是世界上最早进行人口调查的国家之一。周宣王死后，周幽王继位不久，又被犬戎杀死在骊山下，西周终于被其西方的诸戎方国所灭。诸戎进而"居于泾、渭之间，侵暴中国"，成为秦在西方的劲敌。

幽王被西戎杀害后，周室被迫东迁洛邑（今河南洛阳市东北白马寺东），西戎乘机东进，秦与西戎矛盾日渐尖锐。秦文公十六年（前750年），秦"以兵伐戎，戎败走"，西戎退回泾、陇一带。秦穆公三十七年（前623年），秦穆公乘戎王不理政事之机出兵，一举攻破西戎12国，"开地千里，遂霸西戎"。西戎许多小方国被秦所灭，但义渠戎、乌氏戎仍筑城自守。

公元前 272 年,宣太后诱杀义渠戎王于甘泉宫,并出兵灭了义渠。自此以后,义渠戎作为一个古代少数民族政权在历史上消失了。"于是,秦有陇西、北地、上郡,筑长城以拒胡"。

秦昭襄王时,修筑长城,史称战国秦长城,是我国古代一项极其伟大的军事防御工程。战国秦长城宛如一条巨龙,起自甘肃省定西地区临洮县的洮河谷地,途经固原市西吉县、原州区、彭阳县的 12 个乡(镇),39 个行政村,固原境内长两百余千米。

秦始皇自建立第一个统一的多民族王朝后,全国性战争基本平息。匈奴却再度南下,成为秦王朝的一大隐患。而固原是秦朝北部边地,在防御匈奴族南攻时处于重要地位。始皇三十二年(前 215 年),秦始皇派大将蒙恬北伐匈奴。蒙恬率军 30 万主力从咸阳出发,沿黄河北进。一路"覆军杀将系虏单于",攻击匈奴主力,迫使匈奴部落纷纷降服,很快占领榆中(今内蒙古伊金霍洛旗及陕西榆林市一带)。匈奴单于见秦军锐进,仓皇北逃。蒙恬率军一鼓作气,乘胜追击,"却匈奴七百余里",夺取黄河南岸全部地区,史称河南地。蒙恬收复河南地后,指挥军民在沿边一带的重要地区,"城河上为塞",构筑三道防御工事,修筑了一系列城障。在此基础上,蒙恬动用大量兵力,将长城沿漫长的边境向东、西扩展,连接、整修了原秦长城、燕长城和赵长城,并沿秦朝更广大的边境线重新扩建,形成历史上著名的万里长城。直至今日,秦长城遗址在固原境内依然存在,并在清水河谷通道的西、北两面构筑两道城墙,形成内城和外城之别,形成两道防线,既拱卫着固原城,又不让匈奴南下侵入关中平原。

### 三、设萧关为防御门户

秦汉萧关,来源于"塞"。古代的"塞",实际上是一种防御屏障。萧关的前身就是焉氏塞。《中国历史地名辞典·焉氏塞》曰:"焉氏塞,战国属秦,在今宁夏固原县东南。《吕氏春秋·当赏篇》:秦公子连从焉氏塞入秦,即位称秦献

公。"是说秦公子连从魏国入秦国，即取道焉氏塞。我国著名历史学家史念海先生认为，焉氏塞在汉代安定郡乌氏县。我们认为乌氏县在固原县（今宁夏固原原州区）南，通常指瓦亭至三关口一线。

由焉氏塞到萧关，有一个演化过程。高诱在《战国策·秦策》注中引徐广言，称"东函谷，南武关，西散关，北萧关"的四关之中称为"关中"，说明这四个关隘就是拱卫关中的四个门户。《战国策》还记载范雎曾对秦昭襄王说："大王之国，四塞以为固。""四塞"就是指关中外围的"四关"。而雄踞"四塞"之北的萧关，成为秦汉时期最北端、最早、最重要的关隘。

秦末汉初、楚汉相争时，秦王朝徙边戍守者纷纷离去，边防松弛，匈奴冒顿单于指挥 30 万骑兵乘机进攻，将其领地扩展到河南地。汉高祖七年（前 200 年），刘邦曾亲率 30 万大军北伐匈奴，为匈奴所败。汉文帝十四年（前 166 年），匈奴老上单于以拒绝和亲为由，率 14 万骑兵，破长城大举南下，攻入萧关。在恶战中，汉北地郡都尉孙卬阵亡，匈奴遂趁势挺进彭阳（今甘肃镇原县东南）。单于派兵烧毁回中宫，其侯骑进到东距长安仅 300 里的甘泉宫附近。汉文帝急忙调骑卒 10 万人屯驻长安周围，以备匈奴进一步进犯；又以魏遫为北地将军，增强北地郡的防守；另派张相如为大将军，大举反击。匈奴抢掠月余后，见汉调军反击，于是自动退走。司马迁在《史记》里多次提到"北地都尉卬"，并将孙卬的独特业绩当作重大历史事件的象征载入史籍。孙卬是汉朝第一个敢于奋起抗击匈奴的边郡将领，在汉朝的边郡镇守史上，开了头功。孙卬力战而献身于朝那萧关之役，不但为汉朝组织反击匈奴赢得了时间，而且为汉朝的边郡将士树立了榜样。汉文帝执行有功必赏的原则，封孙卬子孙单为瓶侯。在文帝封侯的 28 家中，瓶侯是唯一以当代军功受封的功臣之子。西汉末年，历史学家、文学家班彪北游安定，专程凭吊了在萧关殉职的孙卬。《北征赋》中亦有"吊尉卬于朝那"的赋文。

### 四、置安定郡为边防重镇

因孙卬在萧关败于匈奴,萧关从此在史籍中消失。汉朝于汉武帝元鼎三年(前114年)设立安定郡,郡治高平县(今宁夏固原原州区),作为防御外来侵略的永久性工事。

西汉末至东汉,安定郡长期处于不安定状态。新莽、东汉交替之时,各地贵族豪强蠢蠢欲动,割地称王。隗嚣势力曾一度占据高平,引发了汉光武帝御驾亲征高平。

魏晋南北朝时期,树机能民族起义军攻占高平,爆发高平起义。前赵、后赵、前秦、后秦在高平争战。赫连勃勃在高平创建大夏政权。北魏宇文泰进军原州后,原州隶属于北周、西魏版图。

隋唐时期,原州人民为反对突厥的侵略和吐蕃的统治,进行了艰苦卓绝的斗争,封建社会经济和文化有新的发展,尤其是吐蕃占据原州后,唐德宗于建中四年(783年)一月,派陇右节度使张镒和吐蕃相尚结赞在清水县正式签订了盟约。这个盟约将原州正式划给了吐蕃。盟约规定:"泾州西至弹筝峡西口,陇州西至清水县,凤州西至同谷县,暨剑南西山大渡河东,为汉界。蕃国守镇在兰、渭、原、会,西至临洮,东至成州,抵剑南西界磨些诸蛮,大渡水西南,为蕃界。"又规定:"盟文有所不载者,蕃有兵马处蕃守,汉有兵马处汉守,并依见守,不得侵越。"但这对吐蕃只是一纸空文。贞元二年(786年),吐蕃越界分别扰掠泾、陇、邠、宁等州,唐将领不得不奋起反击。十月,凤翔节度使李晟派蕃落使野诗良辅、王必等领步骑5000人攻袭吐蕃于摧沙堡(今宁夏固原原州区张易镇境内),大破之,焚其储积,斩其酋长扈屈律设赞等七人,传首京师。此后吐蕃又数次派遣使者,请求重新缔结盟约。贞元三年(787年)五月,唐以侍中浑瑊为会盟使,兵部尚书崔汉衡为副使。闰五月,浑瑊等与尚结赞会盟于平凉。吐蕃竟违反盟坛附近不得布列重兵的协议,列精骑数万于盟坛之西,并起兵突然袭击会所,唐会盟副使崔汉衡以下六十余名官员被吐蕃擒获,浑瑊

狼狈逃遁,唐军死伤者数以千计。吐蕃相尚结赞等还至原州。

大中三年(849 年),吐蕃内乱,日渐衰弱。一月,吐蕃宰相论恐热杀其东道节度使,致使内乱加剧,原州和石门、木峡等七关的军民乘机起义,吐蕃迫于内外形势,愿将原州、秦州、安乐州及石门、木峡、六盘、制胜、驿藏、木靖、石峡等七关归还唐朝。六月,泾源节度使康季荣接管原州和七关,得人、畜数万。

### 五、设"三军一州"防御西夏

北宋政府为防御西夏, 先后改原州为镇戎军（军政合一的军事行政机构）,笼竿城为德顺军(今宁夏隆德县),新筑平夏城为怀德军(今宁夏固原原州区黄铎堡),新筑西安州(今宁夏海原县西安乡),并在宋夏沿边地带修筑堡寨三十余座,驻以重兵,防御西夏。即使如此,也发生了好水川、三川寨、定川寨三次较大的宋夏战争, 镇戎军城和怀德军城险些被西夏李元昊的军队攻破。

南宋爱国将领刘锜、吴璘、吴玠为不使六盘山地区落于金政权,曾与金守将战于德顺州(今宁夏隆德县城)、瓦亭一带,后因投降派、议和派取胜,"两国讲和",宋、金在固原地区的战事减少。到天会九年(1131 年),固原地区全部被金政权占据。金于大定二十二年(1183 年)升镇戎军为镇戎州,德顺军为德顺州。但是南宋的一些爱国将领积极寻找战机,企图收复失土。

1227 年至明朝洪武元年(1368 年),固原又在蒙古汗国和元朝的版图内。

### 六、建明代固原城防

明代的固原,作为军事重镇,战略地位十分重要,始终处于对抗北方鞑靼势力的第一线,战事十分频繁。鞑靼首领,如正统时的阿渠,成化时的字来、毛里孩,弘治时的小王子、火筛,嘉靖时的卜菟等,经常渡过黄河,南下直入固

原,危及关中安全。

明代永乐年间,蒙古鞑靼、瓦剌各部强盛起来,经常南下攻掠,对明朝北方边境构成严重威胁。为抵御蒙古的侵扰,明修筑和加固东起鸭绿江、西至嘉峪关的长城,并在沿长城一线先后建立起辽东、宣府、大同、延绥(后迁榆林)、宁夏、甘肃、蓟州、太原、固原九镇,称为九边。各边镇设总兵官把守。成化十年(1474年)春始设陕西三边总制(后改总督),开府于固原州城,寻建为重镇。三边总制的职责主要是节制延绥、甘肃、宁夏、固原四大军镇,总兵、巡抚均受节制。总制(总督)由朝廷选派兵部尚书侍郎等文职京官出任,意在以文驭武,联结各镇。

《明史·鞑靼传》载:"鞑靼地东至兀良哈,西至瓦剌。当洪、永、宣世,国家全世,颇为戎索,然叛服亦靡常。正统后,边备废弛,声灵不振,诸部长多以雄杰姿,恃其强暴,迭出与宁夏抗,边境之祸遂与明终始。"蒙古贵族对明军的袭扰,在西北固原首当其冲。

蒙古部从漠北进攻固原,主要有两条路线:一条为东线,由盐池、灵武一带突破边墙,经同心韦州、豫旺直抵固原;一条为西线,由贺兰山赤木口推进,沿中卫、中宁一线过黄河,沿清水河南下至固原。蒙古鞑靼贵族常于每年秋季突破河东边墙防线,攻掠宁夏、固原等地。景泰元年(1450年),瓦剌部经西安州(今宁夏海原县西安乡)、海剌都(今宁夏海原县城)进犯开成县(今宁夏固原原州区开城镇开城村),掳掠人畜,军民惊散。八月,重修开成县城。

游牧河套的孛来、毛里孩诸部数度寇抄固原等地。天顺六年(1462年)一月,明兵部侍郎白圭、右副都御史王竑等巡边经固原,适鞑靼孛来部入侵,白圭等领兵击退。

明宪宗成化二年(1466年)七月,鞑靼毛里孩部由花马池侵入,攻破开成县城,杀死知县于达、教谕汤敏、大使汪士让等人,掠去居民10多户、广宁苑牧马1600多匹。固原千户所守备哈昭战死。明廷闻报大为震动,遂徙开成县

治于墙坚池深的固原城。

弘治十四年（1501年），鞑靼小王子、火筛部由韦州进犯固原。七月，都指挥杨宏所部680多人与火筛部相遇于孔坝沟，全军覆没。弘治十八年（1505年）十二月，鞑靼小王子部由葫芦峡口（今宁夏海原李旺镇）进入，围攻镇戎守御千户所及黑城、双井等堡，杀掠20多日。

正德十年（1515年）九月，"虏十万余骑，从花马池入固原，联营而行，长七十余里，肆行抢杀，城堡为空"。此战，关中惊恐，朝廷震动。总兵官潘浩等被追究责任后，"戴罪杀贼"。

嘉靖元年（1522年），蒙古残余势力再度起兵南下，攻入固原，在固原东岳山巅布列营帐，伺机攻取固原州城，只因城内兵民防守甚严，蒙古残余势力无计可施，九日后退去，但也将东岳山"蹂躏之迹广矣，荒台颓庑，盖摧毁无遗"，只剩一片瓦砾，成为废墟。

明嘉靖十五年（1536年）四月，鞑靼吉囊部分道攻掠宁夏、花马池、平虏城、固原等地，当其北返时，被总兵官王效、副总兵任杰等击之，吉囊远遁。嘉靖十九年（1540年）八月，鞑靼吉囊部两万余骑入固原，总兵周尚文御之于黑水苑（今宁夏海原黑城镇）击毙吉囊之子满罕（小五王）。嘉靖四十五年（1566年）十月，鞑靼俺答部自定边营入境攻固原。总兵郭江、千总李大举等战死，陕西副总兵时銮领兵至瓦楂梁御之，几乎全军覆没。

针对蒙古军队的频繁攻掠，明廷采取措施，加强边防战备。在沿边地带的九个军事重镇驻重兵，称为"九边"，固原为西北三边重镇之一。成化十年（1474年），首任王越为陕西三边总制，开府固原，统一指挥各路兵马，调整官军部署，整修边墙，变消极防守为主动出击。隆庆五年（1571年）后，明与鞑靼、瓦剌结束对立，改善了民族关系，固原沿边出现和平局面。

# 那彦成与固原城①

## ——兼论《重修固原州城碑记》的文献与文学艺术价值

刘衍青②

**摘 要：**固原古城是丝绸之路上的重要历史遗存,同时具有重要的军事地位。在固原城的修筑史上,留下了许多历史人物与有关这座城的故事,清代大学士阿桂之孙那彦成便是其中之一。那氏在嘉庆十四年第二次出任陕甘总督时,不顾有司反对,"以工代赈"重修固原城,后因此事而"论大辟",表现出他为官特立独行的风格,也反映出他立足国统大体而看待"城"之尊严的原则。他撰写的《重修固原州城碑记》疏笔勾勒出固原城的修筑史,成为珍贵的文献资料。碑记文字洗练、结构整饬,碑刻秀隽匀整,刀工遒劲流畅,具有极高的文学艺术鉴赏价值。

**关键词：**那彦成 固原城 《重修固原州城碑记》 文献 文学艺术

固原是陆上丝绸之路东段北道上的重镇,也是一座拥有两千多年历史的文化名城。它历史悠久,文化厚重,留下了许多珍贵的物质文化遗产,如城墙、

---

① 宁夏师范学院教育学西部一流学科专项课题资助阶段性成果。
② 刘衍青(1971— ),女,文学博士,宁夏师范学院教授,研究方向为明清小说戏曲与地方历史文化。

关隘、墓地、石窟等。除此之外，"固原方碑圆碣，难以缕数"（《民国固原县志·凡例》），碑碣也是重要的文化载体，其文字与雕刻具有文学和文献双重价值，而碑碣作者与固原在历史长河中的偶然交汇，又生成了鲜活的历史记忆。据《宣统固原州志·艺文志》所录，明清两朝固原历经天灾人祸，幸存的重要碑碣文就有 70 多篇（则），实际数字应远不止于此。其中，那彦成撰的《重修固原州城碑记》（以下简称为碑记）具有多重价值，它既是固原筑城史上的重要文献资料，又反映出那彦成为官的风格，且碑记的行文与碑刻又具有极高的文学艺术鉴赏价值。

### 一、那彦成与固原城之渊源

那彦成生于乾隆二十八年（1763 年），字韶九，一字东甫，号绎堂。他出身显贵，满洲正白旗人，是大学士阿桂之孙。乾隆五十四年中进士，选庶吉士，授编修，直南书房，四迁至内阁学士。嘉庆三年，命在军机大臣上行走。后迁工部侍郎，调户部，兼翰林院掌院学士，又擢工部尚书，兼都统、内务府大臣。表面上看，那彦成官运亨通，手握权柄，然而风光的官衔背后却是险恶的政治，最终他以"误国肇衅，褫职"结束了仕途。两年后，即道光十三年（1833 年），那彦成抱恨而卒。死后，清宣宗追念那彦成在西北平定少数民族叛乱时有功，"赐尚书衔，依例赐恤，谥文毅"。

那彦成曾于嘉庆九年、嘉庆十四年、道光二年，三次赴任陕甘总督，任期内为陕甘百姓办了不少实事。《重修固原州城碑记》是他第二次任陕甘总督时，主持重修固原州城后所作。据碑记载："嘉庆庚午（1810 年，作者注），余奉命再莅总制任。"此时的固原正遭受亢旱之灾。那彦成一面"颁章程，赐赈弊，俾饥民沾实惠，顾敢用民力修作致重困"，一面在思虑重修固原州城之事，"既

---

① 王学伊纂修. 陈明猷标点. 宣统固原州志[M]. 西安:陕西人民出版社,1992:402.

而思之，城工事固不可缓"①。由这段回忆可知，那彦成初莅固原，虽然为抗旱赈灾而焦思，但他仍执著地认为修城之事不可延缓。一方面，这可能缘于他对固原城池现状的实地考察，即他在碑记中所述："（固原城，作者注）岁久日倾圮。"已经到了不得不修的地步。另一方面，也缘于他对"有司屡议修而未果"的不满。因此，甫一上任，他便想促成修城的计划。那氏重修州城的提议遭到了其他官员的反对，他在碑记中记道："方余之议重修也，或疑为不急之务。谓是州之建在明，时套虏窥伺，率由此入。惟恃一城以为守御。州境延袤千里，北接花马池，迤西徐斌水诸处，又与敌共险，无时不告警。当时之民惫甚，故城守不可不讲。若我国家中外一统，边民安享太平之福百有余年，城之修不修似非所急。"①由此可看出，清嘉庆朝的官员沉浸于"太平之福"中，认为固原城防御外敌的历史使命已经完成，修不修无所谓。但那彦成力排众议，想出"以工代赈"的两全之策，解决了赈灾与修城之矛盾，并立即付诸行动："以十六年闰三月兴工，次年秋工竣。计是役募夫近万人，用帑五万余金，民乐受雇而勤于役。"②那彦成"以工代赈"表现出他一贯的为官风格：勇于创新、敢作敢为。而他也因为有为，令当朝皇帝头疼。他第一次出任陕甘总督时，皇帝就手诏戒曰："汝诚柱石之臣，有为有守，惟自恃聪明，不求谋议，务资兼听并观之益，勿存五日京兆之见。"③但他并不以为然，在随后任两广总督时，以"兵不足用"为由，招抚广东土匪头领黄正嵩、李崇玉，使盗匪五千余人先后投降，并给投降者奖以官衔和银币等。皇帝原本派他去治理土匪与海寇，他却赏盗，因此遭到巡抚孙玉庭的弹劾而被降蓝翎侍卫，充伊犁领队大臣。④

那彦成于嘉庆十八年第二次离任陕甘总督。据《清史稿》记载，嘉庆二十一年，"（那彦成，作者注）坐前在陕甘移赈银津贴脚价，褫职逮问，论大辟；缴

① 王学伊纂修. 陈明猷标点. 宣统固原州志[M]. 西安：陕西人民出版社，1992：402-403.
② 王学伊纂修. 陈明猷标点. 宣统固原州志[M]. 西安：陕西人民出版社，1992：402.
③ 赵尔巽. 清史稿[M]. 北京：中华书局，1975：11462.
④ 赵尔巽. 清史稿[M]. 北京：中华书局，1975：11460.

完赔银，改戍伊犁。会丁母忧，诏援滑县功，免发遣"①。"移赈银津贴脚价"与"以工代赈"重修固原州城、兰州城有关，这次的确是惹怒了皇帝，以"论大辟"治罪，倘若不是缴完赔银，恐将性命不保。那彦成当初没有听取有司的意见而坚持动工修城，并将赈灾与修城合而为一，本身就有极大的风险，但他依然按照自己的判断做事，保持了为官的务实与锐气，并不是顾忌官位而不作为，这一为官风格也是他多次被弹劾的主要原因。《清史稿·那彦成传》中对其盖棺定论的评价为："那彦成遇事有为，工文翰，好士，虽屡起屡踬，中外想望风采。"②其中"遇事有为"四个字的评价也很中肯，而"屡起屡踬"则是他官场生涯的真实写照。那彦成虽然出身显贵，但却难逃政治人的命运，可贵的是他在被拨转着东奔西颠时，保持了独立思考的能力和卓尔不群的个性，从官方为他撰写的传记看，他的政治生涯中败笔甚多，却依然令"中外想望风采"，不禁让人钦佩、感叹！

那彦成第二次任陕甘总督时，不仅重筑固原州城，而且修了兰州城，撰有《重修兰州城碑记》，现存于西安碑林。从这两篇碑记可看出那彦成目光远大的筑城观念。他认为"城郭之设，金汤之固，本以卫民，体制宜然。犹人居室，势不能无门户"③。他立足城墙对城池的护卫作用，认为重筑、修补城墙是国家体统使然，并将城墙比作普通人家的门户，绝对不可以没有，指出地方官员有责任也有义务护持好一座城的城墙："守土者安可视同传舍，任其毁败，致他日所费滋多。"④从那彦成的论述可看出，他对一座城市的"城"十分看重，绝对不允许城墙破敝而失去固城之功能，这也是他初莅固原，看到固原城"岁久日倾圮"，便极力促成修城之事，从而使失修多年的固原州城"倾者整，圮者新，垣墉屹然，完固如初"⑤的原因从碑记的文字我们能够感受到那彦成面对旧城换

① 赵尔巽. 清史稿[M]. 北京:中华书局,1975:11461.
② 赵尔巽. 清史稿[M]. 北京:中华书局,1975:11462.
③ 王学伊纂修. 陈明猷标点. 宣统固原州志[M]. 西安:陕西人民出版社,1992:403.
④ 王学伊纂修. 陈明猷标点. 宣统固原州志[M]. 西安:陕西人民出版社,1992:403.
⑤ 王学伊纂修. 陈明猷标点. 宣统固原州志[M]. 西安:陕西人民出版社,1992:403.

新颜的自豪与满足之情。

　　那彦成不仅将"城"看作守护城池的"门户"，而且将"城"视为一座城市对外交流的窗口，这也是他不惜一切代价，完成固原城与兰州城修筑的另一个重要原因。在《重修固原州城碑记》的结尾，他回顾自己"救荒之策既行，设险之谋亦备"的创举，无比欣慰地抒发情怀道："从此往来陇西者，登六盘而北眺，谓坚城在望，形势良不虚称矣。"而在《重修兰州城之碑记》一文中，那彦成更是多次强调"城"之壮观、雄固的重要性。篇首即云："国家建中立极，法度修明，所在郡邑城郭例得以时葺治，省会之区金汤尤重。所以慎封守、隆体统也。"①接着阐明兰州"是陕甘督臣驻节之所，面山为城，倚河为津，形势最要"，以突出筑城的必要性，继而详细列出经由兰州入觐的各少数民族的名称，强调兰州城"其所系于观瞻者尤不同。都会名区曾堙周郭，允宜完缮，以崇体制"。那彦成将"城"之形貌与民族和国家的尊严相提并论，"城"之观瞻犹如国之体统，不可任其破败而不管，足可见他对"城"之认识的高远。在这篇重修兰州城碑记的结尾，那氏登城远眺，自豪感由衷而发："临于其上，俯瞰洪流，远连紫塞。不独郡人士喜新斯城，谓言言屹屹与古金城名实相副；即凡重译远来，褆属庋止者，获观城之高、池之深、军旅之壮盛、闾阎之富庶，莫不怀诚归命，欣欣然向慕而肃敬。是郡城之雄峙维新，因西域往来者之一钜观矣！"②可见，"城"还以壁坚垒崇的雄伟之态，传达出国富民强的盛世之音，承担有说服其他民族归顺的历史使命。那彦成的这篇碑记与《重修固原州城碑记》撰写时间同为嘉庆十七年，二者对读，更加清晰地反映出那彦成立足高远的城建观念。

---

① 那彦成. 重修兰州城碑记[M]. 薛仰敬. 兰州古今碑刻. 兰州：兰州大学出版社，2002：127-128.
② 那彦成. 重修兰州城碑记[M]. 薛仰敬. 兰州古今碑刻. 兰州：兰州大学出版社，2002：127-128.

### 二、《重修固原州城碑记》的文献价值

那彦成的《重修固原州城碑记》是固原城建史上的重要文献资料。那氏在碑记之首，从固原险要的地理位置入手展开叙述："兰郡迤东，形势莫如陇；陇之险莫若六盘，六盘当陇道之冲，蜿蜒而北折，有坚城焉，是为固原州治。"他用"坚城"二字，既表明固原城重要的军事价值，又说明固原城池之坚固。在述及固原城修筑的时间时，他用语谨慎："州本汉高平地，即史所称高平第一者也。"①那氏的这句叙述包括两个方面的内容，一是固原何时设郡，二是固原何时筑城。《后汉书·郡国志》载："安平郡，武帝置。高平有第一城。"②《通鉴辑鉴注》曰："今甘肃平凉府固原州是。"由此可知，固原在汉代即设置了郡治，而古代设险守国，城治为重，应该在汉代就筑有城墙。在那氏看来，固原（高平）既然是汉代安定郡治，又有高平第一城，郡治与城池自然同时存在，所以不必赘述。

《宣统固原州志》在"城池·固原州城"条目下，按时间顺序，回顾了固原城的修筑历史："北周始筑城，明景泰时重修，成化时增设堞楼，弘治时挑成壕堑。万历三年，总督石茂华以土筑不能垂远，乃甃以砖。"③此处的"北周始筑城"应指较有规模地修筑固原城，倘若固原城的修筑始于北周，那么就意味着，汉置高平城至北周700多年的历史中，固原的郡县设置始终存在，却无城池护持，而固原是军事重镇，这是不合情理的。《民国固原县志》对《宣统固原州志》的这一记述提出了质疑："汉后历魏、晋、周、隋，郡县异名，所治不废时，其启闭岂无阑阓。且如姚石生之请都高平，萧宝寅之据于高平，宇文泰之行原州事，谓无陴橹之足恃乎？惟其或圮或缮，未得其详。"④此时，距离编修《宣统固原州志》已经过去了整整39年。而高平第一城修筑的情形确实因时间久

---

① 王学伊纂修. 陈明猷标点. 宣统固原州志[M]. 西安:陕西人民出版社,1992:402.
② 范晔. 后汉书[M]. 北京:中华书局,1965:3519.
③ 王学伊纂修. 陈明猷标点. 宣统固原州志[M]. 西安:陕西人民出版社,1992:62.
④ 宁夏固原县志办公室. 民国固原县志[M]. 银川:宁夏人民出版社,1992:314.

远,在没有发现新的考古文物或文献资料的前提下,将成为未知。幸运的是,1982年在现固原二中考古出土的汉代高平城的文物中,有曲尺形灰陶水管,五角形陶水管,陶漏斗,青龙、白虎、朱雀、玄武四神瓦当,铺地花纹方砖等重要文物,2003年又出土了回纹空心陶砖等。出土文物可以说明高平城的城市排水设施已经相当完善,具有一定的规模和格局。因此,学者通过史料与出土文物互证,得出结论:"高平城的修筑,成为固原城发展的第一个里程碑。"[1]如今看来,那彦成关于固原城的筑城史从高平城开始追溯是符合历史事实的。

那彦成的《重修固原城碑记》对固原城的修筑与修葺做了疏笔勾勒:"北魏于此置原州,以其地险固,因名固原城。建自宋咸平中。明景泰三年重筑,疑就高平第一旧址为之,今年远不可考。……国初特设重镇。康熙庚寅,乾隆己卯,修葺者再。"[2]那氏对明景泰年重筑固原城给予了很高的评价。其实,明成化五年、弘治十五年、万历三年曾多次修缮固原城,那彦成都略而不记,唯独对明景泰年重筑后的固原城有具体述评:"观其城内外两重,内周九里,外周十三里许,规模宏阔,甲于他郡。"文字虽简略,却突出了新修固原城之宏伟。而"甲于他郡"的对比显现出固原城卓然独立之雄姿。碑记中将修筑时间记为明景泰三年(1451年),实际应为明景泰二年。1979年,在固原县(今宁夏固原原州区)城墙内出土了《重修镇戎城碑记》铭文砖一块,上面记载:"忽有达贼入境,将各处人口杀死,掳去官私头畜,家财尽行抢掠,不下万计,军民惊散,苦不胜言。"因此,"申奏朝廷",动用五千余人,"于景泰二年七月二十二日兴工重行修补。……景泰二年八月终工完"[3]。据这篇铭文记载,在这次修城时,还"掘出方砖一块,上刻大金兴定三年六月十八日巳时地动,将镇戎城屋宇摧塌。兴定四年四月二十一日,差军民夫二万余人兴工修筑,五月十五日工

---

① 薛正昌. 根脉与记忆——宁夏历史文化遗产[M]. 北京:中央编译局出版社,2016:19.

② 王学伊纂修. 陈明猷标点. 宣统固原州志[M]. 西安:陕西人民出版社,1992:402.

③ 宁夏固原博物馆. 固原历代碑刻选编[M]. 银川:宁夏人民出版社,2009:140.

毕"①。可知,1219 年 3 月固原发生了大地震,城墙遭到毁坏,当年四月开始修补,近一月后完工。那彦成的碑记追踪了两块铭文砖及其砖记,使固原城墙修筑的历史更加生动而完整。

此外,那氏在叙及明景泰二年的重筑时,疑其是在高平第一城旧址上所为,但由于没有史料可以佐证,便慎重地指出"今年久远不可考"。那彦成的碑记留给我们一个疑问:如果明景泰年的重修是在高平第一城旧址的基础上进行的,那么,古老的高平城是因为什么原因而被毁的呢? 又毁于什么时候呢? 这两个疑问,在清嘉庆十六年尚是待考之谜。《民国固原县志》给出了一个简略的答案:"唐初,此城(高平城,作者注)当经一度之毁弃。"②因何毁弃却语焉不详。如今随着学者对固原城建史挖掘之深入,这两个疑问已经迎刃而解。"元代的数十年,固原古城被废弃;唐代吐蕃陷原州期间,也有数十年的荒芜。这两个时段,是固原历史上地方政权建制在固原城的空缺时空。"③唐代虽然没有大规模重修固原城,但有人高度重视固原城在军事上的重要地位,这个人便是宰相元载。唐大历八年,元载曾奏请皇帝重筑原州城。他曾任西州刺史,"知河西、陇右之要领",乃向代宗极力建议道:

> 国家西境极于潘原,吐蕃防戍在摧沙堡,而原州界其间,草蘸水甘,旧垒存焉。吐蕃比毁其坦墉,弃之不居。其右则监牧叛地,巨堑长濠,重复深固。原州虽早霜不可艺,而有平凉在其东,独耕一县,可以足食。请徙京西军戍原州,乘间筑作,二旬可讫,贮粟一岁。④

元载画好地图,"使吏间入原州度水泉,计徒庸,车乘畚锸之器具"。但由于田神功的阻挠,代宗犹疑不决。而大历十二年,元载被杀,筑城之事被搁置。

① 宁夏固原博物馆. 固原历代碑刻选编[M]. 银川:宁夏人民出版社,2009:140.
② 宁夏固原县志办公室. 民国固原县志[M]. 银川:宁夏人民出版社,1992:314.
③ 薛正昌. 根脉与记忆——宁夏历史文化遗产[M]. 北京:中央编译局出版社,2016:21.
④ 刘昫. 旧唐书[M]. 北京:中华书局,1975:4712-4713.

《新唐书》和《旧唐书》关于元载欲筑原州城的记载基本相同,但《新唐书》更强调原州地理位置之重要,有"原州当西塞之口,接陇山之固,草肥水甘,旧垒存焉"①的记载。"西塞之口"即通向国家西边境的关口,其重要性可想而知。后杨炎秉政,欲行遗策,将要筑城时,却又因为刘文善据泾州作乱而没有实行。一直到唐德宗贞元三年(787 年),吐蕃攻陷连云堡后,才在此筑城并屯之。那彦成的碑记将固原城修建的重要时间节点联系在一起,使后世人能够较完整地了解这座城市的修筑历史。

## 三、碑记的文学艺术价值

从文学的角度来看,这篇碑记笔墨洗练,结构整饬,以叙述为主,偶有议论,却不失点睛之笔——既阐明自己重修固原州城之经过,又表明修城之缘由。全文分为五个部分,每一部分功能明确。第一部分为碑记文体之常备的说明文字,说明撰、书碑记者的姓名及官职。第二部分是全文笔墨至为优美的部分,以游记散文的笔法开头,突出了固原州在历史上特殊的地理位置与军事意义。接着,极其简要地点明了几次重要的修筑时间节点,言简意赅、详略有序。第三部分叙述修城之经过,对筑城所耗费的人工、银两及时间等详细记录。第四部分篇幅最长,作者将叙述、议论、抒情揉为一体,具体阐述其城建理念,运用比喻修辞的手法,强调修城的重要性,使单一的论述形象生动,即使普通读者亦能明晓其主旨。但通俗易懂并不意味着缺少文采,在这一部分,作者巧妙地利用修饰词,使起承转合衔接紧密而自然流畅,如作者在阐明修城之必要性后,又以假设句式,既强调自己主张修城的一片苦心,又表明皇帝体恤民情,将那彦成身为地方官想有所作为,又不得不处处谨慎行事的心理表露无遗:"使其可已,余曷敢妄为此议。况地方每遇灾祲,仰蒙圣天子轸念痌

---

① 欧阳修,宋祁. 新唐书[M]. 北京:中华书局,1975:3412.

癅,有可便吾民者入告,辄报可,立见施行。"此段用"使""妄""每""轸""辄"
"立"等修饰副词,使文字感情浓郁而富有动作感,加强了碑记的情感色彩。紧
随其后的"救荒之策既行,设险之谋亦备"句,对仗工整,可谓此一部分的缩结
之语。而"从此往来陇西者,登六极而北眺"句跳出叙述,直抒胸臆,使新修之
"坚城"呈现于读者眼前,也使碑记在开阔的境界中收尾。第五部分标明写作
的时间:"嘉庆十七年岁在壬申秋七月朔日",即 1812 年农历七月初一。刻石
者为富平仇文发。

据说此碑记勒石刻成后,立于固原州城武庙前台阶下的北侧,民国时期
拓展街面,移于院内,碑身毁于"文化大革命"。现仅有碑头、残片和民国时期
的一张碑刻拓片藏于固原博物馆。文物研究者从存留的碑头及残片推断,碑
为陕西富平青石所制,"碑首高 82 厘米,宽 82 厘米,厚 13.5 厘米。碑身长方
形,通高为 192 厘米……阴刻楷书碑文 17 行,满行 48 字"[1]。由于碑身被毁,
《重修固原州城碑记》的拓片成为难得的珍品,1986 年被鉴定为国家一级文
物。另有一本拓片裱成的字帖,藏于固原原州区图书馆。

碑头呈圭形,碑额题"重修固原州城碑记"八个大字,为竖行两排阴刻小
篆。碑额两侧各线刻游龙一条,二龙首攒集于额顶,共拱一颗火珠,即二龙戏
珠图案,象征吉祥安泰、辟邪免灾。碑额下部饰水波纹,水波纹是中国传统雕
刻中常见的修饰花纹,由水波抽象、变形而来,给人流动而富有生机之感,其
表层寓意美好,如财源滚滚、吉祥如意等,深层则蕴含着博大的哲学内涵,如
老子对水之至柔本性的推崇:"水善利万物而不争。""上善若水。"碑首游龙旁
饰有流云纹,疏密有致,刀法清晰而有力度。从碑首的书法与刀功可看出书写
者与篆刻者的深厚功力。从拓片来看,碑文为行楷体,字体隽秀匀整,笔法劲
健流畅,全文 700 多字,气韵流动自然、一气呵成,赏心悦目。

---

① 宁夏固原博物馆. 固原历代碑刻选编[M]. 银川:宁夏人民出版社,2009:187.

历史的偶然使那彦成停驻固原,重修州城,留下了《重修固原州城碑记》,距今已有 200 多年。此后,固原城又经历了多次修葺。至迟在 1933 年,中央陆军第 17 师 49 旅补充团还对雉堞、女垣、炮台、敌楼等做了修葺。中华人民共和国成立前,由于疏于管理,砖石包砌的瓮城多刭剥陷落。1948 年,叶超在编写固原县志时痛心地说:"膺司土者,触目惊心,欲施修浚,先宜加护焉。"[①]这一段话,如今读来依然令人警醒——城墙的保护比修建更重要!然而,令人痛心的是,1971 年,固原古城墙不但没有得到保护,还被彻底毁弃,"砖包城"外面的古城砖被强行剥离,城砖用于修建防空洞。如今,古城墙只存有靖朔门内的一角——位于固原旧城西北角,此处城墙原在一看守所内,故幸免于难。2015 年,固原城开始大规模的旧城改造工程,令人欣慰的是,国家与地方政府已经充分认识到固原秦长城、旧城墙等古建筑的历史与人文价值,围绕着古城、古墙遗迹,秦长城遗址公园、城墙公园等建设规划正在实施,古迹的保护与利用终于完美融合。未来的日子里,固原人将可以在残缺而古朴的城墙下散步、休闲,充分享受历史与时代的赐予。这次大规模的旧城改造与古迹保护将会载入固原城建史。这段仅存的古城墙中浓缩着固原跌宕起伏的历史,也凝聚着历朝历代知名或不知名的"固原人"的功绩,其中,有那彦成的一份功劳。

---

① 宁夏固原县志办公室. 民国固原县志[M]. 银川:宁夏人民出版社,1992:316.

# 秦汉萧关与唐宋萧关地址之辨正

张有堂[①]

**摘　要:** 萧关,是秦汉时期关中地区外围的四大名关之一,战略地位十分重要,是秦汉首都的主要屏障。它在今何处?《辞海》认为在今宁夏固原东南。拙文在此基础上予以指正:萧关在今宁夏固原市原州区开城镇三十里铺。而唐萧关治所在今宁夏海原县高崖乡附近,宋萧关治所应该在今宁夏同心县城附近。

**关键词:** 萧关　朝那　三十里铺　高崖　同心

凡读过《史记》《汉书》的人,都知道萧关。它是与大散关、函谷关、峣武关并称为拱卫秦汉关中地区的四大名关。萧关,作为秦汉一统天下之后设置在西北的守护关中地区的第一道屏障,在秦汉首都西出的大道上,战略地位极其重要。东汉以来,学者纷纷考证四关。根据古人的说法,今人已经确定了大散关、函谷关、峣武关的具体位置:大散关在今陕西省宝鸡市渭滨区神农镇西南,函谷关在今河南省三门峡市灵宝市函谷关镇北,峣武关在今陕西省商洛市丹凤县武关镇西北,而唯独萧关仅仅泛指为"今宁夏固原东南",甚至有的

---

① 张有堂,(1965—　),男,宁夏彭阳人,彭阳县第三中学高级教师。

学者连这一结论都不认可。拙文略谈一二，与同仁共勉。

## 一、秦汉萧关在安定郡朝那县境内

在正史中，首次提到萧关的当属西汉著名史学家司马迁撰写的《史记·匈奴列传》。汉文帝十四年（前166年），"匈奴单于十四万骑入朝那萧关，杀北地都尉印，虏人民畜产甚多，遂至彭阳。使奇兵入烧回中宫，候骑至雍甘泉"①。在理解这段文字时，存在许多分歧。其中第一个分歧是"朝那萧关"。自古及今，部分学者一直将"朝那""萧关"看作是并列关系，二者之间没有必然的联系。如果仔细阅读《史记》，我们就会发现，关于汉文帝十四年匈奴入侵并杀害北地郡都尉孙印这一事件，《史记》中又有三处提及。《孝文帝本纪》记："十四年冬，匈奴谋入边为寇，攻朝那塞，杀北地都尉印。"②《张释之冯唐列传》记："当是之时，匈奴新大入朝那，杀北地都尉印。"③《李将军列传》记："孝文帝十四年，匈奴大入萧关，而广以良家子弟从军击胡"。④史圣在其著作中表明了"朝那"与"萧关"的关系，"朝那萧关"就是"朝那塞"，且"朝那"与"萧关"还可以互相替代。三国时期的学者如淳一语道破："萧关在安定朝那县也。"⑤换言之，"朝那"与"萧关"是地理大概念与小概念的关系，二者是从属关系，即萧关从属于朝那县，而且萧关是朝那县境的一个塞。在古汉语中，塞指边关、险要处。也就是说，萧关一定在朝那县境内，且置于险要处。这就是我们寻觅萧关的两个基本点。

但这其中还有两个问题必须交代清楚：一是朝那县治所，二是朝那县疆域。

① 司马迁. 史记[M]. 北京:中华书局,1959:2220.
② 司马迁. 史记[M]. 北京:中华书局,1959:301.
③ 司马迁. 史记[M]. 北京:中华书局,1959:2126.
④ 司马迁. 史记[M]. 北京:中华书局,1959:2197.
⑤ 班固. 汉书[M]. 北京:中华书局,1962:139.

《汉书·地理志》载,安定郡下辖高平、朝那、乌氏、泾阳、安定、彭阳等21个县。[①]班彪的《北征赋》记述了更始元年(23年),他从长安到达高平县沿途的所见所闻。"释余马于彭阳兮"之后,才有"越安定以容与兮,遵长城之漫漫"。换言之,班彪经过安定县城之后,又从容不迫地向古长城前进,还"登障隧而遥望兮"[②]。也就是说,班彪登上长城御敌的城堡和烽火台,沿途"吊尉卬于朝那",最后"隮高平而周览,望山谷之嵯峨"。汉代彭阳县治所在今甘肃省庆阳市镇原县东南(107°28′E,35°37′N),位于茹河下游北岸。高平县治所在今宁夏固原市原州区(106°17′E,36°N),位于清水河上游西岸。也就是说,朝那县、安定县在今原州区、镇原县之间的古长城沿线一带。在中国西北最南的古长城就是战国秦长城。它西起今甘肃岷县,经甘肃临洮、渭源、陇西、通渭、静宁等县和宁夏西吉县、原州区,自宁夏原州区河川乡入宁夏彭阳县境,穿越彭阳县茹河上中游以北地区,至彭阳县城阳乡,折北从彭阳县孟塬乡与甘肃镇原县马渠乡之间穿过,又穿越甘肃环县、华池县和陕西吴起县、靖边县、横山县、榆阳区、神木县等,迄于内蒙古黄河南岸。所以,朝那、安定二县治在战国秦长城以南的茹河流域。在今宁夏彭阳县古城镇茹河上游北岸有一座古城遗址,面积为32.7万平方米,遗址中堆积着4米厚的秦汉砖瓦层,出土了陶水管等城市建筑材料。尤为可贵的是,1977年4月,遗址中出土了一尊汉朝青铜鼎,其上铸刻"第廿九五年朝那"等隶书汉字。元鼎五年(前112年),正好是汉武帝在位第29年。鼎必须置放在庙堂之上,它是政权的象征,可谓一鼎定县治。综上所述,朝那县治所在今宁夏固原市彭阳县古城镇(106°27′E,35°50′N),位于茹河上游北岸;安定县治所应该在今宁夏彭阳县城阳乡至镇原县开边镇一带,位于茹河中游。

朝那县治确定之后,就可以绘制出朝那县疆界。朝那县西通高平县,东接

---

① 班固. 汉书[M]. 北京:中华书局,1962:1615.

② 萧统. 文选[M]. 长沙:岳麓书社,2002:289-290.

安定县,北界未越战国秦长城。南界在哪里?《汉书·地理志》"安定郡"条下记:"泾阳,开头山在西,《禹贡》泾水所出。"①开头山,在古文献中又称鸡头山、笄头山、薄落山、开城岭,是泾河的北源,水向东南流,与泾河南源水汇合于平凉城(甘肃平凉市)西。泾河北源水又称横河、颉河。泾阳县治所在今甘肃省平凉市崆峒区安国乡北(106°31′E,35°38′N),位于颉河下游北岸。也就是说,朝那县南疆未及颉河。《汉书·地理志》"安定郡"条下记:"乌氏,乌水出西,北入河。都卢山在西。"都卢山,在古文献中又称吴山、吴越山、陇山、六盘山。乌水,在古文献中又称苦水河、高平川、蔚茹河、葫芦河、清水河,发源于六盘山脉北段东侧的开城岭,水北流经今宁夏固原市原州区、中卫市海原县、吴忠市同心县,至中卫市沙坡头区和中宁县交界处注入黄河。由此推断,乌氏县治所位于六盘山脉东麓,且距清水河发源地不远。《辞海》认为乌氏县治所在今宁夏固原东南。经实地勘察,笔者认为乌氏县治应该在今宁夏固原市原州区开城镇和泾源县大湾乡、六盘山镇一线(106°17′E)。其辖区包括今原州区南部和泾源县,清水河发源地在乌氏县境内。这又说明朝那县西界未至清水河发源地。换一句话说,秦汉萧关一定在这个地理范围内。

## 二、萧关在朝那县西北境

匈奴是生活在中国北方的一个古老的少数民族。战国时期,他们在蒙古草原上日益壮大,并不断南下掠夺秦国边地的人口、牲畜和财物。秦始皇完成统一后,一方面派遣蒙恬、扶苏扩疆占地,另一方面迁吏民充边,开辟新秦中,将今内蒙古河套地区纳入秦朝版图之中,从而有效地维护了北疆的稳定,保护了黄河上游和中游地区农耕经济的发展。四年楚汉战争极大地削弱了中原地区的经济、军事力量,无暇北顾。汉初,匈奴又陆续攻占了今内蒙古河套地

---

① 班固. 汉书[M]. 北京:中华书局,1962:1615.

区、宁夏银川平原地区,甚至陈兵朝那县、肤施县(治所在今陕西榆林市榆阳区东南)一线。汉高祖亲征匈奴,不料被匈奴围困在白登山(今山西大同市阳高县东南)一带,不得不采取和亲政策,但仍然没有从根本上解除匈奴的威胁。汉文帝十四年,匈奴 14 万铁骑再度南进,攻破朝那萧关,陈兵彭阳,后兵分两路,一路为"奇兵",焚烧回中宫(今陕西宝鸡市陇县西北);另一路为"候骑",直捣甘泉宫(今陕西咸阳市淳化县西北)。关于这次匈奴南进的路线,史学界较为一致地认为匈奴南渡黄河,溯清水河南进,至萧关与汉军相遇。因学术界对萧关的具体位置看法不同,所以在确定匈奴东进彭阳的路线时,就产生了分歧。一部分学者认为,匈奴大军顺茹河河谷东进,直至彭阳。另一部分学者则以为匈奴大军经瓦亭,穿弹筝峡,顺泾河河谷东进至彭阳。《后汉书·郡国志》"安定郡"条下记:"乌枝,有瓦亭。"①唐朝《元和郡县图志》记:"瓦亭故关,在平高县南七十里。"东汉乌枝县即西汉乌氏县,唐代平高县即汉代高平县。汉代瓦亭在今泾源县大湾乡与六盘山镇之间。颉河水(泾河北源水)发源于开城岭南麓,南流经汉代瓦亭,折东穿越弹筝峡(三关口),至沙沟门入甘肃平凉市崆峒区境。西汉,瓦亭、弹筝峡二地分别属于乌氏、泾阳二县;东汉,撤销泾阳县建制,瓦亭、弹筝峡二地均属乌枝县。

古人对弹筝峡有诸多描述。唐代诗人储光羲《使过弹筝峡作》道:"晨过弹筝峡,马足凌竞行。"清代祁韵士《万里行程记》载:"(弹筝峡,作者注)两山夹峙如门,仅容一辙转侧而过,水啮山根,澦澦然,险要莫比。"②清代冯焌光《西行日记》载:"(弹筝峡,作者注)峭壁屹峙,下有冲波旋濑,与石激荡,潺潺有声。庙之西,山益高,路益逼。"③所以,匈奴"十四万骑"难以从此处通过。相比较而言,茹河河谷不但平坦,而且比较宽阔(0.4 千米至 4 千米)。另外,匈奴大

---

① 范晔. 后汉书[M]. 北京:中华书局,1965:3519.

② 杨建新. 古西行记[M]. 银川:宁夏人民出版社,1987:396.

③ 杨建新. 古西行记[M]. 银川:宁夏人民出版社,1987:512.

军溯清水河南进,必先经茹河发源地开城岭,尔后,才过弹筝峡。所以,汉文帝十四年,匈奴大军南进,决不会舍大道而走小径。

弹筝峡在清代《湟中行记》中有"一夫当关,万夫莫开"的称谓。[①]假如此地就是萧关,且有北地郡都尉孙卬率军驻守,那么,匈奴的14万大军很难从此地通过。即使侥幸经过,他们为什么不直接南下焚烧回中宫,却要东进到彭阳后,再折回西南去焚烧回中宫?综上所述,萧关不可能在泾河上游(颉河),而瓦亭位于泾河上游(颉河)。据唐朝《元和郡县图志》记载,萧关、瓦亭相距约20千米。

萧关不但是秦汉关中地区的战略防线,而且还是安定郡朝那县的战略防线,否则北地郡都尉孙卬不会驻守此地。再依据匈奴的进军路线,我们便可以得出这样一个结论:萧关应该在朝那县西北境。但是,萧关具体在什么地方,又是一问题。东汉学者应劭认为萧关在高平县北,并且"有险阻"。[②]但今固原城北地势平坦而宽阔,无险阻可言。所以,萧关也不可能在高平县北。唐代《元和郡县图志》记:"萧关故城,在平高县东南三十里。"[③]唐平高县即汉高平县。经实测,我们推算《元和郡县图志》所指"萧关"应该在北纬35°55′一线上。

结合文献记载和实地勘察,笔者认为,从古至今,高平城至朝那城有三条道路相通。

第一条:从固原城(106°17′E,36°N)出发,沿东南方向前行,翻越黄峁山脉(主峰106°20′E,35°58′N),纵穿后峡峡谷(35°55′N线横切后峡峡谷),抵达彭阳县古城镇(106°27′E,35°50′N)。民国时期,固原至平凉多走此道。但黄峁山脉西侧的倾斜角约为50°,公路盘旋而行。在古代,黄峁山脉为天然屏障,同时后峡峡谷一带无古城堡遗址。所以,萧关不应该在此道上。

---

① 杨建新. 古西行记[M]. 银川:宁夏人民出版社,1987:554.

② 班固. 汉书[M]. 北京:中华书局,2000:139.

③ 李吉甫. 元和郡县志[M]. 北京:中华书局,1983:58.

第二条:从固原城出发,溯清水河南行,经原州区开城镇二十里铺,至三十里铺(106°17′E,35°55′N),折东南偏东方向至东海子(106°20′E,35°54′N),折东南偏南方向至彭阳县古城镇海口村(106°22′E,35°50′N),折东顺茹河行进,抵达古城镇。东海子就是秦汉湫渊,因在朝那县境,所以又称朝那湫。它是秦汉的国家祭祀重地。至今,东海子东南小山冈上依然堆积着1至3米厚的秦汉至明清时期的砖瓦层,应该是湫渊祠所在地,主殿遗址建筑面积约1.5万平方米。2007年11月,在这些砖瓦堆积层中发现了一块刻有"那之湫"等十多个汉字的残碑。同时,又在东北山坡旧宅中发现了两块柱础石,其中一块为莲花形状。在古人笔下,湫渊深藏在群山之中,是龙出没的地方,所以,除祭祀外,古人不会常走此道。

第三条:从固原城出发,溯清水河南行,经原州区开城镇二十里铺、三十里铺,至开城镇开城村(106°17′E,35°53′N),折东南顺茹河行进,至开城镇青石嘴(106°18′E,35°50′N),折东顺茹河行,经彭阳县古城镇海口村,抵达古城镇。西汉元鼎三年(前114年),在清水河上游西岸修筑了安定郡第一城——高平县城,为安定郡治所。元朝,在清水河发源地修建了开成府,号称上都。这说明清水河上游战略地位非常重要。唐宋元时期,吐蕃、西夏、蒙古铁骑多沿此道南行,至青石嘴,或东进,或南去。经实地勘察,我们发现三十里铺、开城村、青石嘴均有古城堡遗址。除开城古城遗址被确定为元朝开成府遗址外,其他两地古城堡遗址无法确定其年代。青石嘴一带为三山犄角之地,地势险要,但古城堡多置于山头上,行动极为不便,且城堡面积均不足3000平方米,所以无法构成有效的防御体系。此地距固原城约26千米,与《元和郡县图志》的记载不符。三十里铺古城遗址在清水河西岸依山而建,外削内垫,城墙南高北低,城址占地面积11.5万平方米。这里是清水河河谷最狭窄的地方,如同哑铃的腰部。而且三十里铺至开城村段的山头上多有古城堡或烽火台遗址,所以这里堪称险阻。综合《元和郡县图志》和古人南进北出的路线,我们推断,秦

汉萧关应该在今宁夏固原市原州区开城镇三十里铺一带。萧关正好位于汉高平县、乌氏县、朝那县交界处,它是沟通南北、连接东西交通的咽喉。

### 三、唐宋萧关

萧关不但在《史记》《汉书》中有记载,而且《旧唐书》《新唐书》《宋史》中也有记载。但问题的关键是秦汉萧关、唐萧关、宋萧关是否指同一个地方。

唐朝时,萧关是一个县级行政建制,隶属于原州中都督府。《旧唐书·地理志》"萧关县"条下记:"贞观六年,置缘州,领突厥降户,寄治于平高县界他楼城。高宗时,于萧关置他楼县。神龙元年,废他楼县,置萧关县。大中五年,置武州。"①又《元和郡县图志》记,萧关县南至原州(治所平高县)"一百八十里"②。也就是说,萧关县治所大约在今固原城北90千米处。《元和郡县图志》"萧关"条下记:"蔚茹水,在县之西,一名葫芦河,源出原州西南颓沙山下。"③蔚茹水即今清水河。结合这两点,我们推断唐萧关县治所在今宁夏海原县高崖乡附近。

北宋时,萧关是一个县级军事要塞,修建于崇宁四年(1105年),辖临川堡、通关堡和山西堡。萧关起初隶属于镇戎军(治所在今宁夏固原市原州区)。大观二年(1108年),平夏城升为怀德军,萧关划归于怀德军。《宋史·地理志》记,怀德军"南至灵平砦一十二里",灵平砦"南至熙宁砦二十八里"。④宋《元丰九域志》记熙宁砦在镇戎军"北三十五里"。⑤也就是说,怀德军治所大约在今固原城北37千米处。《续资治通鉴·卷八十五》记载,平夏城在"石门峡江口好水川之阴",且又"出葫芦河川"。《宋史·地理志》载,宋朝设立怀德军的目的在

① 刘昫. 旧唐书[M]. 北京:中华书局,1975:1407.
② 李吉甫. 元和郡县志[M]. 北京:中华书局,1983:58.
③ 李吉甫. 元和郡县志[M]. 北京:中华书局,1983:60.
④ 脱脱. 宋史[M]. 北京:中华书局,1977:2160.
⑤ 王存. 元丰九域志[M]. 北京:中华书局,1984:137.

于"与西安、镇戎军互为声援应接"。①又西安州治所在今海原县西安镇。所以怀德军治所应该在今固原市原州区三营镇一带。宋萧关又在何处?《宋史·地理志》"萧关"条下记:"东至葫芦河一十五里,西至绥宁堡三十里,南至胜羌砦六十里,北至临川堡一十八里。"②这里只说明了宋萧关在今清水河西,而唐萧关在今清水河东,所以唐、宋萧关不在同一个地方。又《宋史·地理志》记,胜羌砦"南至通峡砦八十里"③,通峡砦"南至怀德军一十八里"④。以此推算,宋萧关大约在怀德军北 79 千米一带。另外,北宋《武经总要》"镇戎军"条下记:"萧关路,自军北刘璠堡,缘葫芦河川,过古城,入苇子湾。出萧关至鸣沙县界,入灵武,约五百里,地形平敞。"⑤这又说明萧关接近鸣沙县。鸣沙县治所在今宁夏中宁县鸣沙镇。综上所述,我们推断宋萧关应该在今宁夏同心县城附近。

① 脱脱. 宋史[M]. 北京:中华书局,1977:2160.

② 脱脱. 宋史[M]. 北京:中华书局,1977:2161.

③ 脱脱. 宋史[M]. 北京:中华书局,1977:2161.

④ 脱脱. 宋史[M]. 北京:中华书局,1977:2160.

⑤ 曾公亮,丁度. 武经总要[M]. 北京:中华书局,1959:915.

# 朝那湫遗址的保护与开发

## 杨宁国[①]

**摘　要**:位于宁夏固原市的朝那湫遗址是秦汉时期国家祭祀圣地。但由于各种原因,该遗址的保护、开发还处于较低水平。本文认为,要重视对朝那湫遗址的保护与开发,并提出几点建议。

**关键词**:朝那湫遗址　历史文化　保护开发

## 一、朝那湫遗址的基本情况

朝那湫遗址位于宁夏回族自治区固原市原州区与彭阳县交界处的东海子水库,北纬 35°52′03.9″,东经 106°20′13.6″,海拔 1939 米,地势呈西北—东南走向,植被较差,山坡为灰砂岩,风化严重,被流沙覆盖。

遗址由两部分构成:第一部分为海子,海子东西长约 3000 米,南北宽约 700 米,现水面东西长约 1000 米,宽约 600 米;第二部分为凉马台遗址,凉马台遗址位于海子东面山顶的台地上,东西长约 500 米,南北宽约 300 米,地表堆积大量的青砖、板瓦、筒瓦、石块等建筑材料及汉代陶罐、宋代瓷器等残片,为汉代至明代遗址。2010 年 12 月 6 日,被宁夏回族自治区人民政府公布为

---

① 杨宁国,(1971—　　),男,宁夏彭阳人,彭阳县文物管理所副研究员。

自治区级文物保护单位。

### 二、史籍中记载的朝那湫

战国秦昭王在位时，"义渠戎王与宣太后乱，有二子。宣太后诈而杀义渠戎王于甘泉，遂起兵伐残义渠。于是秦有陇西、北地、上郡，筑长城以拒胡"①。今固原、彭阳始属秦国版图。在秦国与楚国的争战中，秦国立《诅楚文》于朝那湫，文曰："受皇天上帝及丕显大神巫咸之几灵德，赐克剂楚师，且复略我边城。敢数楚王熊相之倍盟犯诅，箸诸石章，以盟大神之威神。"②以祈求天神保佑秦国获胜，诅咒楚国败亡。

公元前221年秦统一六国后，"令祠官所常奉天地、名山、大川、鬼神可得而序也……自华以西，名山七，名川四……湫渊，祠朝那"，祭祀所用物品与东方名山川一致，"牲牛牢具珪币各异"③。秦因暴政二世而亡，公元前202年西汉建立，西汉统治者也十分重视山川的祭祀。前201年汉高祖刘邦下诏曰："吾甚重祠而敬祭。今上帝之祭及山川诸神当祠者，各以其时礼祠之如故。"④汉武帝即位后，"尤敬鬼神之祀"⑤，并下令全国各地"缮治宫观名山神祠所"⑥。曾作为华山以西四大名川的朝那湫，理应也在祭祀之列。当然汉初"朝那湫泉涌产灵芝"⑦，可能也是汉初祭祀朝那湫的原因之一。

因东汉中后期的西北羌族大起义，郡县内迁，人口逃亡。《三国志·魏书》记载，到曹魏"正始元年（240年，作者注），凉州（武威，作者注）休屠胡梁元碧

① 司马迁. 史记[M]. 北京：中华书局，1959：2885.
② 郭沫若. 郭沫若全集考古编（9）[M]. 北京：科学出版社，2002：296-298.
③ 司马迁. 史记[M]. 北京：中华书局，1959：1371-1372.
④ 司马迁. 史记[M]. 北京：中华书局，1959：1378.
⑤ 司马迁. 史记[M]. 北京：中华书局，1959：451.
⑥ 司马迁. 史记[M]. 北京：中华书局，1959：472.
⑦ 赵时春. 嘉靖平凉府志[M]. 中国地方志集成·甘肃府县志辑（13），南京：凤凰出版社，2008：247.

等,率种落二千于家附雍州",朝廷将其安置在"安定(郡,作者注)之高平(县,作者注)"[①],即今固原市境内。后来匈奴、鲜卑等少数民族先后统治这里。在少数民族统治期间,是否对朝那湫进行祭祀,当前缺乏史料,无法考证。但作为一个地理名词,朝那湫在这一时期仍是很有名的,并得到学者的关注。魏晋经学大家苏林曾记载:"湫渊在安定朝那县,方四十里,停不流,冬夏不增减,不生草木。"[②]给我们留下了当时朝那湫面积大小的宝贵资料。

589年隋朝统一全国,结束了数百年的动乱。618年唐朝建立,轻徭薄赋,重视农业生产。朝那湫的祭祀应该在这一时期得到恢复。唐初经学家颜师古曾说:"此水,亢旱,每于此求之。"[③]唐太宗贞观十六年(642年)成书的《括地志》准确记载了朝那湫的方位:"朝那湫祠在原州平高县东南二十里。"[④]因避唐高祖李渊讳,在唐代典籍中,"渊"皆改为"泉","湫渊"改称"湫泉"。唐代中期,杜佑在《通典》中说:"湫泉,祠朝那;湫泉在安定郡界,清澈可爱,不容秽浊,或有喧污,辄兴云雨。"并记载了当地每逢干旱时节便来此求雨的习俗:"土俗亢旱,每于此求之,相传云龙所居也。"[⑤]

宋代仍祭祀朝那湫,"朝那湫泉,水旱,祷之有应"[⑥],可能是在朝那湫求雨十分灵验,"诸祠庙,自开宝、皇祐以来,凡天下名在地志,功及生民,宫观陵庙、名山大川能兴云雨者,并加崇饰,增入祀典"[⑦]。"朝那湫龙祠,在东山寨硖山,即汉《郊祀志》所祠渊也。真宗天禧二年(1018年,作者注)四月赐庙额灵泽。神宗熙宁十年(1077年,作者注)六月封泽民侯。"[⑧]此后太常博士王古总

① 陈寿. 三国志[M]. 北京:中华书局,1959:735.
② 裴骃. 史记集解[M]. 纪昀. 景印文渊阁四库全书(245)[M],台北:商务印书馆,1986:325.
③ 乐史. 太平寰宇记[M]. 中华书局,2007:704.
④ 李泰. 括地志辑校[M].北京:中华书局,1980:44.
⑤ 杜佑. 通典[M]. 北京:中华书局,1988:1281.
⑥ 王存. 新定九域志[M].《四库全书存目丛书》编纂委员会. 四库全书存目丛书(166). 济南:齐鲁出版社,1999:32-33.
⑦ 脱脱. 宋史[M]. 北京:中华书局,1959:2561.
⑧ 徐松. 宋会要辑稿[M]. 北京:中华书局, 1957:797. 高承. 事物纪原[M]. 北京:中华书局,1989:379.

结北宋立国以来的神祠祭祀时说："诸神祠无爵号者赐庙额，已赐额者加封爵，初封侯，再封公，次封王。"①2007 年在朝那湫遗址发现残碑一方（现藏于彭阳县博物馆），上有"那之湫"等十余个带有宋体特征的汉字，这方残碑为北宋时期在朝那湫祭祀的实物证据。当然，在当时镇戎军境内，被赐额的不止朝那湫一处。"三川寨（今固原彭堡镇，作者注）妙娥山神湫龙女祠，哲宗元符二年（1099 年，作者注）八月赐额灵佑。"②"碧龙泉神祠，在定戎寨（今海原干盐池，作者注），徽宗崇宁四年（1105 年，作者注）十二月赐额灵源，封丰利侯。"③

1127 年金灭北宋，朝那湫属镇戎州，根据《重新朝那湫龙神庙记》④的记载，地方官员坚持了对朝那湫的祭祀，"金宋边臣尝祀于祠，碑志仍存"。到金朝末年，"兵尘荡起，祠无人居。"元初，朝那湫祠已经荒破到"上雨傍风，久赤摧堕，瓦砾椿芜，弗辨圣元"的程度，幸有本地官员"划荒芟秽，建庙致祭"。庙建成后，在干旱时则"诚敬祈祷，雨旸之应"。元大德十年（1306 年），固原境内发生地震，朝那湫祠"殿宇湮灭"。延祐元年（1314 年），官府"复构堂屋，绘神塑像，俱尽其美"。元统三年（1335 年），境内"连旬不雨，禾且告病，知州朵儿只复率僚吏奉币祝恭，事祠下。未及州而澍雨，越三日乃止。郡人欢呼，民遂有秋之望"。

明朝，在经历了永乐元年（1403 年）、成化十三年（1477 年）、成化二十一年（1485 年）、弘治六年（1493 年）、弘治十年（1497 年）等多次地震后⑤，朝那湫湖水渗漏严重，到嘉靖朝仅"广五里，阔一里"，成了一个小湖。由于水量的急剧减少，人们对朝那湫祠的崇拜大大降低。加之此时"西海大于东海，且湛澄

① 脱脱. 宋史[M]. 北京:中华书局,1959:2561.

② 徐松. 宋会要辑稿[M]. 北京:中华书局, 1957:795.

③ 徐松. 宋会要辑稿[M]. 北京:中华书局, 1957:804.

④ 杨经,刘敏宽. 嘉靖万历固原州志[M]. 银川:宁夏人民出版社,1985:87-88.

⑤ 张廷玉. 明史[M]. 北京:中华书局,1959:494-497.

且甘"①,固原州城南有风云雷雨坛,城北有山川社稷坛②,官府遂放弃在朝那湫举行祭祀活动。在岁旱时,仅有一部分"土人祷雨于此"③。又经历了嘉靖四十年(1561年)、嘉靖四十一年(1562年)、隆庆二年(1568年)、万历二十六年(1598年)、天启二年(1622年)等多次地震④,湖水继续渗漏,到清朝初年,朝那湫已经干涸,土人称其为"干海"⑤。

### 三、朝那湫遗址的病害调查分析

#### (一)人为因素的破坏

明末清初,朝那湫因地震湖水渗漏干涸,官府放弃了在此地的官方祭祀,遗址废弃为农田和庄院。遗址的破坏主要来自于当地村民人为因素的破坏。

1. 农民盖房对遗址的破坏

凉马台遗址附近的房基是历史遗留下来的,现在均已废弃。经过测量,房基面积为1200平方米。夯打房基对遗址重要部位破坏性很大,特别是遗址北侧的居民房屋距离祭祀区域只有0.5至1.3米。在遗址的西北侧,当地居民曾不断开挖窑洞,对遗址造成了极大的损坏。

2. 种植业对遗址的破坏

由于凉马台遗址上的朝那湫祭祀宫殿基址距地表仅20至30厘米,高出地表的则因耕种而被夷平。埋藏浅的基址,种植玉米时造成了毁灭性的破坏,特别是大量的瓦罐、瓷片、石碑被打碎,目前已拣不出完整的器皿了。目

① 吕楠. 固原州行水记[M]. 杨经,刘敏宽. 嘉靖万历固原州志 [M]. 银川:宁夏人民出版社,1985:104.

② 杨经,刘敏宽. 嘉靖万历固原州志[M]. 银川:宁夏人民出版社,1985:147.

③ 李贤. 大明一统志[M]. 西安:三秦出版社,1990:605. 赵廷瑞,马理. 嘉靖陕西通志[M]. 西安:三秦出版社,2006:632.

④ 张廷玉. 明史[M]. 北京:中华书局,1959:501-503.

⑤ 固原县志办公室. 民国固原县志[M]. 银川:宁夏人民出版社,1992:105.

前凉马台遗址上依然种植着玉米,还能看到残存的玉米秸秆。

（二）自然环境因素的破坏

1. 风化

风化使朝那湫遗址崩解或分解,破坏严重。

2. 雨水冲蚀、冲沟发育

朝那湫遗址的海子水面两侧及凉马台遗址由于存在缝隙,雨水流入其中,加速了缝隙的发展,导致了海子周围大面积坍塌以及凉马台遗址形成冲沟。

## 四、朝那湫遗址保护与开发的重要意义

朝那湫是秦汉时期的国家祭祀地,一直延续到明清,这在全国都是极其罕见的。在当前城市化的大背景下,对朝那湫遗址加以保护并进行旅游开发,能够充分发挥其社会效益,为宁夏南部山区经济提供新的增长点。

在毗邻的甘肃省,很多专家和学者认为朝那湫在庄浪县,当地政府对庄浪县的"朝那湫"已开发了十几年,每年有数万名游客慕名前去。朝那湫遗址位于宁夏固原市境内,这是有充足的文献和出土残碑为证的。然而宁夏保护开发缓慢,甘肃境内的"朝那湫"却开发得如火如荼。朝那湫现在面临被甘肃"抢去"的危险。作为一名文物工作者,笔者对此深深感到惋惜。

## 五、朝那湫遗址保护与开发的几点建议

近年来,在宁夏回族自治区各级党委政府和宁夏文物局的指导下,原州区和彭阳县文物部门在朝那湫遗址的保护方面做了大量工作,为了加强对朝那湫遗址的长远保护,朝那湫遗址在 2010 年被宁夏回族自治区人民政府公布为自治区级重点文物保护单位。

"十二五"发展规划明确提出,要推动文化产业成为国民经济支柱性产

业,增强文化产业的整体实力和竞争力。我国第一部文化产业专项规划《文化产业振兴规划》的出台,标志着文化产业上升到国家战略层面。"十三五"规划指出,促进文化产业转型升级、提质增效,实现文化产业成为国民经济支柱性产业的战略目标。笔者认为,朝那湫遗址的旅游开发不应仅停留在维持原貌上,应当积极行动起来,将其打造成一个旅游文化产业。

(一)搁置归属争议,彭阳县与原州区共同开发

建议固原市有关部门协调彭阳县、原州区有关单位,成立朝那湫遗址保护开发管理委员会,统一协调遗址的保护与开发。在固原市委市政府的领导下,合力将朝那湫打造成宁夏南部著名的风景旅游文化区。

(二)加强对朝那湫遗址基础设施的建设

目前朝那湫遗址基本没有基础设施或服务设施。无论是彭阳县还是原州区的道路,仅有越野车能通行,一般小轿车只能望路兴叹。偶有游人驻足,可水域周围缺乏最基本的防护栏,加之通讯信号极差,遗址内看不到卫生间和停车场等,这些都应尽快建设。

# 试析古代游牧民族文化对固原之影响

冯　敏[①]

**摘　要:**历史时期的固原地区山清水美,特别是在气候较为温暖湿润的中古时期,固原曾长期作为国家的养马场,畜牧业十分发达。固原处于北方游牧文化与中原农耕文化的分界线上,中原农耕文化、草原游牧文化与丝路商贸文化碰撞、交融。在多民族的冲突与战争、和平与友好往来中,多元开放的移民文化和浓郁粗犷的边塞风情共同凝聚在这块神奇的土地上,形成了固原特色鲜明的边塞文化特征。

**关键词:**固原　游牧文化　边塞

固原地区自古就是边疆游牧文化与中原农耕文化的分界线,地处中原文化与草原文化的过渡地带,又是河套文化与丝路文化的交融区。历史时期,固原是一座多民族杂居融合的重镇,不时处于游牧民族与中原汉族的激烈争夺之下,甚至多次被北方游牧民族占据、统治,因而吸收了少数民族特色鲜明的游牧文化。正因为固原地处边塞,历史地理位置特殊且重要,是多民族文化交流融合的重要区域,从而成为多元文化交流之重镇。特别是随着丝绸之路"凿

--------

① 冯敏(1982—　),女,历史学博士,宁夏师范学院学报编辑部副编审。

空"西域,固原成为接受八面来风的中心,世界各种文明在此相互交流渗透,更增加了边塞固原的游牧文化特征。今天的固原市作为回族聚居区,游牧文化的气息依然很浓厚。

## 一、先秦时期的戎族与匈奴文化

先秦时期,固原是戎族故地。在固原文化区域内,发现了两种类型的墓葬:洞室式墓葬和土坑式墓葬。固原使用洞室式墓葬的人们也从事畜牧业。因为在洞室式墓葬中,发现了大量动物牺牲遗存。这些动物遗骸有完整的马、牛、羊的头骨、下颌骨和蹄骨。但在同心的一座西汉时期的匈奴遗址——倒墩子遗址中,发掘出了一些洞室式墓葬。随葬物中有与内蒙古准格尔旗西沟畔匈奴墓所出相似的陶罐;与内蒙古察右后期二兰虎沟、辽宁西丰县西岔沟墓地相似的铜带饰、铜环、铜带扣等。[1]在同一个墓葬遗址内发现多种墓葬习俗,这是非常特殊的情况,应当视为政治和军事力量变化的结果。这种变化是伴随着早期游牧部落的发展演化进程发生的,不同的少数族群联合为更大的政治联盟。

在固原西部的彭堡村附近发掘出的于家庄遗址,时间大约属春秋晚期。人类学证据表明,出现在那里的强悍而富有的扩张性的游牧族群,其军事力量逐渐增强,这种压力可能是形成地区迁移的重要原因。它的居民看起来似乎是亚洲北部人,他们与新石器时代居住在这里的东亚族群有着明显的不同。在研究者看来,他们的身体特征与蒙古、不利亚特、通古斯发现的族群的人类学特征一致。[2]从满洲和蒙古地区到宁夏存在一条迁移路线,也许能够说明这一地区到东北部地区之间所呈现出的文化上的联系。[3]

---

① 乌恩,钟侃,李进增. 宁夏同心倒墩子匈奴墓地[J]. 考古学报,1988(3).

② 韩康信. 宁夏彭堡于家庄墓地人骨中西特点之研究[J]. 考古学报,1995(1).

③ 狄宇宙著. 贺严,高书文译. 古代中国与其强邻——东亚历史上游牧力量的兴起[M]. 北京:中国社会科学出版社,2010:88-89.

在杨郎遗址发掘出的东周墓葬的随葬品中，有古典风格的触角式短剑，这种短剑通常被看作是西周和春秋北方地区风格的标志。铁器遗存仅限于一把铁剑的残片,在大宗墓葬品中,没有发现车马器。贵金属物品,在早期墓葬中只发现了一些银耳环。丰富的青铜器显示出这是一个冶金生产的中心,并且很可能由一个更高的社会阶层控制着。几乎所有墓葬中都有墓葬品,一般在 10 件以上,有的还超过了 50 件。[①]

在固原的彭堡和石喇村遗址中还发现了一个可能属于更先进的族群的墓葬组合,这个族群对马的使用更加广泛。在墓葬组合物中,没有铁器,但是有与先进的骑马技术相关的一些物品,如马嚼、马面罩、铜制的马勒额前装饰片[②]春秋中期以后,固原地区的戎族被秦国征服,开始与秦人杂处,年深日久,戎人的游牧文化融入固原地区。就像早期的杨郎墓葬一样,青铜武器和工具仍然占据主导地位,但是马发挥更大的作用、动物纹饰的大量使用以及金制品的出现，表明在这一墓葬组合中发生在战国中晚期的那些变化的类型。大量墓葬主表现出对艺术作品和贵金属的偏好,就是贵族阶层社会地位发生了很大变化的一个有力的证据。发现这一早期游牧遗址的重大意义在于,它从某些方面表明,一些不同的少数族群肩并肩地生活在一起,而且最终融合为一个新的社会组织,融合为更大的政治联合体。[③]

固原境内秦长城的区域包括一些重要的北方地区文化复合体的早期游牧遗址,这些遗址年代为战国后半期。秦国建筑的长城的最西段是南北走向的,位于临洮和岷县之间的地区。秦长城向东北方向延伸,进入宁夏到固原北

---

① 许成,李进增,卫忠,韩小忙,延世忠. 宁夏固原杨郎青铜文化墓地[J]. 考古学报,1993(1).

② 单月英. 东周秦代中国北方地区考古文学文化格局——兼论戎、狄、胡与华夏之间的互动[J]. 考古学报,2015(3).

③ 狄宇宙著. 贺严,高书文译. 古代中国与其强邻——东亚历史上游牧力量的兴起[M]. 北京:中国社会科学出版社,2010:90.

部。义渠地区在毗邻固原东部的地方,长城是在秦国征服了这一民族以后建立的。从考古学来说,这个地区在众多的地区中是极其富饶的。众多的遗址显示,有某个民族曾经一直没有间断地在此居住着,这个民族的文化甚至是体格特征——根据中国考古学家的说法——完全不同于中原民族所具有的文化和体格特征。

固原地区的青铜文化有游牧之风。从春秋末期到战国时期,固原地区的文化是一个文化复合体,这一文化复合体与以青铜文化为特征的文化具有相当大的同质性,其青铜文化与鄂尔多斯地区的青铜文化非常相似。在这一文化区的青铜器物中,出土了具有特征性的动物纹饰牌饰、马车具以及一些具有北方风格的武器。固原遗址表现出与庆阳遗址明显的联系,这也说明其与北方地带文化复合体有着密切的关系。例如在红岩遗址发现了一个墓葬和一个瘗埋马牺牲的坑,其中还有青铜制品,这些青铜制品与诸如桃红巴拉、呼鲁斯太、西沟畔和范家窑子等鄂尔多斯遗址有着密切的联系。在这里,甚至还发现了一个釜,这是一种做祭品用的青铜锅,这种类型的物品通常是与北方游牧民族,包括匈奴族相联系的。这些遗址在固原、庆阳和秦安的分布区域都在秦长城的"内部"。这些遗址证明,靠近秦国西北部的地区是游牧—军事文化的故乡,这里可能发展了半游牧甚至完全的游牧文化,绝对是非周人的文化。我们只有在与长城有关的这一地区的遗址中才能发现早期华夏族人的踪迹,而长城工事正表明中国军队在此地区是一种外来的文化。[①]

春秋战国时期,长城在北方地区的存在是与燕国、赵国和秦国稳定的领土增长有关的,各国采用在中原诸侯国间发展起来的防御技术,逐步将领土扩大到游牧族甚至是半游牧族的领地内,接下来再将征服过来的土地与其他游牧族隔开。因为这些地区驻扎着中原诸侯国的军队,所以这些游牧民族也

---

① 狄宇宙著. 贺严,高书文译. 古代中国与其强邻——东亚历史上游牧力量的兴起 [M]. 北京:中国社会科学出版社,2010:180.

在此部署兵力或者发展他们的军事力量。①长城就是北方华夏各国整个扩张策略的一个组成部分。长城的建立是为了支持并且保护华夏各国向迥异于周人世界的外族地域进行整治和渗透。②

固原地区有历史悠久的历代长城遗址,分别为战国时的秦长城、汉代的万里长城、隋长城及明长城等,有些是新筑,如战国与秦、明长城,有些是加筑或修缮,如隋代长城。③修筑长城的初衷也许是为了隔离游牧民族的入侵,保护中原帝国的和平与安宁。如汉代的长城有一套庞大严密的边境防御体系,有严格的侯望烽燧制度。它有力地抵御了匈奴的入侵,保证了境内百姓的生命和财产安全,使西域的交通保持通畅。④但长城并没有阻挡游牧文化的渗入,而是促成了游牧与边疆文化的交流,特别是在固原历史上。

固原地区处于黄土高原西部,接近北方游牧民族居住地区,一直是多民族交往的重要通道,渐渐习染胡俗胡风。特别是西汉时期张骞通西域,"丝绸之路"开通以后,固原作为丝路东段北道上的枢纽,成为"华戎交会"之重镇。

## 二、魏晋南北朝时期的胡族文化冲击

秦汉以来,固原是抵御匈奴的重要阵地。魏晋南北朝时期,匈奴、鲜卑、羯、氐、羌诸族粉墨登场,陆续入华,在固原上演了民族征战、交流融合的大戏。魏、晋的统一不过昙花一现,转瞬神州大陆南北分裂,北方又复诸族相争、列国并立,这是一个大动荡、大分裂的纷纭乱世。同时,魏晋南北朝又是我国

---

① 德全英. 长城的团结：草原社会与农业社会的历史法理——拉铁摩尔中国边疆理论评述[J]. 西域研究,2013(1).

② 狄宇宙著. 贺严,高书文译. 古代中国与其强邻——东亚历史上游牧力量的兴起[M]. 北京:中国社会科学出版社,2010:183.

③ 薛正昌. 宁夏长城文化[J]. 宁夏党校学报,2003(4).

④ 汪受宽. 西北史札[M]. 兰州:甘肃文化出版社,2008:63.

民族迁徙与异动的重要时期。一方面,汉民族由中原向四方辐射;另一方面,周边少数民族向中原内聚。北方胡族南下中原必须跨越本质上殊异的两种生态与经济文化类型,即从相对寒冷的游牧、狩猎文化区跨入比较温暖、湿润的稻作、麦作文化区。尽管这是一个痛苦的历程,其中充满复杂的矛盾与剧烈的冲突①,但刺激了固原民族文化面貌的变化,为当地文化注入了生机与活力。正如陈寅恪先生在《李唐氏族推测之后记》中的著名论断:"李唐一族之所以崛兴,盖取塞外野蛮精悍之血,注入中原文化颓废之躯,旧染既除,新机重启,扩大恢张,遂能别创空前之世局。"②胡汉交融成为固原文化的底色,从某种意义上来讲,此时游牧血液的渗入为后来隋唐时期固原的全面繁荣奠定了基础。

胡族政权在统治固原地区时,无论是前赵、后赵对峙,西秦、大夏政权在固原的活动,还是北魏控御、西魏和北周的经营与开发,都把胡族的文化播撒在固原这方热土上。历史上无论哪个民族,占据固原之后,为了本部族、本民族的进一步扩大发展,总会以固原为根据地,伺机而动,向外扩张,大肆掠夺。争夺的手段不外乎商业竞争、文化渗透、政治较量,抢掠最终发展到发动大规模的战争,以取得更大的统治权。所以兵戈长兴、烽烟不断,固原时时处在民族争夺的焦点。魏晋十六国时期,先后在固原地区粉墨登场的匈奴、鲜卑、羯、氐、羌等各少数民族部落和政权,无一例外地为生存和攫取更大的利益进行了长期的拉锯战争。战争是一种激烈的文化接触方式,虽不免杀戮毁灭,但也有交流、碰撞与融合。各民族为了战胜对方,都首先要学习对方的文化,了解其性情、习俗与作战特点,对彼此的优劣烂熟于心方能为战争取胜打下坚实基础。这就要求双方互相学习优长,取人之长补己之短,这是最深层次的文化交

---

① 柏贵喜.四至六世纪内迁胡人家族制度研究[M].北京:民族出版社,2003:9.
② 陈寅恪.金明馆丛稿二编[M].上海:上海古籍出版社,1980:303.

流。当然,这种学习也不仅仅限于军事上的,更有文化上的,这就使其他民族的文化深入本民族文化的血液中,造成原有文化的变异。

在和平时期,为了巩固政权,无论哪个民族的统治者,都会积极向其他政权学习,或通过自上而下的改革,从政治制度、礼乐文化、统治方式等方方面面实施一系列的改革。这种政治的改革也是文化变迁、融合的重要途径,而且会在客观上形成文化的多元化格局。①纵观历史,凡是擅长学习他族文化、政策开明的民族政权,往往能使自己文化繁荣、国力强盛。所以固原地区积极吸收游牧民族的物质与精神文明,对游牧世界文明的大量吸收和借鉴,丰富了固原的历史与文化。沿着"丝绸之路"传入固原的食物有苜蓿草、芝麻、胡麻、无花果、安石榴、绿豆、黄瓜、大葱、胡萝卜、大蒜、番红花、胡菜等,极大地丰富了固原人的食物品种,还传入了玻璃器、奢侈品,如海西布(呢绒)、宝石、香药等,使固原贵族的生活更加奢华、精致。

### 三、隋唐时期的畜牧经济

固原地区的特殊地理环境具备适宜畜牧业发展的自然环境和条件。"春去秋来无盛夏""五月始麦,八月飞雪",苦寒与夏季的短暂等对于农业发展有一定的制约,而较适宜于发展畜牧业。隋唐以降,前有突厥犯边,后有吐蕃占据固原,烟尘再起,纷争不断②,具有浓郁的边疆塞外少数民族文化基因。

发展畜牧业需要草场。隋唐时期,固原曾作为国家的养马场,发挥了举足轻重的历史作用。史载:"唐之初起,得突厥马二千匹,又得隋马三千于赤岸泽,徙之陇右,监牧之制始于此。"③唐政府以所获突厥马和隋马匹为基础,不断调整和拓展官营牧场,至唐太宗时,"仍以原州刺史为都监牧使,以管四使。

---

① 李学明. 汉韵胡风——巴里坤[M]. 郑州:河南文艺出版社,2012:16.

② 佘贵孝,郭勤华. 论固原边塞文化[J]. 宁夏师范学院学报,2014(2).

③ 欧阳修,宋祁. 新唐书·卷50·兵志[M]. 北京:中华书局,1975:1337.

南使在原州西南一百八十里,西使在临洮军西二百二十里,北使寄理原州城内,东使寄理原州城内"①。原州辖境相当于今宁夏固原至甘肃平凉一带,在唐王朝广大的牧马场之内,地位尤为重要。这些马匹被安置饲养在陇右牧马监,作为西北官营牧场的基础。高宗时期,"马至七十万六千匹,置八使以董之,设八监以掌之,跨陇右、金城、平凉、天水四郡之地,幅员千里,尤为狭隘,更拓八监于河西丰旷之野,乃能容之"②,国有牧场包括今甘肃全境及宁夏部分地区。唐玄宗亲理马政之后,马匹数量由 24 万匹,很快增至 43 万匹。③截至唐玄宗天宝十二年(753 年),西北诸监马匹存栏数为 319387 匹,其中 133598 匹为骒马。④可以看出,陇右地区官营牧场的存栏数相当高。

当时国有牧场并不是单一的马匹生产基地,而是以马匹为主,兼及其他,如牛、羊和骆驼等,是综合性牧场。一方面,提供了充足的马匹武装骑兵;另一方面,还为农业、交通运输和商业提供了保障,促进了畜牧加工业的繁荣。同时,国营畜牧业基地对于调剂民间畜力耕作及运载能力意义重大,其对于农业生产和丝路贸易的推动作用是不言而喻的。固原的史姓家族中就有从事畜牧业的。⑤

由于固原地区气候苦寒,农业生产中欠缺精耕细作,而能于农闲之时进行畜牧业的养殖,形成农牧交融的基本经济生产方式。对于隋唐时期的固原

---

① 欧阳修,宋祁. 新唐书·卷 50·兵志[M]. 北京:中华书局,1975:59.

② 张说. 大唐开元十三年陇右监牧颂德碑[A]. 董浩. 全唐文·卷 226(影印版)[C]. 北京:中华书局,1983:2282.

③ 欧阳修,宋祁. 新唐书·卷 50·兵志[M]. 北京:中华书局,1975:1338.

④ 李林甫. 唐六典·卷 17·太仆寺·牧监[M]. 北京:中华书局,1992:57-58.

⑤ 据《史勿射墓志》记载,北魏中期史勿射祖先就离开粟特城邦来到中国,史勿射跟随北周重臣宇文护讨伐过北齐,随固原人、北周开国元勋李贤的儿子李询镇守过河东,参加过固原人、北周大将李穆指挥的积关战役,追随宇文惠掩讨过稽胡。史勿射官至帅都督、大都督、骠骑大将军。史勿射的大儿子史河耽善于养马,留在宫中给皇室养马。在固原还出土了史勿射孙子、史河耽侄子史铁棒的墓志。史铁棒给皇帝当过贴身保镖,后来为朝廷养马,"牧养妙尽其方,复习不违其性,害群斯去,逸足无遗"。史索岩这一门,只有史索岩及其侄子史道德出土了墓志。史索岩的侄子史道德给太子当过护卫,养过马。

居民来说,牲畜具有生活资料的价值,牧业经济生产习俗是与发展畜牧业直接相关的。在牧业经济中,最直接的目的只有两个,即肉食和乳品。①由这样的社会生活资料结构来看,游牧文化世界是缺乏粮食、蔬菜、茶叶、丝织品等生活资料的,而中原内地的物产正好可以满足这些需求。同样,对于汉地文化区来说,游牧生产方式下的战马等牲畜又是发展骑兵的重要战略物资,畜牧业的动物皮毛、肉、蛋、乳也是汉地生活物资的重要来源。这种经济生产方式上的区域差异和相互依赖是无法因为人力或天然屏障来阻隔的,所以即使是在激烈的冲突时期,游牧世界与农耕世界依然存在无法割断的联系。

### 四、商贸文化影响深远

对于游牧世界来说,牲畜乃是一种重要的财富,单一的畜牧业经济迫使他们寻求与农业社会的物质交流与产品交换。所以,游牧民族都非常重视商业贸易,西北陆路"丝绸之路"上的游牧政权为了争夺丝绸之路的控制权,风波不断,征战不休。固原位于丝路孔道,历史上固原的商贸文化十分发达。丰富的考古资料显示,历史时期固原还是著名的丝路商业民族——中亚粟特人的聚落地,也是其进行中转贸易的重要一站。固原南郊隋唐史姓家族墓地②就是一处被誉为"世界商贩"的入华粟特人的家族墓地。那里出土了丰富、重要的考古资料,另有大量波斯萨珊王朝金币、银币出土。这种集中的大量的外来金币、银币的出土,在我国是极为引人注目的考古发现。还有著名的玻璃碗、萨珊鎏金银壶、蓝宝石金戒指等显示出固原曾是西北陆路"丝绸之路"上入华粟特人的重要活动区域,也印证了固原商贸文化的繁荣。

---

① 邢莉. 游牧文化[M]. 北京:北京燕山出版社,1995:5.
② 罗丰. 丝绸之路与北朝隋唐原州古墓[A]. 武淑莲,安正发,于永森,王兴文.《固原历史文化研究(第三辑)》[C]. 阳光出版社,2015:124-141.

# 固原古代畜牧业发展简述

杨永成　马成贵　苏明珠①

**摘　要:**优越的自然地理环境、边地游牧民族的影响以及巩固政权的需要,历代统治者大力发展以养马为主的畜牧业,使固原在古代历史上畜牧业十分发达。从秦汉开始,又设置了畜牧业管理机构,把马政作为国家正式的军事经济制度世代沿袭。总结研究古代历史上固原畜牧业的发展状况,以史为鉴,十分必要。

**关键词:**固原　古代畜牧业　发展

六盘山南北绵延数百里,古代气候适宜,植被繁茂,水源充足,草场宽广,优越的自然地理环境为畜牧业的发展创造了条件。位于六盘山中心区域的固原在历史上畜牧业十分发达,史载"牛马街尾、群羊塞道","饶谷多畜",也是历代王朝在西北重要的畜牧业基地。

**一、先秦时期养畜业出现,游牧经济兴起,畜牧业生产在当时社会生活中居于主要地位**

从考古发掘来看,在距今 3 万年左右的旧石器时代,固原就有古人类活

---

① 杨永成(1966—　),男,宁夏固原人,固原市地方志办公室方志编辑;马成贵(1962—　),男,宁夏彭阳人,固原市地方志办公室方志编辑;苏明珠(1976—　),男,宁夏固原人,固原市地方志办公室方志编辑。

动,那时已有了最原始的畜牧业。新石器时代,先民们把食草动物驯养起来,发展原始畜养业的条件已经成熟。对固原新石器时代遗址发掘出土的动物骨骼检选鉴定,"六畜"已成为当时畜养业的主体,原始畜养业逐步兴起,成为农业的重要组成部分。

夏朝初期,六盘山气候变得干冷,不利于种植业的发展,但对畜牧业影响较小。夏王太康"去稷不务"[1],改以畜牧为生。生活在六盘山地区的部落也脱离定居生活,逐草放牧,游牧经济兴起。殷商后期,戎族开始形成,据《汉书》记载:"安定山谷之间,昆戎旧壤。"[2]戎族的最大一族昆戎(犬戎)就诞生于六盘山地区,占地广牧,发展畜牧业并臣服于周。

先秦时期,畜牧业生产在戎族的生活中占有举足轻重的地位,史籍记载:"北有戎狄之畜,畜牧为天下饶。"[3]戎族能征善战是建立在发达的畜牧经济基础之上的。春秋时期,秦人占据关中,与戎为邻。秦穆公在称霸前不敢向北地、陇右与犬戎正面冲突,送美酒、歌女瓦解其斗志,"戎王果见女乐而好之,设酒听乐,终年不迁,马牛羊半死"[4],其军事实力和国力受到削弱。于是秦人"益国十二,开地千里,逐霸西戎"[5],六盘山地区的戎族部落转而定居,畜牧业生产在当时占主要地位。

**二、秦汉时期马政空前兴盛,畜牧业繁荣,在当时经济社会中占主导地位**

马政是古代关于军马牧养及其管理的政策措施,马政作为国家正式的军事经济制度始于秦汉时期。秦始皇时期,设置专门管理畜牧的机构太仆寺。秦始皇在巡视北地郡途经六盘山时,耳闻目睹当地少数民族发展畜牧生产的业绩,给以畜牧致富的乌氏倮比封君(接受封邑的贵族)的礼遇,《史记》记载其

① 司马迁. 史记[M]. 北京:中华书局,1959:112.
② 班固. 汉书[M]. 北京:中华书局,1964:2897.
③ 司马迁. 史记[M]. 北京:中华书局,1959:3262.
④ 刘向著. 赵善诒疏证. 说苑疏证[M]. 上海:华东师范大学出版社,1985:606.
⑤ 司马迁. 史记[M]. 北京:中华书局,1959:194.

为当时有名的富商,"用谷量牛马"①。

西汉连续多年战乱,畜牧业濒于破产,朝廷把发展畜牧业作为巩固边防的重要措施,贷给母马以繁殖马匹,在边地大力饲养军马,积蓄军事力量反击匈奴。固原为北地、安定郡属地,是一个很大的军马场。汉景帝"益造苑马以广用"②,在陇西、天水、安定、北地、上郡、西河六郡围占牧场,建立畜牧业生产基地。西汉倪宽为廷尉府文学卒吏时,"之北地视畜数年"③,可见除牧师苑外,西汉官方也有牧场。汉武帝抗击匈奴后,"募人田畜以广用,长城以南,滨塞之郡,牛马放纵,蓄积布野"④,固原畜牧业出现繁荣景象。

西汉中期,匈奴降汉,汉徙降者边五郡故塞,隆德境内置月氏道以处降胡⑤,西汉允许他们保存原部落组织,内附少数民族,带来大批牲畜良种,促进了畜牧业的发展。史书记载,当时的名将马援种田放牧,多有良法,能够因地制宜,其亡命北地"因处田牧,至有牛马羊数千头"⑥。

东汉建立后,分布在安定、北地等郡的牧师苑停止营业。东汉时,虽官营牧业破产,民间畜牧业仍在发展。匈奴和羌人内附,发挥善牧专长,畜牧业发展壮大。羌人三次起义,段颎与先零羌战于高平逢义山,"获牛马羊二十八万头"⑦,可见当时畜牧业的繁荣。

**三、魏晋前后出于战争扩张的需要,畜牧业繁盛,成为当时社会经济的主要组成部分**

魏晋时期,统治固原的多为以游牧起家的少数民族,畜牧业是他们的主

---

① 司马迁. 史记[M]. 北京:中华书局,1959:3260.

② 司马迁. 史记[M]. 北京:中华书局,1959:1419.

③ 班固. 汉书[M]. 北京:中华书局,1964:2628.

④ 王利器校注. 盐铁论校注[M]. 北京:中华书局,1992:499.

⑤ 班固. 汉书[M]. 北京:中华书局,1964:1615.

⑥ 范晔. 后汉书[M]. 北京:中华书局,1965:828.

⑦ 范晔. 后汉书[M]. 北京:中华书局,1965:2149.

要生产方式。为了各自扩张的需要,大力发展官营畜牧业,同一时期,游牧民族不断南移,进入农耕区放牧,促进了民间游牧业的发展。

东汉永和六年(141年),安定、北地、上郡百姓内徙,垦殖荒地或匈奴、羌拥占的土地,以产牧为主。曹操统一北方,重置安定郡,范围比汉时小,畜牧业发展超过农业。西晋初,鲜卑各部逐渐迁移内地,占据高平川、牵屯(今六盘山)一带各自"畜牧营产",坚持原来的生产方式,游牧业迅速发展,成为当时社会经济的主体。

十六国前期,后赵石虎"发百姓牛二万余头配朔州牧官"[1],进行繁育。朔州牧镇高平(治所在今固原),废弃200多年的官营牧场恢复经营。前秦苻坚"置牧官都尉于其地"[2],督理牧政。

元兴元年(402年),拓跋珪派兵袭击没奕干(鲜卑首领),进至高平,"获其辎重库藏,马四万余匹,骆驼、牦牛三千余头,牛、羊九万余口"[3]。没奕干"率产六千",是当时清水河流域最大的部落之一。义熙三年(407年),赫连勃勃在高平川建立大夏政权,畜牧业持续发展。

始光元年(427年),北魏攻下大夏统万城,"获马三十余万匹,牛羊数千万"[4]。以游牧起家的北魏统一北方后,定秦陇以西为牧场,畜产滋息,马至两百余万匹,牛羊则无数[5],说明这个时期畜牧业十分繁盛。正光(520年至525年)以后,天下丧乱,牲畜"遂为群寇所盗掠"[6],畜牧业转衰。

**四、隋唐时期为了巩固边防要务设置牧监,大力发展以养马为主的畜牧业生产**

隋朝崇农兴牧,设立官营牧场,大力发展畜牧业。隋朝初年,设陇右牧,置

[1] 房玄龄. 晋书[M]. 北京:中华书局,1974:2777.
[2] 顾祖禹. 读史方舆纪要[M]. 北京:中华书局,2005:2785.
[3] 魏收. 魏书[M]. 北京:中华书局,1974:39.
[4] 魏收. 魏书[M]. 北京:中华书局,1974:73.
[5] 魏收. 魏书[M]. 北京:中华书局,1974:2857.
[6] 魏收. 魏书[M]. 北京:中华书局,1974:2857.

总监、副监丞以统诸牧,设骡马牧,置帅都督及尉,原州(今宁夏固原市)羊牧,置大都督并尉,原州驼牛牧,置尉,邪莫笼川(邪莫为兴,笼隆同者,即兴隆川)当亦置羊牧,故后称羊牧隆城。隋末社会动乱,"陇右牧马,尽为奴贼所掠"[①]。

唐朝时,固原畜牧业仍然十分发达,是当时全国最大的养马中心,但这种畜牧经济具有很强的军事性质,史称自"秦汉以来,唐马最盛"[②]。贞观五年(631年),原州设中都督府,安置突厥、党项等游牧民族,把发展以养马业为主的畜牧业生产作为恢复当地经济、巩固边防的要政之一而大力倡导。贞观二十年(646年)十月,唐太宗李世民到陇山(今六盘山)视察马政,"丙戌,踰陇山关,次瓦亭,观马政"[③]。"唐之初起,得突厥马两千匹,又得隋马三千于赤岸泽,徒之陇右。"[④]《元和郡县图志》记载唐朝"于秦、渭二州之北,会州之南,兰州狄道县之西,置监牧使以掌其事。仍以原州刺史为都监牧使"[⑤]。政府的重视和有效的管理进一步促进了畜牧业的迅速发展。天宝十三年六月,陇右群牧使"总六十万五千六百三头匹,口马三十二万五千七百九十二匹,内二十万八十匹驹"[⑥]。

安史之乱,唐肃宗至平凉郡(今宁夏固原市)数日之间"搜监牧及私群,得马数万"。安史之乱后,吐蕃乘机陷陇右,"苑牧畜马皆没"[⑦]。

## 五、北宋与西夏茶马互市,禁宰耕牛以满足农业生产,畜牧业达到历史上最兴盛的时期

五代至北宋初年,"三县落蕃",固原境内的平高、百泉和平凉成为吐蕃等

---

① 魏征. 隋书[M]. 北京:中华书局,1973:688.

② 欧阳修,宋祁. 新唐书[M]. 北京:中华书局,1975:1338.

③ 欧阳修,宋祁. 新唐书[M]. 北京:中华书局,1975:45.

④ 欧阳修,宋祁. 新唐书[M]. 北京:中华书局,1975:1337.

⑤ 李吉甫. 元和郡县图志[M]. 北京:中华书局,1983:39.

⑥ 王溥. 唐会要[M]. 京都:中文出版社,1978:1303.

⑦ 欧阳修,宋祁. 新唐书[M]. 北京:中华书局,1975:1339.

少数民族的游牧地。北宋至道元年(995年)设立镇戎军后,固原才归于北宋。北宋马政不振,监苑牧养的马匹远远不能满足军事的需要,只能依赖向边疆的少数民族购买。北宋在与西夏接近地区设立市场并派官吏监督收税。宁夏南部一直是北宋与少数民族进行马匹贸易的地区。嘉祐七年(1062年),北宋于原州、德顺军设立官马市场,购买党项各部居民的马匹以充军用。[①]镇戎军在高平寨(今宁夏固原原州区彭堡镇曹洼村或头营镇马园村)设榷场与西夏进行贸易。《宋史》记载,西夏以牲畜、毛织品等换取宋朝的锦罗、瓷器、茶叶等。

北宋实行防战结合的屯田制,"耕战自守",在军城四面立屯务田,为了满足农业生产的需要,禁宰耕牛。至道元年(995年),北宋收复原州建镇戎军,吐蕃和党项留居此地,其他生户(未归属宋朝的少数民族)不断内附,"蕃部地宜马,且以畜牧为主"。宋廷在此地广置弓箭手,"马口分地",凭借他们的力量进行大规模垦殖,"人给田二顷","及三顷者出战马一匹"[②],弓箭手养马达到6568匹,鼓励军民养马以供军用。据统计,宋夏合计"军用马驼数倍于古",为历史最高水平。[③]

### 六、金元时期重畜牧轻农耕,畜牧经济比重大,括马制度造成畜牧业萎缩

括马是中国古代管理马政,实行用马作为实物税赋征收民间马匹的一种制度,主要流行于宋、辽、金、元诸朝。南宋时期,今固原辖境为金人占据,废止西北的监牧。六盘山地区是蒙古汗国的一个军事大本营,也是元朝马政的重要场地,驻守在这里的探马赤军"屯聚牧养",饲养着20多万匹战马,驻扎着10多万军队。[④]至元十五年(1278年),设开成路屯田总管府,专管屯田事宜。

① 徐兴亚. 西海固通史[M]. 银川:宁夏人民教育出版社,2012:189
② 脱脱. 宋史[M]. 北京:中华书局,1977:4712.
③ 固原市地方志编纂委员会. 固原市志·农业[M]. 银川:宁夏人民出版社,2009:379.
④ 张进海,刘万恩. 原州史话[C]. 银川:宁夏人民出版社出版,2012:205.

元朝不断向百姓征收马匹,至元二十三年(1286年),世祖下令"凡色目人有马者三取其二,汉民悉入官,敢匿与互市者罪之"①。至元二十七年,又"移咨各省,除军官、站户、品官合留马外,不论是何人户,应有马匹尽数拘刷到官"②。"为刷马之故,百姓养马者少。"③同时,饲养牲畜实行"抽份",牛羊见群三十口内抽分一口。百姓不敢养马,其他牲畜饲养得甚少。大德二年(1298年),陕西括马"不过一万八千四百十九匹"④。

推行括马政策,不断向民间征括军用马匹,兼及驴骡,百姓惧怕征括,不敢饲养马匹。元朝中后期,朝廷大批疏散开成路的人口,撤走六盘山地区的驻军,当地经济社会日趋萧条,畜牧业逐渐萎缩。

### 七、明朝设置监牧,各藩王占据水草丰美的优良牧场,畜牧业的兴旺为边备作出了重要贡献

明朝重视马匹的饲养,设置监牧大力发展畜牧业,不仅官养,民养亦多。其目的是对付流于边地的蒙古族余部,巩固边防。明代,固原是西北最大的军马基地,境内设有大量的马政机构,成为一种与地方政权并存的机构⑤。洪武二十九年(1396年),在固原设甘州群牧所(今宁夏固原原州区中河乡大营城)。永乐四年(1406年),置陕西苑马寺于固原,主要任务是为边防提供军马。永乐六年十二月,又增设陕西苑马寺威远、同川、熙春、顺宁四监管辖开城等24苑,其中分布开城、隆德二县地方者有威远监所辖的武安、隆阳、保川、泰和四苑,在今固原境内有长乐监及其所辖的开城、广宁、黑水苑,"每寺所辖官马不下二三万匹"。洪武初年,朱元璋将大片草地划给藩王发展牧业(肃府

---

① 宋濂. 元史[M]. 北京:中华书局,1976:290.
② 柯劭忞. 新元史[M]. 上海:开明书店,1935:231.
③ 柯劭忞. 新元史[M]. 上海:开明书店,1935:231.
④ 柯劭忞. 新元史[M]. 上海:开明书店,1935:231.
⑤ 固原地区地方志办公室. 固原史地文集[C]. 银川:宁夏人民出版社,1990:21.

牧地在今固原西20里,韩王朱松牧地在今西吉韩府湾,黔宁王沐英牧地在今西吉沐家营,楚王牧地在今隆德山河镇)。"(楚,作者注)王府及肃府陕西平凉草场马多","隆德县草场楚府及黔国家放牧马匹尚多"。正统二年(1437年),明英宗命庆府选马,"二三千或四五千,付总兵等官给军操练",藩府养马总数超过苑监养马总数。

后来马政日渐衰落,朝廷的军马一度紧张。弘治十五年(1502年),陕西苑马寺实有马匹仅"三千八百一十四匹"。杨一清督理陕西马政时,力革宿弊,"建城保以便屯居,量监苑以定养马之额",细心查看境内的草场,增加牧马军丁,修筑开城苑的头营至八营马营城堡,恢复茶马贸易,使陕西马政为之一新。正德三年(1508年),"开城等七苑孳牧马数计一万三千八百二十六匹",至嘉靖三十九年(1560年),增至14762匹[①]。

明中叶以后,固原草场俱为豪强占据,牧养私畜,或垦为田,"存在已不及半"。广阔的草场得不到有效的管理,牧政荒废,马政机构有名无实。

### 八、清代禁止民间养马,农牧争地,畜牧业经济逐步衰落

清初,承袭明代的马政制度,接收明养马监苑,沿袭旧制,设开城、安定、广宁、黑水、清平、万安、武安7监,岁遣御使一人经理。康熙年间,谕令驻守满兵"拴马养驼","固原等地拴养马一千匹,驼一百只"。为削弱抗清力量,严禁百姓养马。清廷下令,"现任武官及兵丁准其养马,其余人等不许养马",不准沿途贩卖,不准互市。"民间乘马,永行停止,违者,责四十板,马入官",使马匹的生产走向低谷。

清政府虽禁止民间养马,但对饲养其他牲畜采取鼓励政策,"多方教导,孳养牲畜",百姓经营畜牧业,按使役需要舍饲一定数量牛、驴、骆驼,发展养

---

① 固原市地方志编纂委员会. 固原市志·农业[M]. 银川:宁夏人民出版社,2009:380.

羊。正如清诗所述:"边地从来爱牧羊,自然美丽占丰穰,但祈山草连年茂,不羡水田百亩良。"

雍正年间,清廷接受固原提督窦斌的建议,为了战备的需要,整顿放牧秩序,按营划地,在固原周围设立6个军马场。各马场牧地固定,马亦"蕃息",固原马匹生产得到一定的恢复。清代中叶,大量垦殖,导致水竭泉涸,牧草不生。同治年间,"井邑俱荒,水涸草枯,牲畜掠食鲜存"①。

清朝末年,人口数量剧增,出现了农牧争地的问题,大量开垦土地。从历史遗留的痕迹来看,固原周围高山和河道两边的土地都被开垦,造成森林面积减少,草场退化,生态环境日趋恶化,畜牧业逐渐降到次要地位,以马政为主的畜牧业走向衰落。

---

① 固原市地方志编纂委员会. 固原市志·农业[M]. 银川:宁夏人民出版社,2009:381.

寓言与民俗

YUYANYUMINSU

# 固原方言体貌意义的表达手段

高顺斌①

**摘　要:**本文简要描述了固原方言中各种体貌意义的表达手段,从实现体、经历体、起始体、将然体、未然体、达成体、进行体、持续体、动量减小貌与随意貌九个方面进行论述。

**关键词:**固原方言　体貌　表达手段

体貌,又常被称作体、动态、时态、态,是汉语重要的语法范畴之一,也自然得到语法学界众多学者的关注和讨论。体的定义有:"时态表现事件(event)处于某一阶段的特定状态。"②"所谓体,反映的就是语言使用者(说话人和听话人)对存在于时间中的事件的观察……""体是观察时间进程中的事件构成的方式。"③也有对汉语体貌范畴特点准确精当的分析:"汉语的这类范畴确有自己的特点,和西方语言的 aspect 并不完全相同,而各家语法书里所说的汉语的'体'范畴(或'态''貌')实际上也包含着不同性质的事实,其中有些是表示动作、事件的时间进程中确定的时点或时段;而'尝试''反复'等则

---

① 高顺斌(1971—　),男,宁夏固原人,宁夏师范学院教授,主要从事现代汉语与方言研究。

② 龚千炎. 汉语的时相、时制、时态[M]. 北京:商务印书馆,1995:44.

③ 戴耀晶. 现代汉语时体系统研究[M]. 杭州:浙江教育出版社,1997:5.

没有确定的时点或时段。所谓状态是人们对客观进程的观察和感受。所谓情貌往往还体现着动作主体的一定意想和情绪。基于这样的认识，我们主张，把和 aspect 较为接近的前者称为'体'，而把后者称为'貌'。"①

关于体貌意义表达手段的讨论，学界亦有不同认知。邢向东认为："从意义上看，体貌助词、动词的重叠变化、部分语气词和时间副词都有表达体貌的作用。但是，语法范畴是特定语法意义和特定语法形式固定地结合起来以后形成的，具有高度抽象的特点。体貌助词、动词的重叠，包含体貌意义的语气词数量很少，高度抽象，与固定的体貌意义相联系，是典型的体貌表达手段。"②据此，在对固原方言体貌问题观察梳理后，我们认同邢先生的观点，即固原方言的体貌均是由动词、形容词后面的助词来表达的，而部分时间副词在体貌表达过程中充当了重要角色。

## 一、实现体

实现体的意义比较宽泛，有的表示动作、行为、事件成为"现实"，有的表示状态发生了变化。固原方言中表达实现体的手段主要有"咧 $[liε^0]$""完""罢""下$[xa^0]$""着$[tʂɤ^0]$"等。

（一）咧$[liε^0]$

固原方言的体貌助词"咧"相当于普通话"了₁"和"了₂"的语法功能，可分别记作表实现的"咧₁"和表已然的助词兼语气词"咧₂"。"咧"来源于"了₂"与"也"的合音，兰宾汉将西安方言的语气兼事态助词"咧"的产生及类化"了₁"的过程描述为，动词"了"—句末"了₂"—连用"了也"—句末合音词"咧₂"—句中助词"咧₁"。③固原方言中除了"终了""到了""了然"等"了$[liɔu^{53}]$"的动词形

---

① 李如龙. 动词的体［M］. 香港：香港中文大学中国文化研究所吴多泰中国语文研究中心，1996：3.

② 邢向东. 陕北晋语语法比较研究［M］. 北京：商务印书馆，2006：82.

③ 兰宾汉. 西安方言语法调查研究［M］. 北京：中华书局，2011：225.

态外,没有"了"的轻声用法。在句中或句末充当助词时,均使用"咧",这与西安方言是一致的。其表达形式具体有以下几种:

1. S(O)+V/A+(C)+咧

"咧"位于动词或形容词后,表动作、行为、事件成为现实或状态发生了变化,既可以表已然,亦可以表未然,如:

他大哥夜来个<sub>昨天</sub>走咧。

火着咧,赶紧泼水!

一句话还没说脸就红咧。

天气猛的暖和咧。

等三点钟这个会开咧你再走。

麦子这几天一下子黄透咧。

菜洗干净咧让控一下子。

茶叶泡败咧就倒咧去。

2. V/A+咧+C+(咧)

动词或形容词后的"咧"可带表时间、处所、数量的补语,句末"咧"为语气词,可有可无。此类型只能是已然状态,如:

吓得人跳咧一下。

排队排咧两个小时,这才轮到。

跑咧几家子都买不上,只能等几天咧。

眼睛花咧几年咧。

楼道里的灯亮咧几礼拜咧。

衣裳袖子长咧一大截,穿不成。

3. V+咧+O/把+O+V+(C)+咧

"咧"后带受事宾语,如动词和宾语符合把字句的表达条件,固原方言更习惯用把字句或被动句表达实现体,如:

老王手里搋咧半截砖头。

门上换咧一把新锁子。

娃娃拿弹弓子把窗子玻璃打烂咧。/窗子玻璃叫娃娃拿弹弓子打烂咧。

中午刚洗咧车,下午就下雨咧。/中午刚把车洗咧,下午就下雨咧。

把刀子磨一下咧再切肉。

叫学生娃娃走咧咱两个再走。

一碗洋芋面把人给吃高兴咧。

到北京把娃娃给耍美咧。

天热咧,把棉袄脱咧去。

4. (O)+V+咧+(O)+V+咧+……

"咧"位于动词后,表受事主语动作、行为已完成,以并列形式出现在句子中,主观上是为了强调完成的数量和程度而引起听话者的注意,如:

饭吃咧酒喝咧歌唱咧舞跳咧,你还想干啥?

衣裳洗咧地拖咧娃娃送咧,这就能成得很咧!

5. 不(没、没有)+咧

与普通话相同,固原方言表实现的"咧"可与否定词"不""没有"共现,表对已然事态的否定,如:

不高兴咧就睡去。

不想上车咧就赶紧下去。

菜要是没有吃咧就先收着伙房厨房呢去。

领导没说咧就算咧。

(二)完、罢

固原方言中,"完"和"罢"均是实现体的标志,在大多数情况下,二者可互相替代而语义不变,如:

你吃完/罢饭就赶紧找他去。

做完/罢活记着把工具拾掇干净。

弄完/罢不咧乱撇，还要用呢。

用完/罢没说放到地方上，给谁摆着呢！

以上各例，还可在"完/罢"后加"咧"，要注意的是，如果"动词+完/罢"带宾语，则"咧"只能在宾语后，如：

吃完饭咧　　＊吃完咧饭　　吃罢饭咧　　＊吃罢咧饭

尽管如此，在特定情况下，"完"和"罢"在表实现意义时还是有些细微的差别，二者相比，"完"可表动词支配宾语的数量、距离已完成，而"罢"却不能，"完"强调过程与数量的完成，"罢"强调完成后的状态，如：

走完这一截子土路就到柏油路上咧。

吃完一大碗干捞面咧再说做活的事。

点下的菜还没吃完呢，可又上咧几个！

看完这一折子戏咱们就回。

带有"完/罢"的表实现体貌的否定句，否定词用"不""没（没有）"。不同的是，"不"只能用在有助词"完"的句子中，而"没（没有）"出现在有助词"完"或"罢"的句子中，如：

你不/没做完这些活你就领不上工钱。

你不吃完饭，就不给你给手机。

他还没（有）吃完/罢饭呢，等一下。

（三）下[xa⁰]

固原方言的实现体也可由"下"来表达。"下"置于动词后，表动作已经结束并有结果；置于形容词后，表状态发生变化。在比较句中，"下"置于形容词后表比较的结果，如：

闯下麻达<sub>麻烦事</sub>谁管呢？

交下的朋友都是些死狗流魂。

做生意着短<sub>欠</sub>下旁人几百个元。

揭起一看,脊背上红下一大片。

天天黑下个脸连人不说话。

退休咧一下子闲下咧。

儿子比他高下一头。

他大姐赶他大下二十岁。

一个月刚工资就比领导少下上千块。

受自身语义特点的限制,"下"不论是做结果补语还是表示完成,前面大多是非持续动词。以上各例中,有些"下"可用"咧"替换,如"红咧一大片""闯咧麻达",其余各例均可省略"下"而句义不变。由此可见,"下"不是一个纯粹的体助词,其介于补语与助词之间,再看以下例句:

你就是把啥说下,不相信就是不相信!

赶紧藏下,老师过来咧。

做下这么个老奶奶活,谁都没办法!

黑下这么个,给能看书!

把钱数一下,小心我给你少下咧着!

房里亮下个几百瓦的灯泡子。

刚喝咧两盅子可加<sub>已经</sub>好下咧。

以上各例中,"下"不可用"咧"替换,也不能省略,在动词后表示动作结束并有了结果,在形容词后则强调状态发生变化,已经语法化为一个典型的体助词了。

有助词"下"的否定句,否定词用"没(没有)",如:

没念下书,现在只能在工地上抱砖头。

谁说没有做下饭,早做好咧!

天没下下[xa⁰]雨么,能怨谁呢?

没准备下咧算咧,我这儿有呢。

(四)着[tʂɤ⁰]

"着"在固原方言中充当实现体貌助词,主要用于动趋式之间,表示趋向动词所表结果已经实现,动词是位移动词和致移动词,趋向动词是"来""去(走)",句末一般都要附加表示完成的"咧",带"着"的完成体无否定式,如:

人家等不住,走着走咧。

钱人家二话没话就拿着来咧。

你看抱着去的那一摞子里头有吗?

"V 着趋"结构中,如果宾语在趋向动词后,表示动作的结果已经实现,这时句子结构是动趋式带宾语;如果宾语在"着"与趋向动词之间,则表示动作结果将要实现,这时句子结构是连动式。固原方言"V 着趋"格式一般不直接带宾语,更多的是采用把字句或被动句形式,如:

我把书给你拿着来咧。

把慰问金给贫困户送着去咧。

把娃娃领着来叫他奶奶搞上。

钥匙叫老王装着走咧。

他女子叫人贩子哄着云南去咧。

## 二、经历体

经历体是表示过去某个时候曾经完成过某个动作或发生过某种变化,由充当结果补语的同形动词虚化而来的"过[kuɤ⁰]"做经历体助词。这在汉语方言里非常普遍,固原方言亦如此,如:

榴莲我吃过,我试着觉得不好吃。

这个事记得是星期二给你说过。

念过几天书,多少会写几个字。

为要出去浪<sub>闲逛</sub>，她嚎着闹过十几回。

经历体的否定句和反复问句都用否定词"没（没有）"，如：

没吃过猪肉，总见过猪跑么！

你没去过乡里<sub>乡下</sub>，我领着你走。

王老师去过美国吗没有？

## 三、起始体

起始体表示某种动作、状态开始进行或开始出现。固原方言的起始体主要由助词"起[tɕʻi⁰]/起来[tɕʻiɛ²¹]""开[kʻɤ⁰]""脱[tʻuɤ⁰]"表达。

### （一）起[tɕʻi⁰]/起来[tɕʻiɛ²¹]

"起"表起始，是由"起"表趋向的用法虚化而来的。关于"起"的语法化过程，邢向东认为，"起"的基本意义是表示向高处移动，在沿河方言中可充当趋向补语和介词"往"的宾语，如"背起/拿起""往起抬/往起扶"等。在此基础上，又虚化为表示动作结果的补语。这时"起"带有完成义。"一种动作的完成就是另一状态的开始。由表完成的结果义进一步引申，'起'可以放在动词、形容词或动宾之间，表示起始体。"[1]相比较而言，固原方言"起/起来"的演化过程与邢著所述沿河方言一致，如：

看起利着呢，吹起腻着呢。

赶紧自己弄去，等起等不住。

算起已经 90 天咧，应该好咧。

说起来这个事，我想多说两句。

提起来筶篮斗动弹。

拿起来筷子吃肉，放下碗骂娘。

---

[1]  兰宾汉. 西安方言语法调查研究[M]. 北京:中华书局,2011:91.

那个人坏得很,引起来公愤咧!

值得注意的是,助词"起"和"起来"在固原方言中虽都表起始义,但二者仍然有细微的差别,大致说来,"起"侧重于表开始出现,"起来"则侧重于表开始进行。置于形容词后的"起",还表示揣测即将开始、即将出现且有一定预期的意义,如"麦子黄起怕还得半个多月呢"。表示麦子即将成熟,预期是在半个月后;"洗澡水热起得半天,你先洗衣裳去。"表示洗澡水加热要一个过程,洗一会儿衣服水就热了。

(二)开[k'ɤ⁰]

"开"表示起始体,用于动词、形容词之后或动宾之间,表示动作、状态开始出现,句末或宾语后常带有兼表语气和完成的"咧",如:

话没说完,乜就吼着嚎<sub>哭</sub>开咧。

肚子这一阵子可<sub>又</sub>疼开咧。

刚晴咧,咋么可<sub>又</sub>下开咧吵?!

用咧王大夫的方子,身上的痂痂干开咧。

你打开麻将咧咋么一点儿不说乏?

走开银川咧给我说一下。

听开音乐咧声音放小些!

"V/A+开+咧"结构一般不能单独成句,而是要有相关的动作、行为或时间上的说明,作为"V/A+开"的伴随动作或条件。如不能单说"听开音乐咧",而是要伴随"声音放小些"这个条件。在疑问句中,由于"V/A+开"是疑问焦点,可单独成句,回答用"是/没有"或"V/A+开+咧",如:

问:听开音乐咧? 答:是/没有/听开咧。

问:麦子黄开咧吗? 答:没黄呢/黄开咧。

问:痂痂干开咧吗? 答:没有呢/干开咧。

与"起"相似,"开"成为起始体助词,也经历了由动词义充当补语,引申出

充当结果补语的用法，再进一步虚化为助词的语法化过程。

（三）脱[t'uɤ⁰]

"脱"表示动作开始。张崇指出，"脱"表示的开始并继续，在动词后有无所顾忌义或贬义，在形容词后则比"起"表示的开始来势猛或程度深[1]，如：

正说着呢，乜两个打脱咧。

丢脱一砖头叫去！

尝呢尝呢干脆坐下吃脱咧！

一阵阵儿喝里倒腾跑脱咧，怕就迟咧！

与张崇不同的是，固原方言中的助词"脱"只能置于动词后表动作开始且不带宾语，而无置于形容词后的用法。同时，用"脱"表起始的情况随着共同语的普及而逐渐趋于消亡。

## 四、将然体

将然体表示某种动作行为将要进行或完成，某种状态将要出现或发生变化。固原方言的将然体由助词"去呀[tɕ'ia⁰]""的[ti⁰]"表达。

（一）去呀[tɕ'ia⁰]

"去呀"置于动词后表动作行为即将进行或完成，置于形容词后表状态即将出现或发生某种变化，主要用于表现说话时和说话以后所发生的动作、行为及状态变化，不能用于表现说话以前的事件。"去呀"只能位于句末（包括分句），如：

我走去呀，你缓休息着。

下雨去呀，把晾下衣裳拾收进去。

天暖和咧，桃花看去开去呀。

---

[1] 张崇. 延川县方言志[M]. 北京：语文出版社，1990：111-112.

麦子黄<u>去呀</u>,再不敢下连阴雨咧!

苹果烂<u>去呀</u>,赶紧要吃呢!

开会<u>去呀</u>,把手机关到静音上。

我报到<u>去呀</u>,你跟上做啥呢?

领导就来<u>去呀</u>,你咋还打游戏着呢!

(二)的[ti⁰]

在动词、形容词后带"的"表动作行为将要进行、完成或状态开始发生变化,"的"后须带表实现兼语气的"咧",否则句义表达不完整,不能结句,如:

上课的咧把教室卫生打扫净。

小王来的咧叫拿上些钱。

麦子黄的咧就把弟兄们都叫回来。

肉煮烂的咧再放盐。

娃娃上大学走的咧就给我言喘<sub>传话</sub>。

日头落的咧就把电匣推上去。

过年的咧给好好买上几个猪蹄子卤咧让吃去!

从以上各例可以得出,"V/A+的咧"格式可单独成句,表动作行为即将进行、完成或状态开始发生变化,如"上课的咧",说与听者双方均会作出"马上要上课"的判断。"V/A+的咧"格式在句首充当表条件或时间的状语,强调在此条件下、此时段后应该怎样,"的咧"前的动作行为或状态将要完成或发生变化,但时长不限。含"V/A+的咧"格式的句子大多数是把字句或被动句。

**五、未然体**

未然体是一种现时未然状态,指说话后某一时间进行或完成的动作、行为。固原方言的未然体由助词"去[tɕ'i⁰]""来[lɛi⁰]"表达,"去""来"主要用在谓语中心动词或动宾短语、中补短语之后,且只能用在句末,如:

把垃圾袋顺便带到楼底下去。

你赶紧坐车去，人家等着呢！

没啥事咧你就睡去。

今儿个今天的事，叫他娃娃好好想去！

刚牛肉降价咧，赶紧买来！

闲咧就到家里浪逛来！

到眉山川菜馆吃饭来！

听说余秋雨下周要到咱们学校作讲座来呢。

你打麻将来吗？

他姨夫是不是要到咱们家借钱来呢？

"去""来"表示未然动作行为时带有一定的方向性，这与其本身所含的词义有密切关系。语法化为体助词后，"去"更多表祈使语气，即要求、催促听者听到话语后去做某事。"来"除了表祈使语气外，还可表陈述语气、疑问语气。陈述语气是对未然动作行为的叙述，句中要有表示说话以后某一时间的词语或能愿动词"要""想要"等，表明是说话以后出现的事件，"来"后可带语气词"呢"；疑问语气则是对未然事件加以询问，"来"后可带语气词"吗""呢"。

## 六、达成体

关于达成体，邢向东认为，达成体的意义是指动作、事件和状态的达成，一般用"上"表示，表示将达成时也可用"给"。"上"表达成体的用法是由表结果的用法语法化而来的。作为体助词，"上"可以置于动词、形容词之后或动宾、动补之间。就动词性谓语句来说，它的达成义既包括动作，又包括动作的对象，是指整个事件的达成——成为现实的存在。①邢向东的文章论述的是吴

---

① 邢向东. 陕北晋语语法比较研究[M]. 北京：商务印书馆，2006：363.

堡方言的助词,但在以"上"为达成体体貌助词方面是一致的,不同的只是在语音上有差别,固原方言的助词"上"读[ʂaŋ⁰]。"上"附着在持续动词后表开始并继续,如:

张家女子跟上搞传销的跑咧。

大儿子快四十咧还没引上媳妇。

你走开银川咧给带上。

打上不疼,骂上不羞,咋成这么个咧!

刚端上碗就来人咧。

人家硬往怀里塞呢,我只好拿上咧。

"上"附着在非持续动词之后,动词与名量宾语、动量宾语之间,无所谓继续,只表示这个行为的达成,如:

敲上半天门人家才出来呢!

有上这么几个攒劲<sub>能力强</sub>人你还怕啥呢?

点上一根纸烟<sub>香烟</sub>缓<sub>休息</sub>下子。

把娃娃饿上几天就知道粮食的金贵咧!

叫人拉上一车沙子给送着去。

朝脸上扇上几个批耳子。

淌上几股子眼泪你就受不了咧哦!

"V+上(O)"可以充当连动式的前项,表示后面动作的方式和伴随动作,如:

他脚崴咧,要人扶上走呢。

他爷爷乜骑上车子走六盘山咧。

三哥背上干粮子上新疆咧。

等不上公交,乜走上走咧。

花上些时间好好学一下。

邢向东认为，达成体与实现体不同，与起始体、持续体有相通之处。[①]我们认同他的观点，如：

"扇咧几个批耳子"表实现，表达事件整体已经实现，行为已经结束；"扇上几个批耳子"表达成，表动作行为的达成，但尚未实现、完成，或不着眼于是否实现、完成。

"乜吼着嚓开咧""乜吼着嚓上咧"两句都有动作、状态已经开始的意思。但两者观察事件的着眼点不同：起始体的观察点在事件开始的那一刻，而达成体的观察点在事件已经开始后的某一点。

"拿着几个鸡蛋"表事件和状态实现后的持续；"拿上几个鸡蛋"表事件和状态成为存在的现实。"拿着几个鸡蛋等公交呢"表持续，"拿上几个鸡蛋等公交去"表动作方式和伴随动作。

## 七、进行体

进行体表示动作、行为、事件正在继续的过程中。固原方言中表进行的手段主要是助词"着[tʂɤ⁰]"，如：

正上课着呢，地震咧。

会还开着呢，你赶紧去。

我往来走着呢，你等一下。

吃着碗里的，看着锅里的，你想干啥？

他看书着呢，不咧打搅！

给大家通知一下，下午四点半打排球着呢。

"着"的句法位置一般在动词或动宾短语后，并且必须在"着"后紧跟助词"呢[n̠i⁰]"结句。"着"后的"呢"不能省去，否则不能成句。动词后用"着"时，前

---

① 邢向东. 陕北晋语语法比较研究[M]. 北京：商务印书馆，2006：364-365.

面往往可以用副词"正""正在"对中心动词加以修饰。在"动+宾"结构中,"着"一般要置于宾语之后而不能置于宾语之前,如"正踢足球着呢"不能写作"正踢着足球呢"。在表示先后出现动作的联动结构里,"着"只能置于宾语之前,如"乜提着裤子开门去咧"不能写作"乜提裤子着开门去咧"。连动结构中的"着"也可以用表实现体的"下"替换,如"乜提下裤子开门去咧",在表示动作方式和伴随情况时,也表示动作的进行。

此外还有一种表达方式,可不用"着"而直接用"呢"表示进行体,常用格式是"V₁呢 V₁呢+(就)V₂/A 咧",其中"V₁"表示正在进行的伴随动作,"V₂/A"表示接着发生的事件或出现的状态,如:

唱呢唱呢就胡唱开咧。

走呢走呢走不动咧。

说呢说呢脸红咧。

揉呢揉呢咋揉不动咧?


## 八、持续体

持续体表示在事件的发展过程中,某种动作、行为、状态的持续。固原方言中表持续的有"着[tʂɤ⁰]""下[xa⁰]""的[ti⁰]""住[tʂ'u⁰]"四个助词。

（一）着[tʂɤ⁰]

"着"既可表进行体,又可表持续体。表动作或状态持续时,"着"前的动词、形容词须具有静态性的语义特征,如:

天还亮着呢,你咋么把灯拉着[tʂuɤ²⁴]咧吵!

藏着这搭儿这里保证没人发现。

嗑着嘴里怕化咧,举着头上怕吓咧。

他爷爷耳朵背聋着带概一概啥都听不见咧。

这条路直着难道说就没有一个弯子!

（二）下［xa⁰］

"下"既可表实现体,又可表持续体。邢向东、蔡文婷认为,表持续用法是表完成用法进一步语法化的结果。①固原方言中的"下"表持续,主要是表示某一动作的持续和动作完成后状态的持续,如:

贼娃子<sub>小偷</sub>手里拿下一把刀子,害怕很!

怀里还抱下个碎娃娃<sub>小孩儿</sub>。

站下说话腰不疼!

桌子上刻下一行字。

身上穿下一身新衣裳,看去洋气很!

（三）的［ti⁰］

"的"既可表将然体,又可表持续体。当不着重表示动作或状态的持续,而主要表达存在,或描写环境、陈设时,动词后一般用"的",但宾语前不能带数量定语,如:

手里捧的他爸爸的照片。

地下摆的实夯夯的,没处下脚去。

教室里站的全是来答辩的学生。

骑的驴,背的缸,稀里糊噜不稳当!

宁夏的羊,吃的中草药,喝的矿泉水,拉的六味地黄丸,尿的太太口服液!

相比较而言,"下"和"的"表达持续体意义时还是有细微差别的,用"下"重在叙述、描写,用"的"重在说明。存现句带宾语时,"下"之后的宾语须带数量词修饰,"的"之后直接带宾语。而"下""的"出现在连动式的前项时,则可互相替换而语义不变,如:

提下/的电壶<sub>暖水瓶</sub>打水去咧。

---

① 邢向东,蔡文婷. 合阳方言调查研究［M］. 北京:中华书局,2010:313.

骑下/的自行车走南河滩咧。

(四)住[tʂ‘u⁰]

助词"住"用在动词后表示动作行为或状态的持续,如:

没防住给吃的多咧。

夜晚上<sub>昨晚</sub>睡觉着呢魇住咧。

夜晚上<small>昨晚</small>睡觉着呢魇住咧。

下水道让啥东西给堵住咧。

一句话把人吓住咧。

"住"成为持续体标记,应当是由其充当结果补语虚化而来的。"住"是动词,在句中做谓语,如"他在三楼住着呢"。由动词虚化为结果补语,如"猫把老鼠抓住咧"。由结果补语虚化为持续体助词,如"抓住不咧丢松手,我取绳子去"。从动词到结果补语再到体助词,这就是"住"经历的语法化过程。


### 九、动量减小貌与随意貌

貌是从事件进行过程中动作的方式和动作者的态度、情绪方面观察事件的。①固原方言中有动量减小貌和随意貌范畴。

(一)动量减小貌

动量减小貌表示动作行为的幅度较小、用力较轻,或延续的时间较短,或反复次数较少等, 有时带有尝试的意味。②固原方言表达动量减小有两种格式,一种是"V+喀[k‘aᵒ](子)",另一种是"V+一下[xaᵒ]"。

"V+喀(子)"表示"稍稍 V 一下","喀"应当是"给一下"的合音,其语法意义主要是动量小,主要用于表示未然事件,大多为祈使句,如:

吃喀(子)对咧,该做活去咧!

---

① 李如龙. 动词的体 [M]. 香港:香港中文大学中国文化研究所吴多泰中国语文研究中心, 1996:3.

② 邢向东. 陕北晋语语法比较研究[M]. 北京:商务印书馆,2006:369.

走不动咧就缓休息喀(子)。

脚稍微挪喀(子)。

拿我试喀看我能提动吗?

这个衣裳穿喀(子)就淘汰咧去。

"V+一下"中的"一下"可看作程度补语,与"喀"不同的是,"V+一下"后可带宾语,如:

等一下我就来咧。

尝一下肉烂咧吗没烂?

你连他换一下座位。

敲一下桌子叫他醒来。

此外,固原方言中还可用"V+一阵子"表达时量短的意义,如"站的时间太长咧,拿我坐一阵子。"还可用"一阵阵儿"表达更短时量,如"我出去耍一阵阵儿就回来咧"。

(二)随意貌

随意貌表示动作行为不经意、随便,用动词后面加助词"打[ta⁰]"来表示。助词"打"的主要作用是使动作具有一种不经意、随便的意味,如:

撇丢打着一傍个一边儿就没管么!(意为乱扔不当回事儿)

带共全部由你给□[[tʂ'ua⁵³]打着呢!(意为随意折腾)

谝打着就一直没停!(意味絮絮叨叨胡乱说个不停)

乜远远晃打着来咧!(意为行走姿势随意)

# 六盘山地区春官词思想内容探析①

## 朱进国②

**摘　要:** 六盘山地区春官词的思想内容包罗万象,有着深厚的文化底蕴,具有以下特点:闪亮着时代特色,是人民的心声,是历史的缩影;禳灾祈福,劝善说教,鞭挞丑恶,针砭时弊,抑恶扬善;地域特色鲜明;温润心灵,铸造灵魂,弘扬时代主旋律,释放正能量。

**关键词:** 春官词　思想内容　人文　时代　教化

春官词是历史的产物,它必然带有一定的历史特点,来研究春官词,就是因为它既有文化传承的功能,又有现代价值。春官词流传至今已有两千多年,其思想、内容丰富,生动而真实地反映了我国的历史面貌,从不同的侧面形象地再现了社会生活。通过春官词,我们可以更为真切地感知我们民族的历史。史书记载着我们民族的发展史,而春官词记录了我们先祖的心灵史;史书留给我们的是历史过程,而春官词留给我们的是这个过程中各种人物的酸甜苦辣、喜怒哀乐。春官词里留存着我们先祖的情怀和希望,展现了他们的人格操

---

① 基金项目:国家社科项目"六盘山地区春官词研究"(14XZM028)。

② 朱进国(1958—　),男,宁夏西吉人,宁夏师范学院教育科学学院教授,主要从事地方民俗和中国古代文学研究。

守，他们的志趣追求。透过春官词，仿佛可以看见他们的翩翩风姿、音容笑貌。春官词源于人民、根在民间，与人民生活、生产息息相关，它描绘人民的色彩、讲述人民的故事，让人们看到美好、看到希望、看到梦想就在前方。春官词是"一根永远剪不断的情感脐带、文化脐带和历史脐带"①。

春官词的内容十分广泛，可以说包罗万象，大政方针、时政要闻、天文地理、鸟兽虫鱼、历史典故、灾祸瘟疫、家庭琐事、风土人情、民风民俗、红白喜事、建筑环境、柴米油盐、生儿育女……都可以作为春官说春的内容。绝大多数春官词综合运用各种艺术的表现手法，触景而作，即兴而歌，或大方庄重，或诙谐幽默。春官词的创造者都是农民，因而春官词从内容到语言都带着泥土的芬芳、原始的野性、人民的情感，是真正的人民的艺术。春官词无论取材于历史典籍、寓言故事，还是取材于民情风俗、日常生活习俗，都讲究天时地利人和，突出喜庆祥和的氛围。纵观春官词，它有着深厚的文化底蕴，闪亮着时代特色，是人民的心声，是历史的缩影。春官词鞭挞丑恶，劝善醒世，抑恶扬善，针砭时弊。触景生情也好，借题发挥也罢，都在铸造灵魂，弘扬时代主旋律，释放正能量。今天的春官词把社会主义核心价值观用生动活泼、形象幽默的语言表达出来，朗朗上口，简单易懂。下面就春官的内容做一探析，以求教于大家。

## 一、春官词思想的特点

### （一）具有深厚的文化底蕴，饱含人文精神

春官词属于传统文化范畴，有着悠久的历史，是我们先祖勤劳智慧的结晶。春官词饱含人文精神，伴随着文明的产生而产生，伴随着社会的发展而发

---

① 人民日报评论员. 人民需要文艺　文艺需要人民——二论学习贯彻习近平在文艺工作座谈会上重要讲话[N].人民日报，2014-10-20.

展,充分体现了人类精神的广度和深度,即人类群体所秉持的可上溯较久的道德观念、人生理念等文化特征。春官词是一种意识、观念、态度、主张或宗旨的再现。从现有的资料来看,我们推测春官词起源于图腾崇拜,后教化农民按时耕作、传播农业知识,其中《二十四节气歌》是春官词中影响最大的,对农村的农业生产有极强的指导价值。从思想内容来看,春官词强调人的价值,强调人的精神追求及人对真善美的追求。

春官词的主旨在于人不要被自己的创造物所束缚,要用这些创造物为人的精神生活服务,用这些创造物进行新的创造,让这种自强不息的精神永远发扬下去。春官词独特的说唱形神兼备,能触动人的灵魂,有着春风化雨、润物无声的力量。春官词深厚的文化底蕴和饱含的人文精神可以从以下几点进行探析。

第一,春官词具有文化独创性。独创性是中国文化的一大特征,李济在《中国文化的起源和它早期的发展》中,韦政通在《中国文化概论》中均有论述。而春官词的独创性在于它在漫长的发展过程中形成了自己独特的即兴创作方式和口耳相传的独特传播方式。今天的老春官,手头上没有印刷的本子供他们照着说唱,都是自己创作,或听他人说唱时自己默默记住,或者自己整理的手抄本,形成了既不是诗,也不是词,更不是民歌的独特形式。就内容而言,从选材的广泛性来看,接近散文,但不同于散文,以祝福、教化、赞美等为主要内容,耕读文化、孝文化贯穿始终,如:

> 春官实际不算官,手摇羽扇很清廉。
>
> 各家门前说一段,句句吉祥道平安。
>
> 不为名利不为钱,一切都为庆丰年。
>
> 走过一家又一家,家家开得富裕花。
>
> 勤劳致富是根本,出门开车要开稳。

把祝福和教化融为一体，"富裕花"是美好的祝福，"勤劳致富"是教化。

> 这个村庄好风光，一年四季喜洋洋。
>
> 骡马成群牛羊壮，家家五谷堆满仓。

赞美环境优美，家家富裕，户户幸福，骡马成群，五谷满仓，这就是当地人认为的富户。但富户算不上大户，没有名望。什么是名望？既德高望重、乐善好施、扶危济困，又有一定的政治地位或者是读书人。富户是物质财富丰厚，大户是物质、精神兼备，且有美好的德行，人丁兴旺。要成为大户，首先要培养读书人，"万般皆下品，唯有读书高"，因此春官词中有好多鼓励、赞美读书的内容，如：

> 这个村子脉气旺，大学生考得排成行。
>
> 全国各地把学上，为建"四化"献力量。

> 大门楼子高院墙，两只鸡儿赛凤凰。
>
> 凤凰展翅人丁旺，辈辈儿孙状元郎。

> 这家院落正四方，天上飞来一凤凰。
>
> 凤凰看家人财旺，儿孙都成状元郎。

"状元郎"是春官词形容读书人的最高境界，从这里我们可以看出耕读文化深入人心。另外，"人丁旺""人财旺"都透露了一个信息：多子多福。下面这首春官词直接表达了这一观念：

> 春官到门前，四季保平安。
>
> 人口多兴旺，富贵万万年。

春官词的独创性还表现在对农村生活的描述，如过去农民抽烟使用的水烟锅：

> 水烟锅子一条船，船里有水船外干。
>
> 孔明定下连环计，火烧烟来不烧船。

手扶拖拉机的摇把：

> 王二旦，真捣蛋，一个摇把放当院。
>
> 娶了个媳妇张二妹，漂亮勤劳人人赞。

20世纪80年代，个别先富起来的农村家庭有了手扶拖拉机，调皮的年轻人想难为春官，有意在院子中央放一手扶拖拉机。结果被能说会道的春官巧妙化解，引得群众一片笑声。真正欢迎春官不是这样的，他们希望春官带来吉祥：

> 我的狮子走一走，瘟疫灾害都带走。
>
> 我的狮子转一转，老人孩子都康健。

一般的农家，在院子中央放一张桌子，上面放着烟酒糖果等。如果是困难户，就把自编的背筪倒扣，上面放一张小炕桌。故春官会如是说：

> 一张桌子四条腿，一个背筪顶了个美。
>
> 干果碟子与肉方，两瓶烧酒放中央。

再如灯笼：

> 这个炉炉四四方，灯在里面放亮光。
>
> 捻子喝的乌江水，灯花落在江岸上。

农民碾粮食的场：

> 这面麦场光油光，草堆排成一行行。
>
> 两个碌碡来站岗，年年打的万担粮。

一棵树：

> 大树长得端又端，长大成材当油担。
>
> 两把榔头叮当响，一股黑水往东淌。

这首春官词有点意思，前两句赞美大树成材。这个成材不是成为皇宫或农家的房梁、柱子，而是成为油坊里的油担。在农民心目中，油担是大材，它的要求比房梁柱子的要求高得多，一要直，二要粗，三要长。最后两句是写六盘

山农民在 20 世纪 80 年代以前榨油的过程。只有熟悉这种过程的农民才能道出,这就是春官词的独创性。

第二,春官词具有涵摄性。中国传统文化中的涵摄性是指对外来文化的包容、吸收和融合,而在这个过程中从来没有丧失过自己的主体。春官词也同样,从内容来说它包罗万象,既有严肃的内容,又有世俗的内容,如:

> 进的门来用目观,大红喜字映眼前。
>
> 这位新郎有福气,娶个媳妇赛貂蝉。
>
> 
>
> 如今世事大转变,男人围着锅头转。
>
> 女人家里掌大权,幸福的日子乐无边。
>
> 
>
> 如今女人吃得香,卷卷头发染得黄。
>
> 眉毛不弯用笔画,鞋跟厚得像城墙。

嬉笑怒骂,诙谐幽默,不拘一格:

> 小青年嘴里纸烟噙,头发长得像马鬃。
>
> 要人夸你青春美,快去书山找路径。

从形式来说,春官词借鉴诗词、民歌、俗语、戏剧等的表现形式及内容,为我所用:

> 勤俭人家春长在,劳动门第幸福多。
>
> 家中万喜随日盛,庭前瑞色永远新。

前两句直接用《增广贤文》中的句子,突出教化,春官词引用最多的则是表现农耕思想的谚语,如:

> 只有百年庄农,没有百年官宦。
>
> 衙门财主一蓬烟,种田财主万万年。

引用歌曲:

> 东方红、太阳升,中国出了个毛泽东。
>
> 毛泽东来真英明,领导我们翻了身。

前两句直接来自歌曲《东方红》。

> 春官招手鼓声停,打个谜语众人听:
>
> 炕前头,一个坑,掉着下去,半人深。

这是一则谜语。引用谜语在春官词中也很常见:

> 下棋要看三步远,做事不能看眼前。
>
> 望子成龙人人盼,要供娃娃把书念。

> 三更灯火五更鸡,正是男儿立志时。
>
> 读书万卷砚磨穿,他日定把丹桂攀。

> 十年寒窗无人问,一举成名天下闻。
>
> 世事本来就这样,娃娃读书要用功。

> 学校教育是重点,教师工作不简单。
>
> 春蚕到死丝方尽,蜡炬成灰泪始干。

> 雪消冰破花争艳,桃李怒放迎春天。
>
> 园丁辛勤显身手,青出于蓝胜于蓝。

这里我们可以清楚地看到春官词对其他艺术的借鉴、吸收、引用和改造,但没有丢掉春官词自身的特色,那就是幽默风趣、切近生活、祝福教化。

第三,春官词具有忠孝性。春官词突出的是忠孝文化。在国家这个层面,忠和爱国基本是同义词,用今天的话说,就是听党的话,跟党走:

> 这个堡子高筑墙,对子贴得红彤彤。

过去财主纳黄粮，如今社员吃食堂。

人民公社百花鲜，万象更新喜气添。

骡马成群羊满圈，幸福生活万万年。

到了改革开放时期，春官词这样表述：

打罢春来过罢年，人人苦干责任田。

精耕细作巧安排，粮食产量翻一翻。

孝在春官词中比比皆是，如《二十四孝歌》《懒人歌》《女儿春》《劝世文》《摆孝堂》等。

《劝世文》（《警世录》）：

一劝世间诸君子，人生孝顺当修行。

士农工商归一业，忠厚传家德化风。

仁义礼智兼忠信，礼乐传家世代馨。

公平正直无私曲，贻谋远绍①振家风。

二劝人家媳妇听，孝敬公婆二大人。

······

三劝人家兄弟亲，父母同胞一气生。

自家骨肉不和顺，何顺结义外人来。

······

四劝人家教子书，劝君送子入学堂。

若然有子不教训，明珠放在暗中藏。

······

黄金用尽书未尽，用尽黄金书内寻。

---

① 远绍：连续，继承。

若然路上逢尊长，和气欢呼敬礼情。

笑面相逢好礼仪，低头作揖一双双。

……

世上有儿不教训，破败门风难得成。

五劝后生勤耕种，劝君劳苦作营生。

五更鸡啼要早起，阳春雨到好耕田。

莫学漂流浪荡子，不耕田地老来穷。

……

奉劝世间耕田子，世上为人须要勤。

六劝左邻右舍亲，莫要人后去说人。

人生禁口莫用谈，说起刀枪伤了人。

远外有亲都是好，急时难得近身边。

……

七劝世间男共女，夫妻配合是前缘。

千结修来同船渡，万结修来共枕眠。

妻好何愁家不富，子好何须父向前。

……

八劝相论莫相争，不饶不让到官前。

……

人生好事忍为高，忍气留财莫相争。

千万家贫莫做贼，几多做贼损其身。

……

行恶便有恶人报，行善便有善人情。

暗处杀人人不见，日月三光做证明。

……

劝君莫行凶恶事，远在儿孙近在身。

……

九劝世间聪明子，为人公道莫贪心。

富者有钱去放利，天平星上不饶人。

劝君富贵须要好，得人好语值千金。

……

十劝为君头上人，律法轻重不相从。

虚情枉理将审断，审出真情不可容。

……

百人劝耕学手艺，精通手艺足田庄。

家有黄金千万两，坐食恰似如消霜。

……

这篇《劝世文》没有深奥的地方，通俗易懂，以儒家思想为核心，劝人孝顺、诚信、公正、仁和、友爱、行善、刻苦、勤奋。

再如《劝孝歌》：

自古圣贤把道传，孝道成为百行源。

奉劝世人多行孝，先将亲恩表一番。

十月怀胎娘遭难，坐不稳来睡不安。

儿在娘腹未分娩，肚内疼痛实可怜。

一时临盆将儿产，娘命如到鬼门关。

……

这是一篇劝孝歌，春官说来记心间。

"百善孝为先"这一思想是春官劝善醒世的核心内容，也是贯穿春官词始终的中心内容。孝是中华传统文化首倡的行为。这一段春官词用大白话诠释了古老的孝，其劝善的功能不亚于古人之长篇高论。

而现代春官词在劝善说教的基础上，又增加了新的内容，针对性极强：

华夏文明五千年，仁义礼智信格言。

作为法宝代代传，忠孝二字最为先。

孝敬父母感动天，教育子女多从善。

尊老爱友记心间，助人为乐心底宽。

人生老了最困难，劝君莫把老人嫌。

你我都有这一天，我给大家说一段。

儿子孝敬媳妇贤，公婆活得心底宽。

子孝媳贤合家欢，福寿双全过晚年。

流传广泛的《二十四孝简歌》《二十四孝歌》显然是经过文人加工的，但它不失春官词的特点，饱含深厚的文化底蕴，每一句都是一段感人的故事：

二十四孝古人言，简明扼要谈一番。

……

二十四孝古今传，留于大家作典范。

《劝孝歌》每一句就是劝世的妙文：

……

孝顺不难有两件，我劝男女记心间。

或农或商或贵贱，莫嫖莫赌莫吃烟。

女戒艳妆勤织纺，赐福检点奉老年。

这是一篇劝孝歌，春官说来记心间。

第四，春官词具有乡土性。春官词人文精神的表现还在于乡土情怀。对故国、故土的思念和眷恋是文学永恒的主题，亦是春官词永恒的主题。从《诗经·东山》"我徂东山，慆慆不归。……我东曰归，我心西悲"[1]的叹息开

---

[1] 郁贤皓.中国古代文学作品选简编[M].北京:高等教育出版社,2004:27.

始，这一主题就在诗文中不断出现，并衍化成游子思乡、迁客怀土。春官词表达乡土情怀非常直接，不需要含蓄，如：

西吉面貌变化大，山山水水公园化。

生态建设家乡美，人人称赞顶呱呱。


震湖扩建好气派，江南美景西吉来。

休闲垂钓地方好，船儿轻荡喜开怀。


葫芦河水向东流，千年万年不回头。

养育两岸好儿女，再造锦绣不用愁。


物华天宝崆峒区，人杰地灵千祥集。

干群同心齐努力，建设小康创业绩。


西部开发新景象，平凉面貌大变样。

城市美丽百业旺，经济繁荣赛香港。


泾河水，向东流，人生光阴有几秋？

日月不催人自老，不觉白了少年头。


平凉的川，平凉的菜，平凉的姑娘惹人爱。

生得俊，长得乖，小伙见了就想爱。

春官词中对故乡的赞美出自真情实意，不惨半点虚假。以前绝大多数农民老死不离故土。古人描述农村生活，是"守望相助，疾病相扶持"，这不是理想，是写实。在同一个自然村生活的人，不但熟悉，而且亲密，这里没有陌生

人。在这样的环境或村落中长大的人,对家乡与土地有深深的感情。

第五,春官词具有家族性。家族性是我国传统文化的一大特征。钱穆说:"中国文化,全部都从家族观念上筑起。"①中国社会最大的特色是以家族为中心。家族就像一个个堡垒,成为每一个人最安全的港湾。这种家族意识不断向外扩展,扩展到所有的人际关系都可以家庭化,如君称君父;臣称臣子;地方官员称父母官;统治下的老百姓称子民;老师称师父;年龄相当的称兄弟姐妹;年龄差距大的称叔叔、大妈、阿姨等,四海之内皆兄弟。下面我们看看春官词是怎样凸显家族性的:

> 喜相逢来喜相迎,回汉亲如一家人。
>
> 互敬互助一条心,致富路上携手行。
>
> 一树不开两样花,回汉人民是一家。
>
> 齐心协力促发展,共建美丽我中华。
>
> 手提灯笼四四方,亲戚接我在路上。
>
> 不用接来不用迎,咱们都是一家人。

天下一家,自然和睦相处、亲密无间。即便有点小摩擦,那也是一家人的事:

> 不该不该实不该,不该年兄掺我来。
>
> 年兄掺我双膝跪,我把年兄掺起来。
>
> 年兄一口诸葛髯,手持一把花雕扇。
>
> 六起兵马出祁山,为我历历受风寒。

---

① 钱穆. 中国文化史导论[M]. 北京:商务印书馆,1994:42.

年兄的队伍把我迎,好像刘备迎孔明。

三顾茅庐请贤人,年兄千古留美名。


两家打锣同一音,我和年兄一路行。

兄让弟,弟让兄,我让年兄左边行。

四海之内皆兄弟。春官与春官见面互称兄弟,春官与其他熟悉的或不熟悉的人见面也是互称兄弟,这是典型的家族观念的表现。关于家的春官词更是不胜枚举:

正月初一出仪程,家家户户喜盈门。

仪程进门搭一躬,万木成林土变金。


过罢元旦迎新春,对联贴的万家红。

农村实行责任制,栽上富苗拔穷根。


这家财门大大开,我把财运带进来。

子孝媳贤合家欢,孝贤家风世代传。


走过一家又一家,这一家是农户家。

劳动门第春光好,幸福门前喜事多。


走了一家又一家,这是一户生意家。

葱花饼子糖麻花,买卖公平人人夸。


走了一家又一家,这是一家富汉家。

前院骡子后院马,祖祖辈辈享荣华。

> 这是一家忠厚家,忠诚老实人人夸。
>
> 庄稼行里是行家,丰衣足食有钱花。

这种家族情怀,培养了国人特重的人情味。一个处处讲人情的社会可以和睦相处,大事化小,小事化了。

第六,春官词具有崇拜性。春官词传承了古老的图腾崇拜,还有对祖先的崇拜,对自然的崇拜等。我们看看春官词中所表现的崇拜观念:

> 远观山门雾沉沉,两条青龙镇山门。
>
> 青龙口里三滴水,洒在民间济万民。

老百姓在春节期间有很多讲究,这是祖上传下来的,如开口要说吉利话,见人要祝福,除夕夜要吃团圆饭,初一要拜年等。走进农家的春官,处处暗合这些乡俗:

> 这栋房子修得洋,白木檩子松木梁。
>
> 周公卜就三吉地,鲁班造就五福堂。

> 这家财门大大开,我把财运带进来。
>
> 子孝媳贤合家欢,孝贤家风世代传。

> 走了一家又一家,这是一家好人家。
>
> 人厚道来心又善,保长当了当知县。

除上述之外,春官词本身蕴含传统文化,让人深思,令人回味:

> 人民法院本姓包,执法如山威信高。
>
> 法律面前讲公道,天王老子也不饶。

人民法院本不姓包,但包拯在人民心目中是公正、公平的代言人。这里寄托了人民对依法治国的期盼,当然也有对共产党依法治国的肯定和赞美。

> 五福门来五福门，五福门上挂红灯。
>
> 周公入就三吉地，鲁班造成五福门。

短短的四句春官词，就有两个历史人物和一个典故。"五福"源自《尚书·洪范》："一曰寿、二曰富、三曰康宁、四曰攸好德、五曰考终命。"[①]然而由于避讳，东汉桓谭在《新论·辨惑第十三》中改为："寿、富、贵、安乐、子孙众多。"[②]传统习俗中，五福合起来构成幸福美满的人生。还有"踩五福""跳五福"的传说等，这种深厚的文化底蕴令人折服。周公是大家非常熟悉的西周杰出的政治家、军事家、思想家、教育家，曾两次辅佐周武王东伐纣王，并制作礼乐。因其采邑在周，爵为上公，故称周公。鲁班被人们尊称为建筑业的鼻祖。鲁班的名字实际上已经成为古代劳动人民智慧的象征：

> 老君八卦玄机妙，鲁班造就楼逍遥。
>
> 八仙过海蓬莱岛，能工巧匠看今朝。

（二）闪耀着时代特色，是人民的心声、历史的缩影

春官词真实地记录和反映了现实社会发展的轨迹。一些老春官即兴创作的春官词现在已很难找到。[③]现代春官词闪耀的时代特色非常明显，紧跟时代潮流，宣传党的方针政策，把握人民需求，为人民歌唱，为人民抒怀，是人民的心声、历史的缩影：

> 东风夜放花千树，宝马雕车香满路。
>
> 春到人间人似玉，月照灯下灯似银。
>
> 天有宝日月星辰，地有宝五谷园林。
>
> 国有宝忠臣良将，家有宝孝子贤孙。

---

① 慕平译注. 尚书[M]. 北京:中华书局,2009:141.

② 桓谭. 新论[M]. 上海:上海人民出版,1967:53.

③ 据老春官说,有一本手抄本《老君串》是专门记录古时春官词的,可惜在笔者采访的春官中,大家都是听说过,没见过。

据墨玉先生说，这两首是清朝"莫谈国事"时期的春官词。任何一首春官词的内容都与时代息息相关，其内容无不打上时代的烙印。前一首是一幅盛世太平图，后一首显然在劝民忠孝。

> 行市涨得害怕呢，好像山羊爬瓜呢。
>
> 早上扯了七尺布，后晌三尺还要磨价呢。

这首春官词真祥地反映了 1948 年国民政府发行金圆券后物价飞涨的历史。据老人说，上午买一只鸡的钱，下午只能买一斤韭菜。

> 东方红，太阳升，穷人救星毛泽东。
>
> 朱总司令发大兵，解放受苦人出火坑。

> 土地改革斗老财，贫下中农喜开怀。
>
> 分了地，分了牛，老婆娃娃热炕头。

人民当家做主，春官从心灵深处唱出人民的心声。

春官词的时代性主要表现在内容和语言两个方面。传统的春官词很少涉及时政要闻，对已经过去的历史只述不评。其内容大多反映要知书达理、尊老爱幼等，如《店房春》：

> 一步高，两步底，走到朝阳宝店里。
>
> 宝店满园好春光，明灯高挂亮堂堂。
>
> 宝店修在龙头上，来来去去客官嚷。
>
> 宝店修在九龙口，来来去去客官走。
>
> 右进楼上歇知县，左进楼上歇知府。
>
> 丢下中间无人站，来来去去住客官。
>
> 上路下来的毛货客，一晚上开钱好几百。
>
> 四川下来的大布客，一晚上开钱好几百。
>
> 陕西上来的铁货客，一晚上开钱好几百。

> 人家的店子冷清清,你家的店子热腾腾。
>
> 人欢马叫忙不盈,咋不多寻两个人。
>
> 有心给你帮个忙,还说我春官是外行。
>
> 管他外行不外行,不得不来帮个忙。
>
> 又卖包子又卖面,豆腐卖了个肉价钱。
>
> 人又和气碗又大,老幼不卖两样价。
>
> 顾了个伙计本姓潘,又会打,又会算。
>
> 一晚上算了几百万,算的掌柜的心花转。

语言是人类表达思想,进行思想交流不可或缺的工具。不同的时代有不同的语汇。语汇直接反映着时代的历史背景、文化传统、社会制度以及人们的价值观念和道德理念。随着历史的发展和时代的变迁,人们的思想意识形态也在发生相应的变化,作为表达思想的语汇也随之不断地演变和发展。这首春官词所反映的内容,今天已经很难看到。

再如《女儿春》:

> 正月里,梅花开,娘叫女儿听心怀:
>
> 一学剪,二学裁,三学绣花四做鞋。
>
> 五学厨中巧做饭,六学礼仪把客待。
>
> 七学行孝敬长辈,八学诗书有文才。
>
> 九学柔性不轻狂,十学不生是非嘴儿乖。
>
> ……

在《女儿春》中,女性忍辱负重、吃苦耐劳、无私奉献的精神展现无遗。

不同的时代有不同的语言或词汇,中华人民共和国成立后,人民感谢毛主席,感谢共产党,于是就有了这样的春官词:

> 三六年,十月天,红军路过咱海原。
>
> 毛主席领兵到固原,登上高峰六盘山。

挥笔留下诗一篇，随后转战到延安。

陕北转战十几年，生活供给有困难。

毛主席提出大生产，总司令带兵走在前。

部队开到南泥湾，训练、开荒搞生产。

三五九旅是模范，丰衣足食渡难关。

解放区建起兵工厂，又造炮来又造枪。

周总理，到工厂，进了车间来察访。

手摇纺车纺线线，解决穿衣大困难。

延安窑洞油灯亮，毛主席正在写文章。

延安窑洞油灯亮，照耀全国去解放。

春雷一声震天响，全国人民得解放。

感谢救星共产党，感谢恩人毛主席。

共产党是亲爹娘，共产党恩情永不忘。

改革开放以后，春官词也迎来了改革开放，不论思想内容，还是语言风格，都面貌一新：

敲锣打鼓真热闹，革命形势一片好。

三中全会召开了，改革开放大步跑。


三中全会刮春风，千家万户喜盈盈。

只因党的政策好，我耍社火有精神。


过罢元旦迎新春，对联贴的万家红。

农村实行责任制，栽上富苗拔穷根。

"农村实行责任制"是指 1980 年 9 月中共中央印发了《关于进一步加强和完善农业生产责任制的几个问题》，农村实行生产责任制，老百姓称为包产

到户。这一政策在当时调动了老百姓的积极性,推动生产发展,提高了农民的
生活水平。

> 党的政策顺民心,它给人民传福音。

> 合作医疗保民生,养老保险紧随行。

新型农村合作医疗 2003 年开始试点,2008 年全国农村基本建立新型
农村合作医疗制度。而这首春官词是 2009 年春节时春官说的。新型农村养
老保险也始于 2009 年。

> "三个代表"记在心,建设美好新农村。

> 发展世界科学观,科技发展走在前。

> 三农服务到农家,人人都把政策夸。

> 党的政策暖人心,建设和谐新农村。

> 西部开发政策好,党员干部觉悟高。

> 少生快富挣元宝,医疗保险家喻晓。

> 贫困家庭吃低保,特色产业离不了。

> 茴香土豆都是宝,黄土地上种金条。

> 移民务工家家有,勤劳致富有门道。

> 农业税,全免完,农民种地还补钱。

> 学杂费,也全免,农家子女把书念。

> 再也不愁学费钱,再也不当牛羊官。

> 人人都去把书念,个个都成小状元。

从改革开放、科学发展观、西部大开发,到宁夏的移民政策、劳务输出、特

色产业等党的各项惠农政策,春官代表人民发自内心的赞美和宣传。

> 这个灯笼五牙牙,里面装的一炷蜡。

> 红灯高挂照千里,四化征途跨骏马。

古今并用,既有古代风韵,又有时代特色。前两句继承了传统春官词,后两句则改造了传统春官词,融入了时代的特色。20 世纪 90 年代中后期,电讯产业发展迅速,由传呼机、大哥大变成小灵通、手机;道路建设步伐加快,六盘山隧道贯通,为群众生产、生活带来了便利。1998 年春节,春官词这样说:

> 人手一部小灵通,两毛能说三分钟。

> 汽车还能钻山洞,路通话通人心通。


> 十七大,开得好,国家选出新领导。

> 总书记,胡锦涛,他把人民记得牢。


> 富民政策又出台,全国人民笑开怀。

> 人大政协开两会,决定免除农业税。

改革开放以来,党的大政方针、惠民政策深入人心,在春官词中均有反映:

> 勤政廉洁正党风,带头身体来力行。

> 肃贪惩腐反浪费,八项规定响警钟。

2002 年国际经济合作会议在上海召开,我国政府给各国领导人送上的礼品是唐装。这是我国政府在宣传中国悠久的历史文化,展示中国文化的博大精深。春官词这样说:

> 经合会议上海开,中国文化很气派。

> 布什、普京穿唐装,外国总统中国样。

习近平,领航向,中华复兴有保障。

"一带一路"好政策,震惊世界"亚投行"。

社会一路走,春官年年说,简单的几句,就勾勒出一幅饱含时代特色的生动画卷。今天的春官词既有对党的感恩,又有对党的政策的由衷赞美;既是对时代风尚的描绘,又是人民心声的表白。

(三)饱含美好的祝福

春官活动的时间一般在春节前后。在春节期间,我国大多数地方有"讨彩""讨口福"等习俗,意在新年,人人说吉利话,忌讳说病、灾、死等。春官送吉祥、话平安,把美好的祝福送到千家万户。最具代表性的是传统春官词《刘海撒金钱》:

> 一撒一帆风顺,二撒二喜临门,
>
> 三撒三星高照,四撒四季平安,
>
> 五撒五谷丰登,六撒六六大顺,
>
> 七撒旗开德胜,八撒八仙庆寿,
>
> 九撒九常富贵,十撒十全十美。

现代春官词完全继承了传统春官词的这一特色:

> 一年四季春天为先,二人携手永远相伴,
>
> 三星高照生活美满,四季发财快乐无边,
>
> 五谷丰登粮食翻番,六畜兴旺农业发展,
>
> 七鹊相会夫妻团圆,八抬大轿人人做官,
>
> 九九长寿万事如愿,十全十美幸福百年。

这首现代春官词显然是根据《刘海撒金钱》改编而来的:

> 这家财门向南开,我把财运带进来。
>
> 这家院子正四方,华堂建在宝地上。

正月初一出仪程,家家户户喜盈门。

仪程进门搭一躬,万木成林土变金。

这位姑娘好容颜,赛过当年女貂蝉。

心灵美,五官俊,文明礼貌人攒劲。

这位大娘好气派,独生子女抱在怀。

不娇惯,不溺爱,准把子孙育成才。

青年人赛过赵子龙,壮年个个赛武松。

少年儿童赛罗成,年迈人赛过老黄忠。

房上扣的琉璃瓦,墙上挂的金娃娃。

前院骡子后院马,子子孙孙显荣华。

你的上房盖得洋,大立柜,摆中央。

四面粉的灰白墙,养下的儿子状元郎。

这些春官词不同于现在的短信祝福,春官词道眼前景,说眼前人,立足眼前,着眼未来,融教化于娱乐祝福之中。

(四)具有劝善的说教功能

春官词鞭挞丑恶,劝善醒世,宣传党的方针政策,如:

春官说诗做广告,各行各业都点到。

代替领导做动员,党的政策多宣传。

平凉城市要发展,决策阶层目光远。

首先要把蓝图绘,科技能人要荟萃。

1978 年 12 月十一届三中全会召开,中国开始实行对内改革、对外开放的政策。中国的对内改革首先从农村开始。在农村即实行生产责任制。春官顺应时代潮流,高唱时代心声,在 1979 年春节,春官说:

> 东风吹绿三春草,改革开放就是好。
>
> 回汉人民手挽手,幸福花儿开九州。
>
>
> 打罢春来过罢年,人人苦干责任田。
>
> 精耕细作巧安排,粮食产量翻一翻。

赞美改革开放,劝农精耕细作、埋头苦干,拔掉穷根栽富苗。

我国是一个农业大国,自古以来重视农业生产。中央对农业农村政策的表述从之前的"支农",到"支农惠农",到"强农惠农",再到如今的"强农惠农富农",可以看出国家对农业的重视。在强化农业基础、惠及农村发展、富裕农民生活等方面提出了更加科学、具体的指导方针:

> 三农服务到农家,人人欢喜人人夸。
>
> 党的政策暖人心,建设和谐新农村。
>
>
> 富民政策又出台,全国人民笑开怀。
>
> 人大政协开两会,决定免除农业税。
>
> 农业税,全免完,农民种地还补钱。
>
> 学杂费,也全免,农家子女把书念。
>
> 再也不愁学费钱,再也不当牛羊官。
>
> 人人都去把书念,个个都成小状元。

春官词表达了农民对党的感恩,同时也表现了农民努力建设和谐新农村的决心。

> 党中央,发号令,退耕还林把草种。

大地穿上绿衣裳，自然环境大变样。

早地好似水浇田，家家粮食堆满仓。

退耕还林是我国 1999 年启动的生态建设工程，政策性强、投资量大、涉及面广、群众参与程度高，是强农惠农、造福子孙的工程。

赞美"一方有难八方支援"的精神：

汶川玉树舟曲县，人民群众遇大难。

主席总理到一线，指挥抢险看伤员。

一方有难八方援，全国人民心相连。

捐钱捐物来支援，人民军队冲在前。

谆谆告诫，善意规劝，干部要时刻牢记党的宗旨，防微杜渐，清正廉洁：

共产党，民爱戴，个别败类太腐败，

贪污受贿官买卖，党的威望被败坏。


贪污受贿罪非轻，干部廉洁要奉公。

腐败现象要改变，物质利诱不动心。

抑恶扬善，充满正能量：

卖淫嫖娼罪非轻，沉渣泛起又害人。

国格人格辱没尽，法律铁拳不留情。


赌博是个害人精，害了自己害别人。

只有连根铲除掉，人人才能享太平。


有些农民不听话，扑通扑通乱生娃。

娃娃受罪大人苦，日子过得紧巴巴。

露水夫妻做不得,三角恋爱实可悲。

喜新厌旧丧良德,当代青年大忌讳。


不扫黄,不得了,精沟子大腿到处扰。

年轻娃娃惯坏了,光想歪门邪道道。

我们可以看到,春官词批判淫秽书刊、卖淫嫖娼、赌博、无节制的生育等,劝诫人们摒除不良习气,树立健康风尚。

**(五)具有鲜明的地域特色**

春官词具有鲜明的地域特色和极强的针对性。春官说的是群众身边的人、身边的事,群众喜闻乐见,从而起到寓教于乐、潜移默化的作用。如甘肃平凉市的一段春官词:

古城鸡年喜事多,十大新闻从头说。

农业无税农民悦,工业增值工人乐。

城东近年变化大,古城亮丽现代化。

一路直接过东站,拉运客商到各县。

沙岗商贸规模宏,招引南来北往人。

商场许诺讲诚信,货真价实看信任。

东湖景色很诱人,号称平凉东大门。

东边客商要进城,东湖首先把你迎。

宁夏海原县的春官词赞美了共产党好、社会主义好:

四九年,得解放,人民生活大变样。

一年更比一年强,现在你看南河滩。

楼房整齐街道宽,广场修的像公园。

小区楼房连成片,居民住得四合院。

我们要在新一年,学好科学发展观。

民族团结是关键，共建和谐新海原。

平凉举办春官词比赛，其中一首用诙谐的语言全方位地展示了平凉的政治、经济、文化，在充分肯定的基础上有善意的规劝：

如今社会发展了，人民当上老板了，

吃饭走进餐馆了，外出住上宾馆了。

农村前景乐观了，小康建设搞欢了，

现在把家都搬了，小康楼上另安了。

企业效益翻番了，生产干劲增添了，

无业人员上班了，就业路子更宽了。

自从改革开放了，平凉面貌变样了，

党的恩情别忘了，万众欢呼歌唱了。

塑料大棚美扎了，四季鲜菜都发了，

冬天棚里开花了，围着火炉吃瓜了。

金果牌子更亮了，生产规模大上了，

产品提高质量了，国内国外销旺了。

中华国强民富了，引起世界关注了，

老外看见羡慕了，要来中国落户了。

劳务输出推广了，人都出外去闯了，

正常养殖不养了，今年肉价飞涨了。

现在人把财发了，养殖没有人抓了，

肥羊卖到千八了，肉都成了金花了。

奖励养殖提倡了，政府实行大奖了，

农业养殖都养了，肉源肯定宽广了。

兴隆是宁夏西吉县的第一大镇，兴隆的春官就地取材，这样说：

兴隆街上生意红，商贸饮食一条龙。

> 清真餐饮三大家，风味小吃人人夸。

见到酿皮店，开口就道：

> 酿皮摊摊人儿多，芥末辣子好调和。
>
> 年轻姑娘心火热，吃上一碗能退热。

社火经过法院门前，正好刑事审判庭庭长在大门口迎接社火，春官即兴道：

> 刑庭庭长 ×××，审判业务样样精，
>
> 公正廉洁判案清，赛过当年包文拯。

> 法院工作重如山，打恶从善除贪官，
>
> 保了朝纲报平安，奉公廉洁显尊严。

春节社火年年进城，一是展示农村的人文精神；二是宣传推介自己的故乡，提高知名度；三是活跃城市文化生活，城乡交流，共同提高。因此社火进城的日子，人多社火多，公安民警全力维护秩序，特别辛苦。春官见此便说：

> 人民警察英雄汉，破大案、追逃犯，
>
> 优秀得了五连冠[1]，今天谁敢胡捣乱，
>
> 检院批捕法院判。

在农村，遇到贤惠孝敬的媳妇，春官自然要赞美一番，以示教化：

> 这位媳妇人攒劲，孝顺贤惠更出名。
>
> 心灵美，五官俊，打上灯笼也难寻。

鲜明的地域特色和极强的针对性，不仅表现在地名、人名以及当地的新闻上，而且表现在词语、风俗、生活观念上，如：

> 短安排，长计划，省吃俭用不糟蹋。

---

[1] 那一年县公安局连续五年获得"全国优秀公安局"称号。

颗粒粮食仔细管，天天碗中有肉片。

进得门来向上观，众位尊神坐上面。

上香化马来祝愿，保佑和社都平安。

大门楼子高院墙，两个鸡儿赛凤凰，

凤凰落在照壁上，儿孙辈辈状元郎。

这几首春官词大量运用了方言。再如传统春官词《染房春》：

棉绸麻纱百样布，任你天天来折腾。

叫它变青就变青，好像夜里黑洞洞。

布布染得红艳艳，好像晚云红满天。

布布染个蓝葱葱，好像无云的亮天空。

歌儿我先唱这达，以后来了再把你夸。

春官的语言不自觉地反映了浓郁的地域文化色彩，大量方言、俗语的使用，无形中增添了春官词的趣味性，正如著名国学大师陈寅恪所言："中国的文化保存在语言中。"

## 二、春官词思想的局限性

春官词历代是口耳相传，近几年可以勉强算作网络文学，因为在甘肃礼县、平凉，陕西彬县，宁夏西吉、海原等的网站零星可见春官们创作的新的春官词及部分传统春官词，还有简单的有关春官及春官词的随笔。这种口耳相传的春官词永远处在变化之中。同一内容的春官词在不同的春官口中是不尽相同的。出现这种现象的原因，要么是记忆错误，要么是用词不当或内容陈旧、不合时宜，要么是春官运用"套版"改头换面，为我所用。就创作而言，春官词有相当一部分是真正的即兴创作，缺乏深思熟虑，加之创作主体是农民，使

其文学品味较低。

### (一)内容单一,不够丰富

从现有的春官词来看,传统春官词的主要内容是教化,教化农民何时耕种、收割,教化农民知书达理,孝敬父老。现代春官词则主要是祝福、逗笑。正如马克思所言:"最大的缺点就是把席勒式地把个人变成时代精神的单纯的传声筒。"[①]缺乏"诗意的裁判"[②]。尤其是现代春官词,祝福领导是"当了保长当县长",祝福生意人发财是"银钱往进淌",祝福农家是"儿孙状元郎""粮满仓"。

### (二)内容直白,缺乏深度

由于春官词创作主体是农民,且以口耳相传的形式传播,使春官词的创作有很强的随意性。春官的一点点灵感,一点点艺术火花,都可以说出来,正如老春官所说的"锣鼓家什响起来,春官张口说出来"。好多春官触景生情,见啥说啥。基于此,部分春官词缺少内涵和文学技巧,经不起推敲。语言平面化、大众化甚至雷同。同时官方与民间没有把春官词看作艺术而给予关注,春官词没有得到应有的继承和保护。

---

① 中央编译局. 马克思恩格斯选集(第4卷)[M]. 北京:人民出版社,1995:553-560.
② 中央编译局. 马克思恩格斯选集(第4卷)[M]. 北京:人民出版社,1995:77.

# 住居有理:宁夏南部山区民居掠影①

## 郭勤华②

**摘　要:**宁夏南部山区,自然环境受六盘山生态圈的影响,地域文化属关中文化边沿地带,民居多为蔓延式的传统聚落。每个村落的民居建筑、历史传统、自然环境、观赏价值和人文精神等融为一体,是地方历史文化的深厚积淀,也蕴含着人类期盼与自然和谐相处的美好愿景。

**关键词:**固原民居　窑洞　房屋

宁夏南部山区指受六盘山生态圈影响的固原地区。从地理状况和自然条件来看,其地域文化属关中文化边沿地带,民居多为蔓延式的传统聚落,在建筑房屋的过程中注重整体,注重建筑与自然的融合,也有建筑学与环境学、建筑学与历史结合的愿望。但受经济发展的限制,眼光、技艺及素养等方面受到很大限制。

固原地区的民居和其他地方一样,受古代盛行的天命观、家族观、等级观和阴阳五行思想影响,无论是窑洞还是房屋,生生不息的劳动人民在选址、择位、定向、布局,以及建筑的正面、大门、山墙、屋脊的装饰装修等方面,总是把

① 基金项目:2016 年度国家社科基金西部项目(16XZS021)阶段性成果。
② 郭勤华(1967—　),女,宁夏海原人,宁夏社会科学院副编审。

自然景观和人工建筑天衣无缝地融合在一起，达到天、地、人的高度合一。在实践中创造丰富的技艺，在今天仍有实用和参考价值。

## 一、窑洞

固原地区的窑洞有崖窑、地坑窑洞和箍窑洞，有的地方叫崖庄、地坑庄和箍窑。崖窑有崖窑洞和山窑洞之分。

沿直立土崖、沟崖或塬边上横向挖掘的土洞叫作崖窑洞。通常洞宽3至4米，深5至9米，直壁高度2至3米，窑顶挖成半圆或长圆的筒拱。并列各窑可由窑间隧洞相通，也可窑上加窑，上下窑之间内部可挖出阶道相连。因为是临崖挖掘，较省力，没有院落，只有人常年行走踏出不足一米的羊肠小道。居住虽有简易、省时、省工、保暖等特点，同时不占用耕地，节约土地资源，但居住条件差，出行不方便，尤其是老人、小孩居住，危险性较大。"陶复陶穴"中的"陶复"，指的是崖窑中的明窑洞，当地人叫明庄。这种窑洞有一庄3窑和5窑，也有5窑以上的。崖窑洞有的容积很大，如彭阳县孟塬乡在20世纪50年代为了贮存粮和土豆而挖掘的大窑洞，占地500平方米左右，1门4窗，窑内可容纳数百人集会，农村小孩子学骑自行车在里面也能骑行自如，可见其容量之大。由于崖高低不等，有的崖得下挖几米再挖窑，往往形成三面高、一面低的形状，这种庄院被当地农民称为半明半暗庄。崖窑洞受居住环境或其他因素影响，建造的种类比较复杂。为了防盗，在崖窑的里间再套挖一口窑洞，这种窑洞叫套窑。有通往外面的暗道，既能放哨，又能在危机时藏身或逃跑。这样的窑洞表面上看和其他崖窑没有区别，但内部结构发生了实质性的变化，故叫暗庄。这样的窑洞在固原市境内留存不多，仅在泾源县六盘山镇蒿店村双沟行政村内有遗存。在"十二五"时期，当地居民已经按生态移民整村搬迁，生态恢复较好。这里的山林土地由当地的农业大户整体流转，窑洞保存尚好。崖窑洞地理位置的选择，凸显了先民珍惜土地、方便生活的理念。大多

数农村至今还是窑房兼住,最为典型的崖窑属彭阳县的 6 个塬(孟塬、刘塬、牛耳塬、徐塬、北杨塬、夏塬),因为至今仍有人居住,保存完好,窑洞内外的装饰造型也很美观。

围绕着山茆凸出方向临沟谷修建的窑洞叫作山窑洞。一般是将山茆突出地带劈呈"∩"形的立面,将"∩"形与地面接触的地方削刮成 15°左右的斜坡,在斜坡面上贴地面横挖窑洞。这个"∩"形立面以家庭或家族为单位,"∩"形两侧便是邻里之间的隔墙。如果人口多且较为集中,整个山茆就会连成一个")"形的山窑洞群,整个村落的居民都居住在并排的山窑洞里,这些窑洞临河水或交通要道,顶端便是耕田或晾晒粮食的场院。有的居民把"∩"形立面的上端改造成向里的扇形立面,贴地面横挖成窑洞。这种窑洞一方面日照充足,另一方面有敛气聚财之说,稳固性好,同时曲线美的建筑风格也在其中得到了体现。

山窑洞依托地貌特点,横向挖掘,使庄院呈一体形制,按族亲、辈分一字排开,同族一院,相邻以山坡相隔,在农村叫某家的庄子,如张家的庄子、李家的庄子等。庄子里,院落一般一个家族按辈分向两边分散,住人及堆放杂物的房屋并联,也是一家 3 至 5 孔并排。窑洞前面为平空地,家族没有大门。窑洞主窑比其他窑洞略高,做正堂为长辈居住,两面为子女居住。子女一边的窑洞用来贮存食物、养畜禽或他用。这些窑洞或家主所居,或儿女所居,或做厨房,或住客人,或养牲畜,或贮存食物,均有一定的用途,毫不紊乱。住人的窑洞均盘一土炕,千百家形制统一。

固原境内山窑居多,而且因为山窑洞和崖窑洞相比有地势较为平坦、便于出行、修造简单、安全等特点,至今颇受村民的青睐,因此境内窑洞分布较为普遍。近年来,随着"十二五"生态移民政策的实施,有一部分人口迁出,安置在生活环境相对优越的地方。比较危险的崖窑基本被废弃,有些窑洞得到修缮,有一定的活动空间,院落也相应地被开发出来,并且根据居家的经济状

况,在院落里修建了斜坡房或人字梁房,夏天住窑洞,冬天住斜坡房或人字梁房。

地坑窑洞也叫土坑窑,这种窑洞是在平原大塬上修建的,先将平地挖出一个长方形的大坑,一般深5至8米,将坑内四面削成崖面,然后在四面崖上横挖窑洞,并在一边修一个长坡径道或台阶式道路,直通地面,准确地说就是人行道、捷径。要想运土或其他的东西出入地坑,还有一个距离长方形大坑约十几米的洞式斜坡通道,它的功能主要是用于运输,因为坑内的许多东西要运出去,大量的生活用品又要运进来,必须要有一个通道,姑且叫运输通道。"陶复陶穴"中的"陶穴"指的就是这种挖坑造庄的地坑窑洞。这种地坑窑洞因为坑是下陷式的,雨水不易流出,故院落(下陷的大土坑)内又有一个直径约2米的圆形或方形的深坑,一般雨水或其他生活废水集中在坑内,天长日久渗入地下,叫作渗坑。有的人家如果没有渗坑,会沿运输通道有一条通往外面的水路,疏导坑内的雨水及生活废水。这种窑洞类似于现在的地下室,冬暖夏凉的特点更为显著。有的地方称这种地坑窑洞为地坑子或地坑庄。

箍窑洞是固原地区的另一种窑洞形制。因为没有足够的资金修建房屋,一些村落在平地上用土块夯顶造出窑洞的形式,当地称为箍窑。这种箍窑一般用土坯和麦草黄泥浆砌成基墙,用黄土坯拱圈窑顶而成,这种黄土坯叫胡基。胡基的制作既是一门古老的传统工艺,又是古老的就地取建筑材料的方法。即在青石板上,用特制的木模框,填上湿黄黏土,用柱子捶实,制成四边棱角分明、两面光平的土块,晒干后,即可做建筑的主体材料,砌墙、盘炕、泥炉灶,用途十分广泛,是生活在黄土地上人们的必需建材。窑顶上填土呈拱形双坡面,用麦草泥浆抹光,在基墙和拱圈的结合处用土坯堆砌窑沿。窑沿和拱圈中间留有水道,在窑沿上钻孔,俗称滴水,用筒瓦或其他筒形的管子做疏导管,雨水通过孔洞经筒瓦流向地面,不致使窑洞上有积水。箍窑因为拱形的窑顶,稳固性能强,地震时较崖窑、地坑窑更加坚固结实,不易倒塌,至今在固原

市境内部分偏僻农村还有很多遗存,甚至还有人仍在修建居住,如彭阳县的城阳乡、红河乡、孟塬乡等。仿造陕北窑洞的形制修造箍窑,窑洞户牖相对讲究,材质要求也较高,既有土窑洞的优点,又克服了它的缺陷。现代工业的冲击使固原市境内的窑洞建造日渐减少,箍窑的技艺值得保护和传承。

固原地区窑洞分布十分普遍,主要是因为经济落后、农村收入低的缘故,当然也有节约土地、保护生态、省力省钱、坚固耐用等原因。民居在建筑学上属于生土建筑,反映的是人与自然和谐共生的理念,具有简单易修、省材省料、坚固耐用等特点。随着经济的不断发展,弃窑者多,造窑者少。近些年,政府采取危房危窑改造等惠民政策,这类窑洞基本废弃或重新修缮,现在存留下来的窑洞一般都是从祖辈传下来坚固耐用的。窑洞从外观上看呈圆拱形,表现的是一种天圆地方的思想。在单调的黄土背景下,圆弧形显得轻巧而活泼,在实际中也方便生活,门洞处高高的圆拱加上高窗,在冬天的时候可以使阳光深入到窑洞里。而内部空间也因为是圆拱形的,增加了内部的空间,使人感觉舒适,虽不通透却也敞亮。这种出自传统的建筑,在美学上也独具匠心。

从建材来看,窑洞显然具有省材简洁的理念。受固原地区经济条件的限制,窑洞营造简单,省工省料,无须砖瓦,多在塬边、沟边及山崖下挖制,不占用地表土地,可谓是最省钱、最省地、最环保的民居建筑形式。

窑洞生态效益明显。窑洞一般修在朝南的山坡上,向阳,背靠山,面朝开阔地带,少有树木遮挡,十分适宜居住。窑洞的窑壁一般用石灰涂抹,显得白净、干爽、亮堂。窑洞内一侧有炕和灶台,炕的一头都连着灶台,由于灶火的烟道通过炕底,因此炕面也很暖和。炕周围的三面墙上一般贴着一些有图案的纸或拼贴的画,固原当地人称这种图案为炕围子。炕围子是一种实用性很强的装饰,它们可以避免炕上的被褥与粗糙的墙壁直接接触摩擦,还可以保持清洁,更重要的是美观,在整个窑洞中属于最耀眼的部分。为了美化居室,不

少人家在炕围子上作画，如原州区、泾源县的炕围画。另外，窗户装饰也比较独特，人们把有吉祥图案的窗花粘贴在窗外，外看颜色鲜艳，内观则明快舒坦，从而产生一种独特的艺术美。

窑洞的建造，高度有定数，用途有规定，居住有次序。窑洞的崖面有依山形呈凸弧形的，也有把山体的土挖掉呈凹弧形的，看上去像扇面。在这种弧形崖面上用镢头刮出水波等花纹，叫庄面子。庄面子一般高9米，长17至23米，正面挖窑，窑口砌墙按门窗，一般为1门3窗或1门2窗，靠窑顶的窗户称天窗。在窑洞与窑洞中间挖几何图形，有装饰作用，看上去较美观，实则是在立面上用砖头或木桩加固，几何图形是为了加固而故意这样处理的。挖窑或箍窑时要先看地形，再由土工绘图。一般遵循山势崖沟走向，避湿就干，避低就高，避阴就阳。

## 二、房屋

从文化背景考察，固原地区紧邻关中，属于秦文化的亚文化区。又因其地处六盘山区，雨水较多，气候相对湿润，历史上有"山多树木，民以板为室屋"的记载。因此，民居基本沿袭传统的乡村风俗，只是近年来随着城镇化步伐的加快，一些传统村落的居住风俗有了明显的改变。有了房屋，有了院落，这里的房屋成为村落文化的代表。

固原地区由房屋院落构成的村落，一般依塬傍水，向阳背风，人们住在背山面水的方位上。因为地理环境，世代缺水，绝大多数村落由于地处台地或塬边，地下水位较低，没有足够的饮用水，所以多数村落都是人挑驴驮，从很远的水源地取水供人畜饮用。经过世世代代的繁衍生息，院落在不断地改进并有了相应的审美，如一些地方修建了内部设施一应俱全、外部装饰很美丽的窑洞。在院落的东边或西边再修造3至5间人字梁房屋，青砖红瓦，非常漂亮。这种传统的窑洞兼房屋构成的院落，使村落文脉得以传承，无论城镇化进

程如何加快,这种历史的印迹没有改变。

从房屋的建造特点来看,大致有斜坡房和人字梁房。相对于斜坡房,人字梁房是固原境内人民生活水平提高的标志,具有传统建筑以及与人们所处的自然环境、社会文化、思想观念等相适应的地方性建筑风格。因墙体材料不同,可分为土木结构和砖木结构。墙体如果是土砌的,叫土木结构,如果是砖头堆砌的,叫砖木结构。人字梁房,当地人称为架子房或鞍架房。

斜坡房,有的地方称为偏撒房或倾撒房,分滚椽房、挂椽房两种。造房时,椽的摆放有竖有横,竖的叫挂椽房,横的叫滚椽房。拱木房的椽横檩竖,檩条沿斜波的方向竖放在前后墙体上,檩条放置的地方,墙体都有土夯的支柱,叫土柱子,也有埋在墙体内比檩条稍微细的圆木做支柱,叫木柱子。前后墙体都有柱子,檩条与前后墙体内的柱子呈"Ⅱ"形,为左右对称、前低后高的坡式架构。挂木房也叫挂椽房或顺水房,是因椽放置的方向而得名。挂木房的椽竖檩横,即椽沿斜坡方向放置,也就是沿着水流的方向摆放,所以也叫顺水房。斜坡1/2处有一檩条横担在左右两侧的墙体上,有的地方称其为担子。一般最少也要2根檩条,椽横钉在檩条上,看似椽沿坡度呈滚动状,顾名思义叫滚椽房。

斜坡房一般坐北朝南,或沿老街道相对而建。房屋的墙壁是土夯的,墙根基下宽上窄,或用土坯垒成。为防止下雨时雨水滴到地面再溅起把墙体或土坯弄湿,墙壁和根基相连的地方用三五层烧制而成的青砖包裹,如果是土坯垒的,下面几层直接用青砖做根基。拱木房就地取材,房屋深度只有4至4.5米。房屋两侧墙体正前方为了美观,也为了稳固,有的用砖头堆砌,宽度和侧墙一致,房屋侧脊和侧墙相连处呈弧形伸出,叫码头。有的房屋为了采光好,对房屋顶部椽的放置位置稍加调整,屋顶的后半坡侧墙较陡,椽放置得稍微陡些,前半坡侧墙稍平,椽放置稍微平缓,使房屋顶部形成"凹"形,既美观又达到采光好的目的。这样码头、侧脊和房脊形成优美的线条,从外观上看,错

落有致,增加了房屋的立体感和美感。

房屋出檐有保护墙面的好处,也有遮挡光线的弊端。因此,有的人家便对挂木房的房檐进行修饰处理,在房檐出头的地方加放飞头,有的地方也叫飞檐,就是在房檐的椽头处再加上一个长约60厘米,和椽的直径大小相似的方形木材,其横截面以2:4的比例竖辟,呈一头薄20厘米、一头厚40厘米的梯形,薄的一头插在椽头的里边,厚的一头背在椽头的外边,是房檐的延伸部分,整齐划一。从审美的角度来看,淡化了椽头粗细不均匀的缺点,比椽头直接露出房檐更加美观,使房檐看起来抬头较高,和码头形成鲜明的对比,有立体感,其根本的目的是增加房屋亮度。

斜坡房在建筑上为壁式建筑,也就是说,主要以墙壁承受屋顶之重。如隆德县温堡乡张家新庄等靠近甘肃的地方,许多村落都是这种斜坡房,进深较浅,主房为双扇门,大门为双扇铁门。院落不大,村落在一面山坡上层次分明,青砖红瓦,远看较为美观。有的斜坡房用木板制作成墙体,叫椽套。有椽套、飞头的拱木房一般是家庭经济状况较好的。房屋的房脊尽量讲究,如有的房脊"五脊六兽"俱全,房子码头上用砖雕刻上莲花、牡丹等象征富贵的图案,同时在椽套外房檐的中轴处做对称的拱。拱呈六边形或四方形等,有的地方称为簪。这种对称的拱,大小和檩条相似,与檩条形成垂直的木架,有加固承重的作用。从外观上看,和房屋的门窗连为一体,起到装饰房屋门面的作用。这里的大门门楼较为讲究,一般门楼的高度超过主房房基的高度,这和当地的民俗有关。

人字梁房的大梁呈"人"字形,故称人字梁房。固原境内的人字梁房屋同样受秦文化亚文化的影响。从地理环境来看,此区域处于六盘山地区,雨水偏多,房屋修造上自然要求屋顶坡度较陡,便于排水。

人字梁房内面积大而且稳定性好。一般有2梁3开间或4梁5开间,用的木材有松木或当地的杨木。人字梁房屋梁和门窗垂直担在前后墙的土檩

(埋在墙体里边的檩条)上,梁与土檩、中檩、脊檩垂直,和橼的方向一致。固原境内的村落中,人字梁房屋有一个动态的演变过程。早些时候,人们为了稳固,房屋进深较深,就地取材,用当地生长的杨木做梁、檩和橼,夯土墙或胡基墙,称为土木结构。后来随着生活的改善,人字梁房屋的建材也发生了变化,用松木做梁、檩和橼,墙体改变为砖墙,称为砖木结构。人字梁房屋的建造处理,有的也只用土檩和脊檩,不用中檩,这是由个人的经济状况决定的。20世纪80年代至今,人民群众生活水平不断提高,人字梁房得以普及,院落房屋建造得较为普遍,窑洞兼房舍建造得极少。

在固原地区,还有一种叫鹌鹑尾的人字梁房,房屋人字呈不等腰形,房屋正面长,背面短,表面上看是人字梁房屋,从侧面看,房顶一边长一边短,形似鹌鹑鸟的尾巴,故称鹌鹑尾。这也是受经济条件所限,但又想让房屋的进深增加,借此扩大房屋内面积而设计的。这一样式主要分布在回族群众聚居的地方,如原州区的炭山乡。这种鹌鹑尾房屋作为偏房至今仍在建造。

固原地区有一种特别的建筑物叫高房,也称为高房子,是因为该房屋高于院落中的住房,处在整个院落的东南角或西南角,其建材和院落中的主体房屋建筑材料相同,属于院落的最高建筑。回族聚居的村落高房居多,主要集中在原州区城郊和三营镇周边。

另外,屋脊无论是斜坡房还是人字梁房,屋脊均高高在上,是非常突出的地方。固原地区民居的屋脊一般有清水脊,装饰基本以砖雕为主,房檐配以滴水瓦当,装饰多为花草或吉祥动物。清水脊两端有蝎子尾高高翘起,蝎子尾下点缀瓦当或砖雕的图案,压在蝎子尾巴下的花纹砖雕,称为平草,也有陡立的砖雕造型,称为跨草,这种更有立体感和韵味,较为典型的有隆德县城东南的老巷子。一般的家庭没有这样讲究的装饰,屋脊的蝎子尾高翘,脊上点缀有鸽子,高翘的蝎子尾用几块砖头阶梯式对称堆砌,大致造型突出即可。

随着生活水平的不断提高,固原地区的房屋自20世纪90年代起,有了

墀头、角柱石等各种构件，有的地方甚至有了墙影(照壁)等。

### 三、户牖及装饰

固原地区干旱少雨，土质密实，植被较差，建造房屋的木材十分匮乏，千百年来，老百姓在这种环境里创造出窑洞。窑洞挖在山壁或者黄土崖坡壁上，多座窑洞左右并列成排，窑洞的门窗都开设在朝外的一个面上。窑洞面窄的，门窗左右并列；面宽的，中央立门，两侧按窗。为了采光和通风，窗户一般开得较高，甚至窗户和门头一样高。为了通风，在窑洞立面门窗上面或更高的地方开一个小窗口，大小虽然不同，但比立面上的窗口小，形状也都不同，有长方、扁方、正方，还有三角形、四边形和六边形等。有的地方为了美观，小窗图案选择得较为独特，如八卦形、绣球形等，有的地方称为哨眼，含瞭望的意思，但实际起到通风的作用，真正用来瞭望的是窗户下端能打开的一扇或一格小窗口。窑洞的窗框也各有特点，一般为方框或其他形状。在外形不同的窗框内，木棂条的组合也多种多样，如方格、斜方格、菱形、长条等，安装玻璃的格网稀疏，糊纸的格网较密。这些看似凌乱的门窗组合在一起，恰恰成为窑洞门窗的一种特殊形态，起到的作用不仅有采光，而且装饰了单调的黄土面。一个家庭的生活艺术往往在灯下透过窗户的窗花及其他装饰反映出来。两座窑洞在一起，可以采用同样的门窗形式，也可以采用互不相同的门窗形式。在大院里，比较讲究的窑洞，往往多座窑洞并列，门窗多采用相同的组合形式，或者对称使用两种不同的组合门窗。宅院的正房，一排并列5口窑洞，居中的窑洞为一种门窗组合，两次间窑洞为另一种门窗组合，两小间窑洞又是另一种门窗组合。大宅院的厢房两座并列，也是用同一种门窗组合。这种组合可以使单座窑洞不规则的门窗总体上表现得统一而有序。现存的箍窑，其户牖特点更加突出，门窗多不规则，在做工上比崖面的窑洞要讲究，棂条花格多样，做工较仔细。并列的多座窑洞，门窗组合多对称，以保持视觉上整体的美观大方，加工

方便的成分也在其中。

传统房屋的门窗设置也不一样,有简单和复杂之分。一般是门小窗户大,这主要指 20 世纪六七十年代的斜坡房,一般两窗对称在门的两边。80 年代以后,斜坡房基本被人字梁房屋所取代,门户的设计有了新的突破,门成对称的双扇门,窗户的做工较为讲究。在农村经济状况较好的人家,所谓的"四门八窗",即四扇门、木隔断的八扇窗户,每一扇门上刻有梅花、青竹、喜鹊等,寓意祥瑞,或每扇门成为独立的一幅立轴画,这是匠人智慧的创造。

至于房屋的内饰,自然随着生活水平的日益提高而不断更新换代,村落中典型的房屋装饰从 20 世纪 70 年代开始有了变化,这和当时的婚姻状况有关系。20 世纪 70 年代至 90 年代,农村婚约彩礼中的家具,基本是当时房屋的内装饰,如 70 年代的"三转一响"(自行车、缝纫机、手表和收音机)和"三十六条腿"(立柜、平柜、梳妆台、高低柜和床等);80 年代的"三大件"(电视机、洗衣机和冰箱等);90 年代随着多数农村青年进入城市务工,村落中房屋的装饰变化并不是太大,在某种程度上对村落起到了保护作用。我们考察中所看到的村落基本上都是这样保留下来的。进入 21 世纪,村落的改造建设更少,有条件的举家迁徙,没有条件的进城务工,务工赚来的钱也很少投资到农村的院落,年轻的一代把生活的眼光转向了城市,老年人的积蓄基本给了年轻人,无暇顾及自己的生活状况,这也是时代变迁的结果。

# 文学与艺术

WENXUEYUYISHU

# 俄语东干文学批评的渊源①

惠继东②

摘　要：俄语东干文学批评是指东干学者用俄语撰写的东干文学批评论文和研究专著。其根源为 20 世纪苏联和俄罗斯的社会生活与艺术审美取向。时间跨度从 20 世纪 60 年代到 21 世纪。俄语东干文学批评与俄苏文学批评一脉相承，这与东干人居住国的历史文化、文学批评传统及意识形态支配下的文艺政策休戚相关。其中，文学批评术语、文学批评话语体系和文学批评风格是这种影响的直接体现。这种影响以 1991 年苏联解体为标志，表现出明显的转变和分野，呈现的是后苏联时代俄语东干文学批评在重大转型过程中的选择轨迹并尝试独立言说的生动写照。

关键词：东干　文学批评　俄语　渊源

东干人是清朝末年迁徙到中亚的华人后裔，是"世界上唯一说中国话又完全用字母拼写中国话成功的人"③。目前人口约十二三万人，主要分布在中

① 基金项目：国家社会科学基金项目"东干文学批评形态研究"（15XZW007）；宁夏回族自治区"十三五"重点专业项目成果。
② 惠继东（1960—　），男，甘肃镇原人，宁夏大学人文学院教授，主要从事俄罗斯文学和东干文学批评研究。
③ 葛维达. 苏联东干民族语言现状及其十二月歌[M]. 香港：三联书店香港分店，1987：56.

亚哈萨克斯坦、吉尔吉斯斯坦、乌兹别克斯坦等国。东干文学本质上是汉文学,"但这种文学的载体却是以陕甘宁方言为基础语音而用斯拉夫字母拼写的文字,不同于中国境内的汉文学,拥有'曲子'(民歌)、'口歌'(谚语)、'口溜儿'(顺口溜)、'倒口语'(绕口令)、'古今儿'(故事与传说)等体裁;其书面文学则始于 20 世纪 30 年代,以 1932 年创办的《东火星》报为标志,现有诗、文、小说等文体"[①]。本文所论述的俄语东干文学批评是指东干学者用俄语撰写的东干文学批评论文和研究专著。"同东干文学创作相比,东干文学批评相对较为薄弱,但是其独特性又是毋庸置疑的。"[②]

俄语东干文学批评起源于 20 世纪的苏联和俄罗斯。其时间跨度约半个世纪,自 20 世纪 60 年代至 21 世纪。在这约半个世纪的成长经历中,俄语东干文学批评不仅保留了运用俄苏文学理论从事文学批评活动的历史,而且融入了居住国(苏联和俄罗斯)文学理论术语和话语系统进行文学批评的评论模式。简言之,东干学者用俄语写的东干文学批评与居住国的历史文化、意识形态和文学批评传统有着休戚相关的内在联系。

俄语东干文学批评与苏联文学批评一脉相承,这根源于东干人居住国的文学批评传统及意识形态支配下的文艺政策。在谈到苏联民族文学的源流时,吉尔吉斯斯坦著名作家钦吉斯·艾特玛托夫发表了这样的看法:"每一种当代苏联的民族文学,都有两个起源,一个是本民族的传统,一个是俄罗斯文化的传统。"[③]这里,艾特玛托夫虽然谈论的是苏联少数民族文学的源流问题,但这也适用于影响苏联少数民族文学批评的渊源问题,因为文学和文学批评是互为因果关系的,文学的产生必然伴随着文学批评的出现,而文学批评存

---

① 王小盾. 东干文学和越南古代文学的启示——关于新资料对文学研究的未来影响 [J]. 文学遗产,2001(6):118.

② 常文昌. 世界华语文学的新大陆——东干文学论纲[M]. 北京:中国社会科学出版社,2010:289.

③ 陈学凡. 艾特玛托夫论少数民族文化[J]. 民族文学研究,1986(5):187.

在的唯一理由是以促进文学创作更好地进行为前提条件和终极目的的。

东干族作为苏联时期的少数民族之一,其文学批评的形成与发展受苏联文学批评的影响是显然易见的。这种影响表现在两个方面:一是将俄罗斯文学和文学批评翻译成东干文,这为东干书面文学的创作和东干文学批评的书写提供了高起点的创作和评论参照标准。翻译的作品有普希金、克雷洛夫、屠格涅夫、列夫·托尔斯泰、契诃夫、高尔基、消洛霍夫等作家的诗歌、寓言、小说和别林斯基、车尔尼雪夫斯基、杜勃罗留勃夫文学批评家的论文、论著。通过对这些世界级作家、评论家的文学作品和文学评论的翻译,东干文学批评家的文学批评素养和水平获得了空前提高。

二是苏联时期的民族文化政策及其奉行的社会主义现实主义创作方法和批评原则,直接左右和推动了俄语东干文学批评继承借鉴苏联文学批评模式、语汇系统和话语特点的形成并不断演进。从 20 世纪 30 年代苏联政府把俄语作为民族共同语(东干语称为通话,即各民族通用语)强制推行,到引起的用俄语进行文学创作和书写文学评论的结果;从 50 年代由苏联学者参与用斯拉夫字母创制东干文,到 60 年代东干学者 IO.杨善新编订出版的近六千个词条的《简明东干语——俄语词典》(东干文为《简要的回族——俄罗斯话典》),都说明俄语、俄语文学创作、俄语文学批评为苏联时期东干学者用俄语写作东干文学批评创设了特殊的社会氛围和文化语境。其中文学批评术语、文学批评话语体系和文学批评风格是这种氛围和语境的主要标志。

俄语东干文学批评术语的使用直接来源于苏联文学批评术语。任何一种文学批评术语的选择和使用都和语言习惯密切相关,俄语东干文学批评术语的选择也不例外。东干人从 1877 年移居中亚,直接接触到的语言是俄语,同时,俄国学者用斯拉夫字母创制的东干文也加深了东干学者对俄语的认同感。后来苏联政府又为东干人开办了俄语学校。在俄语学校里,俄语是交际的语言,教材是用俄语编写的,传授的知识是俄语体系下的文化知识。这一切都

潜移默化地培养了东干学者的俄语批评语感和使用苏联文学批评术语的习惯。只要看看东干学者Φ.玛凯耶娃、И.十四儿、М.伊玛佐夫等人用俄语撰写的东干文学研究论著，就知道他们运用苏联文学批评术语的技巧是何等纯熟。例如Φ.玛凯耶娃在《苏联东干文学的形成与发展》中评论《东火星》报对东干作家的影响时这样写道："《东火星》报对年轻作家们的创作风格产生了直接影响……这些作品……没有受到浪漫主义和感伤主义的影响。"①其中的"创作风格""浪漫主义""感伤主义"等术语，完全是苏联文学批评术语的再版。

再者，文学批评和文学创作是相辅相成、相互作用、不可分割的有机统一体。东干文学作品中俄语借词的使用，间接强化了俄语东干文学批评选择苏联文学批评术语评论东干文学的俄化批评倾向。"由于东干文是清末中国西北地区的方言演化而来的，对社会生活中出现的大量新的政治、经济及科技文化术语，东干族的母语根本无法表述，于是就有大量的俄语借词在东干文中出现。"②据吉尔吉斯斯坦东干学者法蒂玛·努诺芙娜副博士在其专著《东干语外来词》中的统计，东干语中的俄语借词有304个③，大体上"东干语中俄语借词约占7%"④。在东干文学作品中出现频率较高的俄语借词有 Профессор（教授）、Колхоз（集体农庄）、рейхстаг（德国国会）、Вурус（俄罗斯）、коммунизм（共产主义）、соц（社会主义）、Ленин（列宁）、Гагарин（加加林）、Азия（中亚）等，这些词被直接引入东干文学作品中。

还有，东干作家除了用东干语创作，还用俄语创作，这种现象成为东干文

---

① Макеева Ф. Х. Становление и развитие дунганской советской литературы. фрунзе: ыргызстан，1984，C.9、10.

② 杨建军. 论中亚东干文学的多元文化渊源[J]. 外国文学研究，2007（2）：171.

③ Нуровна фатима Заимствованная Лексика дунтанского Языка，Бишкек《Илим》，2012，C.137.

④ 常文昌，常立霓. 世界华语诗苑的奇葩——中亚东干诗人十娃子与十四儿的诗[M]. 阳光出版社，2014：3.

学的一道独特景观。像《大碗上的铭文》《淡蓝色的河》《银色的长笛》等诗集就是东干人民诗人 Я.十娃子用俄语创作的。对此,著名东干作家、文学批评家 M.伊玛佐夫不无自豪地赞颂道:"俄罗斯语言多么宽! 它是咱们的大清泉!"①东干作家在文学作品中借用俄语词汇,或者直接用俄语创作的现象,既是现实语言环境的需要,又是对俄语寄寓的一种特殊情感的文学表达;既反映了俄语对东干文学创作的重要作用,又启发了东干学者在俄语东干文学批评中运用苏联文学批评术语从事文学批评的自觉意识。

俄语东干文学批评话语体系有两个来源:一是苏联社会意识形态影响的结果,二是现代西方文学理论启发的产物。受苏联社会意识形态的影响,俄语东干文学批评话语和苏联文学批评话语在很大程度上相通相融。以文学所具有的艺术功能之一——教化意义而言,俄语东干文学批评话语和苏联文学批评话语一样,都强调文学的教育作用和社会政治意义。特别是俄语东干文学批评话语所主张和倡导的以简单、简洁的文体和创作方法表现劳动人民的生活以及为社会政治服务的批评话语,可以说是从苏联文学批评话语中直接"拿来"的。这方面的例证很多,比如 Ф.玛凯耶娃在《苏联东干文学的形成与发展》中评论东干文学的批评话语完全可以说是从苏联文学批评话语(俄罗斯民族文学批评话语)中"借鉴的许多有意义的优秀成分"。Ф.玛凯耶娃写道:"东干作家的特写具有多样性特色",有的"写出周围的事——发生在身边的事","能够写出他的身边的事就行了,所以简单是他们作品的特点","这些关于劳动人民的作品"的意义是"关于他们的能力和诚信品质的"②。这种从"劳动人民""诚信品格"出发而强调的"简单性"批评话语,正好呼应的是苏联文学批评家 K.帕乌斯托夫斯基在《小说与故事》中所予以肯定的"书上写得简

---

① M.X.伊玛佐夫著. 林涛译. 中亚回族诗歌小说选译[M]. 香港:香港教育出版社,2004:77.
② Макеева Ф. Х. Становление и развитие дунганской советской литературы. фрунзе.: ыргызстан, 1984, C.8、9、17、20.

单的东西比协议书中的更容易理解,更具美感特征"①的批评话语模式。"东干作家的诗歌"在内容上"是号召老百姓响应国家的号召",在形式上起初以"同题诗"(题目相同的诗)居多,像"马耶夫的《要学习》诗,在现在的时代其艺术不够完美,但当时这首诗是根据最重要的题目写的,所以能够受到人们的欢迎"。其中的原因是"作家回应了列宁的'学习,学习,再学习'"②。Ф.玛凯耶娃的这种批评话语显然和当时的苏联社会政治生活相适应,完全体现了文学批评话语突显"政论特色"和"概括现实政治生活特点"③的苏联文学批评话语模式。"东干作家的小说"创作,"采用的表达方式很简单, 不过内容十分有意义"。"А.阿尔布都的《三娃儿和莎燕》内容上很像 Я.十娃子的诗歌《马家的女儿跑了》,这个故事不光是爱情的颂歌,还是一个责备痛苦的不公平的社会的故事。""Ю.存娃子的《金花儿》是一部关于抗议宗教的优秀作品。"④在玛凯耶娃对这类东干小说的批评话语中,我们看到了 В.奥格涅夫在《才华的形成》中所强调的批评话语目的性的主张:"文学应该使生活变得美丽,应该反对恶劣和不公正,国内文学之所以称为国内文学,是因为对咱们的生活起到了服务作用。"⑤这种主张在苏联时期的高尔基的批评话语里也得到了呼应性书写(此处不作论述)。

21 世纪以来,受到西方现代主义文学理论的启发和影响,俄语东干文学批评话语相对于 20 世纪 80 年代的批评而言,在话语内容与形式的选择上已发生了重大转型, 这种以体现西方结构主义理论为标志的文学批评话语,在 И.十四儿的《中亚回族口头民间传统》中有突出表现。《中亚回族口头民间传

---

① Паустовскнйк. Повести и рассказы.м.,《Моск.рабочий》,1953,С.54.

② Макеева Ф. Х. Становление и развитие дунганской советской литературы. фрунзе.: ыргызстан, 1984, С. 12、14.

③ Макеева Ф. Х. Становление и развитие дунганской советской литературы. фрунзе.: ыргызстан, 1984, С. 20.

④ Макеева Ф. Х. Становление и развитие дунганской советской литературы. фрунзе.: ыргызстан, 1984, С. 15、81、82.

⑤ Огнев В. Становиение талананта. Статьи о поэин. М., СП.1972,С.355.

统》是俄语东干文学批评的一部力作,专门讨论东干民间诗歌以外的叙事作品,包括神话传说、日常生活故事、动物寓言、民间笑话等。这些"民间叙事作品"来源于 Б.李福清、М.哈桑诺夫、И.尤素洛夫编著的《东干民间故事与传说》及其他学者收集的材料。И.十四儿依据对叙事作品人物行为的功能,划分出七种基本情节类型,并通过这些故事的功能及序列组合,使之在基本连续的框架中:开端—动作发展—高潮—结局得以分析,进而阐释故事的意义,展现法国人类学家列维·斯特劳斯的结构主义方法和苏联民间文艺学家 Б.普洛普的"功能"理论的影响及话语特点。

首先,И.十四儿采取的由东干民俗到两个风格组再到结构类型直到固定的风格资料和题材题目种类的划分方法,凸显的是结构主义叙事学对俄语东干文学批评话语的整体影响模式。以上四个层级的划分是由说书人的介入来完成的。"说书人连续几个小时在讲述……她讲故事时使用手语和面部表情……一直在满足着听众的要求,按照他们的艺术口味讲述故事。"这里,说书人的讲述和听书人的聆听形成的互动关系,是以一种特殊的接受美学形式出现的,并最终"变成了一种艺术技巧的来源,这些因素创造出了书面文学"①。在上述分析中,可以看出 И.十四儿把"回族神话故事"从"功能"上"分成的一些小类",是按照 Б.普洛普的"功能"理论,从表层结构上(故事情节及动作发展层面上)对"东干故事的功能和序列组合"②的。正如 Б.普洛普所说:"许多功能基本上连接在一个圈子里,这些圈子是动作。"③

其次,由二元类型出发对七种对立元素小类的划分,显示的是东干民间叙事作品的深层结构,揭示出"作品"的本质特征,这与结构主义"神话元素概念"含蕴的深层意义如出一辙。"这种二元类型的优秀文化部分",其意义不在

---

① Шисыр И.С. Устная народная тнадиция хуэйцзу Централъной Азин. Бишкек Илим, 2016, С.19、20、21.
② 常文昌、杨建军.试论东干文学批评的形态[J].宁夏大学学报(人文社会科学版),2009(2):67.
③ Пропп В.Я. – Морфология сказки. –с.72.

于从道德层面进行人格评判,而在于从事物的变化规律层面进行哲理提升和价值归纳。比如,"一只狗",一只作恶的"狼""会变成狼人","甚至""奶奶的命运会转到鸟儿的身上"①。这里的"狼"变"人"和"人"变"鸟",其寓意也许不在因果报应,而在于强调一种泛神思想和自然观念,因为此处的"东干民间叙事""元素"只占了"功能作用的一小部分",只是"在语言方面和词汇级的词上已经有意义"②。这显然符合列维·斯特劳斯所创立的神话元素概念并予以分析的步骤和突显的重点——提炼出神话的基本成分、按照二元对立方式组合、上升到最广泛的一般性上揭示神话的本质属性。这是И.十四儿直接受到结构主义大师列维·斯特劳斯影响的结果。

再次,由一些功能小类到四种基本连续阶段的划分方法,突显的是结构主义"功能""情节"原则影响的结果。比如"与大蛇搏斗的故事"的四个阶段:开端——其"功能""为了设计神话的开幕题材","把主人公推出来"。动作的发展——其"功能"在于"主人公搏斗之前一定会从周围获得祝福"。高潮——主人公在神的帮助下"很容易地找到对手",并"用神奇武器与他们进行搏斗"。结局——其"功能"在于"证明所发生事情的真实性","是从他们所救美人送给的东西——戒指、镯子、梳子等来证明",直到"最终两个情侣订婚"。在对四种基本连续的阶段进行分析之后,И.十四儿得出的结论是,"这些情节中,动作的发展是按照B.普洛普提出的'功能'来发展"③的,"因为所有的神话故事在形式上是相同的"④,并且"所谓的形式"是"放在结构之中的"⑤。由此可见,И.十四儿的俄语东干文学批评话语来源于"功能"理论和结构主义批评是

---

① Тейлор Э.Б. Первобытная культура. —М.:Политиздат, 1989, —С.201.

② Леви—Строс К. Структура и форма. Размышления над одной работой Владимира Прола. —С.25.

③ Шисыр И.С. Устная народная тнадиция хуэйцзу Централъной Азин. Бишкек Илим, 2016, С.58、60、62、63.

④ Пропп В.Я. —Морфология сказки. —С.26.

⑤ Леви—Строс К. Структура и форма. Размышления над одной работой Владимира Прола. —С.23.

不争的事实。

俄语东干文学批评风格的形成既受到苏联时期社会主义现实主义和19世纪俄国经典批评家的影响,又受到西方现代主义批评模式的影响。从苏联文学批评影响的角度来看,自十月革命以来,在文学艺术方面形成了很多决议,如20世纪20年代《关于党在文学方面的政策——俄共(布)中央一九二五年六月十八日的决议》,30年代《关于改组文学艺术团体——联共(布)中央一九三二年四月二十三日的决议》,40年代《关于(旗)杂志——联共(布)中央一九四九年一月十一日的决议》等。这些决议使以强调"党性"和"人民性"为重要原则的批评风格确立,其中社会主义现实主义"是苏联文学久经考验的创作方法"①。与此同时,社会主义现实主义批评风格在苏联文学批评史上占据统治地位达半个世纪之久(20世纪30年代至80年代),这一过程对俄语东干文学批评风格产生了深远影响。对此,Ф.玛凯耶娃在《苏联东干文学的形成与发展》中明确指出,东干作家文学"的确是社会主义现实主义作品",也正是受这一批评风格的影响,"东干民族文学"才把"关于人民的新生活,关于共产党,关于列宁变成了东干作家的主要题目和内容"②。

从19世纪俄国文学批评大师影响的角度来看,"别林斯基、车尔尼雪夫斯基、杜勃罗留波夫是俄国的革命民主主义者,他们的唯物主义美学和现实主义文艺理论是马克思主义以前的唯物主义美学、文艺理论发展的一个重要阶段和组成部分,在世界美学、文艺理论发展史上具有十分重要的地位。他们从革命民主主义和唯物主义观点出发,深刻地总结了俄国现实主义文学形成和发展的丰富经验,确立了文学中人民性和现实主义原则,以及历史的、审美的文论观"③。他们的文学批评和美学思想进入在20世纪后成为苏联文学理

---

① 刘亚丁. 苏联文学沉思录[M]. 成都:四川大学出版社,1996:168.
② Макеева Ф. Х. Становление и развитие дунганской советской литературы. фрунзс. Кыргызстан,1984,С.9,31.
③ 庄桂成. 别、车、杜与中国20世纪文论[J]. 探索与争鸣,2011(2):136.

论的重要资源，对俄语东干文学批评风格的审美意识和现实主义方法产生了重要影响。别、车、杜在苏联文学批评史上具有崇高地位，获得很高评价。马克思赞赏车尔尼雪夫斯基是"俄国的伟大学者和批评家"；恩格斯认为"车尔尼雪夫斯基和杜勃罗留波夫"是俄国"两个社会主义的莱辛"；列宁称颂别林斯基为"俄国解放运动中平民知识分子取代贵族的先驱"。另外，日丹诺夫、高尔基等曾主管过苏联意识形态的文艺理论家也对别、车、杜给予很高评价。既然别、车、杜在苏联的地位如此之高，那么也就不难理解他们的文学批评风格对俄语东干文学批评风格的深刻影响。事实上，俄语东干文学批评的代表人物Ф.玛凯耶娃正是引用别林斯基的名言"只有雕塑家把普通的石头才能变成精美的艺术品"[①]来评价东干作家如何采撷生活之花来酿造艺术之蜜的独特审美眼光的。

从西方现代主义文艺理论影响的角度来看，俄语东干文学批评风格与俄国形式主义批评以及法国结构主义批评有密切联系。这种联系和渊源在И.十四儿的《中亚回族口头民间传统》中有集中体现。И.十四儿身兼东干作家与文学批评家的双重身份。作为作家，И.十四儿是具有现代主义倾向的诗人，他的诗歌关注、思考的是现代人的心理感受。他由飞逝的时光，联想到生命的短促，揭示世界或光明或阴暗的真相，流露出忧伤的情绪。作为文学批评家，他的俄语东干文学批评风格迎合了1991年之后俄语文学批评的话语声音和批评风格，换言之，明显受到了西方现代主义文学批评的影响。这既由他的文学批评个性使然，又是"口头民间传统"题材的特殊性所决定的。И.十四儿依据东干口头民间传统人物行为功能所进行的分类，以及所设置的四个连续阶段的框架分析，可以看作是从东干文学的情节结构上对"功能"理论和结构主义的一次有益尝试和成功实践。

---

① Макеева Ф. Х. Становление и развитие дунганской советской литературы. фрунзе.: ыргызстан，1984，С.9、10.

综观之,从 Ф.玛凯耶娃到 И.十四儿的俄语东干文学批评风格的转向,以及两位批评家各自的话语书写特点,呈现的是后苏联时代东干文学批评风格在重大转型过程中的选择轨迹并尝试独立言说的生动写照。

# 现实主义文学精神的民族表达①

## ——论石舒清

王兴文②

**摘　要**:从石舒清的写作历程可以看出,他的小说创作经历了最初的对底层群体生存的关注,到对市场经济模式下社会生活的关注;从对现实生活中的悲剧性生存的书写,到民族文化自觉、人的精神救赎的书写。石舒清的小说创作不但是民族的,而且是现实主义的。他的小说是现实主义文学精神的民族表达的样本。石舒清对城镇化时期底层民众生活的关注以及他对疗救当代社会人文精神危机的途径的探索,都具有重要意义。

**关键词**:石舒清　小说　现实　精神

提起石舒清的小说创作,民族性、地域性是一般研究者笔下出现频率最高的词语。从独特的民族文化经验与西海固贫瘠的地理环境入手,阐释石舒清小说中的家园意识、文化自觉以及身份认同,更是常见的研究路径。这种类

① 项目基金:宁夏回族自治区"十三五"重点学科中国语言文学(宁夏大学、宁夏师范学院)建设成果。
② 王兴文(1972— ),男,甘肃靖远人,文学博士,宁夏师范学院文学院副教授,主要从事文艺理论和中国现当代文学研究。

似于民族志、地方志的研究模式无疑有其合理性,但是过度强调作家创作的民族性、地域性往往会妨碍作为人学的文学所必备的对人生样式与生命意义的追问等形而上问题的关注,忽略作为文学样式的小说对于现实社会之中各种权力关系的镜像表达及其为人生、为社会的作用,忽略小说对于当代社会文明价值重建所具有的强大功能。尽管有研究者从这方面探讨石舒清小说对死亡及其意义的探讨,但一般仅局限于《清水里的刀子》等不多的几篇小说;对石舒清小说精神向度的论述,也仅限于其后期小说的主题。这种标签式的研究模式自然与批评者理论先行的思维模式有关,更多的原因可能在于以偏概全,因而"东向而望,不见西墙"。

要全面评价石舒清小说创作的当代价值与意义,就必须立足于其迄今发表的所有小说文本,在细读的基础上甄别不同时期小说的特点,厘清其小说的精神向度和艺术追求的嬗变轨迹,从而在当代文学史的框架中正确评价石舒清小说创作的意义。从这一立场出发,本文按照不同时期小说的主题与关注方向,把石舒清的小说创作大致划分为三个阶段,即 20 世纪 90 年代初期、90 年代中后期以及 21 世纪三个阶段,进而从石舒清小说创作关注焦点的变化中探寻作家的心路历程及其与时代精神之间的关系。当然,这样的三阶段划分略显生硬,事实上作家思想发展的过程有其前后相续的特点,即后一阶段的思想很有可能在很早的时候就已经萌芽,这里作如此划分是为了便于论述。

## 一、现实主义精神的民族表达

评论界对石舒清的关注大多集中在 20 世纪 90 年代末(尤其是《清水里的刀子》之后)的小说创作上,对其早期作品则较少论及(即便论及,也是多集中在一些充满温馨亲情等篇目的解读上)。个中原因,除了石舒清 90 年代末的作品主题与旨趣易于把握之外(已被研究者充分挖掘的主题如"死亡主题"

"清洁精神""民族自觉""大地歌者"等),恐怕还包含着研究者的惰性心理。事实上石舒清的早期作品,除了《童年纪事》《碎舅母的运气》《残片童年》《花开时节》《小青驴》等表达了对故土的深情之外,还有相当一部分作品是对西海固乡间日常生活中悲剧的书写,体现出强烈的现实主义精神。作家对社会生活中的种种生存状态的敏锐把握,小说写作技巧的精湛,小说所包含的让人心灵震颤的感染力,放在当代文坛短篇小说的坐标系中并不逊色。而且,不了解石舒清早期作品的思想与艺术,我们对其后期作品的把握也极易陷入标签式理论研究的泥淖。因此,本文拟从强烈的现实主义精神、深邃的悲剧意识以及非凡的洞察力和犀利的眼光三个方面,对石舒清早期小说中的强大现实主义精神进行探究(关于石舒清小说中的民族性已有诸多论文,此处不再论及)。

现实主义这一术语一度被追求现代小说技法的作家和评论家弃如敝屣,但他们忘记了一点,那就是如果远离作为现实的社会生活,乞灵于技巧的文学其实是非文学,因为"一切真正的艺术品都表现人在世界上存在的一种形式"①。对现实的关注不仅是文学本身的要求,而且也是作家社会责任感和使命感的表现。从这个意义上来讲,石舒清早期小说中弥漫的现实主义精神,不仅表现了"现实主义的真实性"——对现实社会关系的忠实书写,而且表现出了恩格斯所说的"真正艺术家的勇气"②。

早在 20 世纪 90 年代之初,石舒清就发表了一系列反映地处西海固边远山区的民间生存状况的小说,如《山村故事》《回回故事》以及《古拜》和《嘎涩儿》等。这些小说虽然还带着些许稚嫩,但是已经显示出要为普通民众生存状态画像的写作诉求。这些小说由于"几乎是无意识地透视出回族独有的灾难观和生死观"③,引起了文坛的关注。《山村故事》写"文化大革命"时期,一个普

---

① 罗杰·加洛蒂著. 吴岳添译. 论无边的现实主义[M]. 天津:百花文艺出版社,2008:171.

② 恩格斯. 致玛·哈克奈斯[M]. 中央编译局. 马克思恩格斯选集(第四卷)[C],北京:人民出版社,1972:461.

③ 石舒清. 流水记录[J]. 朔方,2002(1).

通的农民蛋头与代表着主流意识形态的村长之间的压迫与被压迫的故事。蛋头的精神追求以及他对生命中不能承受的打击的强力承受,表现出坚韧的品格。《回回故事》是几个小短篇《我不要你的钱·麻胡溜子》《一千元的乃玛子·老爸》《到后世里再还账·老哈什目》等连缀而成的,组成了对回族普通民众的系列画像。从这些小说可以看出,石舒清从一开始就把底层生存者的命运作为自己小说关注的聚焦点,着力书写他们的悲欢离合。不管是干旱等自然灾害,还是社会生活中的意外事件(如车祸等),石舒清都以独特的心理体验去挖掘其中近乎残酷的现实关系,如《古拜》是人与自然之间的斗争,虽然充满了神秘主义色彩,但更多的是对自然环境的恶劣的如实刻画。《嘎涩儿》是一个爱情悲剧,是深受封建迷信思想毒害的父母为了儿子却又害了儿子的悲剧——这是对处于传统与现代转型时期的社会现实的真实再现。《无常》写马力克的姐姐阿依舍回娘家为父母开斋,结果却在娘家意外去世。小说所揭示的残酷现实在于,对于这样一个清贫的家庭,连死亡都成为一件奢侈的事情。尽力安葬亡人与少花钱之间的矛盾,成为刺痛一家人神经的刀剑。与《无常》类似的是《银子的声音》,小说先写弟弟的夜游症给家里人带来了很大的恐惧,一位高人想到了让弟弟戴上银铃的方法。然而也正是由于患有夜游症,在流脑疫苗只能打给一个人的情况下,小说中的"我"被打上了疫苗,弟弟却感染流脑夭折了。显然,在这一时期的小说中,石舒清所要传达的是资源匮乏的残酷现实导致了生息于此的底层生存的悲剧。作家以冷静的叙述与直面历史与现实的勇气,使这些作品深深打上现实主义的烙印,为特定时代留下了清晰的影像,同时也提示读者关注偏远地区底层生存所面临的自然与社会的残酷性。

石舒清对特定时代与特定历史语境中的现实生活的关注,体现了强烈的现实主义精神。而对故土无法割舍的悲悯情怀,则使这些作品渗透着深邃的悲剧意识。石舒清早期小说中的悲剧故事既有性格悲剧,又不乏社会悲剧,而

在这些悲剧故事中,死亡都是中心意象,如《嘎涩儿》《无常》《银子的声音》《无常》《银子的声音》《暗杀》《防空》《牺牲》等,都是如此。作家之所以以死亡为中心意象,一方面是为了强调底层生存的艰辛,但更多的是通过死亡和痛苦以某种方式代表、体现和肯定某种理想、某种价值。换言之,石舒清"将人生的有价值的东西毁灭给人看"①,其实是为了肯定这种被毁灭的价值本身所具有的精神价值。

发表于《飞天》1997 年第 8 期的《牺牲》,应该是石舒清这一时期小说创作历程中的一个里程碑。这篇小说对于现实的残酷与个体尊严的异化表现形式的揭露,都令人触目惊心,可与哥伦比亚小说家加西亚·马尔克斯的《礼拜二午睡时刻》相媲美。小说以近乎纪实的笔墨,书写了一件发生在乡村的惨剧:"我们村"的二三十个孩子去邻村看电影,看完电影后偷吃了邻村地里的豆角。如果是正常时节,这些孩子的行为都可以原谅,问题是那年是一个旱年,"我们村"还饿死了两个人。在两个村子民众的对峙过程中,"我们村"为了掩盖孩子们偷豆角的事实,拒绝承认这一事件。然而被邻村抓住的舍巴却说出了真相,这就意味着舍巴"背叛"了"我们村",而"我们村"必须给邻村赔偿。在小说的结尾,舍巴的父亲柳进义为了挽回村里人的"尊严",发疯般地用石头砸舍巴,最后舍巴被活活砸死了。石舒清以不动声色的笔墨揭露了人性的残忍与麻木——在柳进义用石头砸舍巴的过程中,"我们村"竟然没有一个人劝阻,眼睁睁地看着柳进义砸死了自己的孩子。舍巴的死,与其说是死于他的父亲柳进义之手,不如说是死于众人之手。舍巴用他的生命挽回了"我们村"村民的"尊严"。小说《牺牲》中的悲剧性是双重的:一方面,童真无邪的舍巴揭露了事件真相,却被残忍砸死,这是个体生命求真的悲剧;另一方面,"我们村"村民的麻木与冷酷,又体现出集体人群对生命的漠视,这是群体意识中的

---

① 鲁迅. 坟·再论雷峰塔的倒掉[M]. 鲁迅全集(第 1 卷)[C],北京:人民文学出版社,2005:203.

人性恶的悲剧。如果细究，其实人们的麻木与冷酷又是特定自然、社会环境的产物，而且小说所叙述的这一事件在某种程度上也有象征意义，因此我们也可以说，《牺牲》在某种程度上也有对人类本身冷漠的揭露。如此，石舒清笔下的悲剧就不仅仅是"引发恐惧和怜悯"①，更多的是通过直击现实的笔墨刺痛读者的神经，让我们反思人的价值何在。

对现实生活中悲剧的关注，促使石舒清进一步去挖掘悲剧性事件背后所蕴含的残酷现实以及个体生命与集体生存之间的悖谬关系，从而将悲剧性与社会关系、个体生存以及尊严联系起来。这一点，表现了石舒清非凡的洞察力和犀利的眼光，正是这种对社会生活的超乎寻常的冷静观察和深刻思考，使石舒清能够超越对现实的"实录"与对悲剧的叙写，从而去挖掘除了物质资源匮乏之外，人的精神上的麻木、群体（或集体）对个体生命的漠视以及如影随形的乡村权力对底层生存悲剧的催化。

《暗杀》《防空》《铁色》都以深邃的目光关注群体生活场面中被漠视的个体生命价值。《暗杀》是一篇很有深意的小说。在情节方面，小说写的是牛儿妈因儿子牛儿不慎坠井而亡之后发疯的故事，但是伴随着对牛儿堕井的叙述，小说也以极大的篇幅描绘了那个年代的社会背景、经济条件以及风俗习惯。相对来说，小说中的民族性似乎淡了很多，但小说对人性中的美好与这美好的被毁灭的描述，让人们真切地感受到悲剧带给人的那种恐惧。在不动声色之中，作家还描写了吞噬牛儿的罪魁祸首——井的来历。井自然是打井人打的，但是没有打出水。打井的目的和价值都被乡村行政人员宣扬得甚嚣尘上，但是井的最重要的功能却没有表现出来。一个井不能带来甘甜的水，却吞噬人的生命，于是这种意象便具有了象征意味。《防空》讲述的是 20 世纪六七十年代生产队里的一次防空事件。但是在这次防空中，几乎每家每户都被盗了，

---

① 亚里士多德著. 陈中梅译注. 诗学[M]. 北京：商务印书馆，1996：82.

备受怀疑的地主李百发老汉在这之后就上吊自杀了。事实上，防空只是小说的环境，作家想要努力勾画的是在那个年代个体生存的极端艰难。石舒清的深刻在于，他不是"消极地反映或者图解一种在他之外、没有他也已经完全确定的现实"①，而是最大限度地表现了现实的复杂性，同时显示出其历史主动性和责任感，以引起广泛的注意，因此他的一些小说也体现出一定的现实批判性。

石舒清对现实生活中群体意识的盲目以及群体中集体麻木的批判在《牺牲》等小说中也有体现，但相对来说，《铁色》和《旱船》的主题更为突出。在《铁色》中，作家以一个儿童五斤的视角审视作为群体的村里人如何看待"枪毙犯人"，不但写出了这个场景中很多人趁机浑水摸鱼，而且写出了人们的无聊与麻木。作为一个仪式，"枪毙犯人"这个活动本身究竟如何，作家反倒没有写，只是通过五斤的感受，写出了群体的无意识。对群体无意识的观察与思考，应该是石舒清借鉴、继承鲁迅批判"看客"式的常人（或者他人）的结果。按照德国哲学家海德格尔的说法，所谓常人，"不是任何确定的人"②，而是一种生存状态。常人以其"看客"式的表演，构建繁复平庸的日常生活。同样的主题亦表现在《旱船》中，小说描写了颇具仪式性质的丧葬活动中的"看"与"被看"的表演行为。小说题目为"旱船"，是北方农村地区春节社火中的一种表演形式。一般是年轻漂亮的女子穿上华丽的戏服，打扮成划船的姑娘，用双手和肩部兜起用树枝和华丽的彩纸扎起的"船"，在社火队伍里表演划船的情景。但是小说《旱船》并不是写社火表演的，而是写葬礼仪式的。葬礼仪式的程序化与人性之间的悖谬，使人的正常情感表达变成一种伴随看客注目的程序化哭泣表演，与其说作者以自责的语言表达自己，不如说小说同时表达了表演这种行为的强迫性与仪式性。

---

① 罗杰·加洛蒂著. 吴岳添译. 论无边的现实主义[M]. 天津：百花文艺出版社，2008:172.
② 马丁·海德格尔著. 陈嘉映，王庆节译. 存在与时间 [M]. 北京：生活·读书·新知三联书店，2006:147.

从整体来看,石舒清这一时期的小说具有鲜明的现实主义特点。作家以远观的方式,不动声色地描写偏远山区的乡村日常生活。但是,作为读者,我们分明能感受到作家那颗悲悯的心。正是由于作家看似冷漠书写之下的热情,使石舒清去思考日常生活表象之下的社会问题;也正是早期对底层群体生存悲剧的原生态书写,使石舒清后来对市场经济模式下的社会病症的关注、对人的精神救赎的思考以及在新世纪对于当代社会价值重建的探索成为可能。因此,我们可以说,石舒清早期的小说创作不但具有强烈的现实主义精神,而且正是这种直面现实的勇气,使他能够"再现典型环境中的典型人物"①,同时探索可以渡过当代社会人文精神危机的途径,而不是相反(如贺绍俊在《宁夏文学的意义》所说的宁夏作家在对"伦理道德、信仰、理想、人与自然之间的生态关系、人与人之间的情感交流"的书写中,努力"表达出建立在前现代社会基础上的人类积累的精神价值"②)。

## 二、传统与现代转型过程中的忧思

如果说石舒清早期的小说创作聚焦于 20 世纪六七十年代的西海固社会生活,侧重于偏远乡村日常生活史的书写的话,90 年代中期以后,石舒清开始更多地关注时代浪潮冲击下的乡村社会政治、经济、文化,尤其是人们的思维模式、价值观念的变化。换言之,石舒清在这一时期触摸到了"当代"社会的时代脉搏,并深深感受到了这个时代的躁动及其在价值追求上的明显变化。以往解读对"民族表达""地域文化"特色的阐释显然抓住了石舒清小说中一以贯之的文化表征,但是如果缺失了社会转型时期的大背景以及石舒清与同时代作家共同面对时代浪潮的共同心理体验,我们就极易把石舒清小说的社

---

① 恩格斯. 致玛·哈克奈斯[M]. 中央编译局. 马克思恩格斯选集(第四卷)[C],北京:人民出版社,1972:462.
② 贺绍俊. 宁夏文学的意义[J]. 黄河文学,2006(5).

会价值抽空。在某种程度上，石舒清对城镇化时代社会状况的实录，也是其现实主义精神的延续，正是这种无边的现实主义精神，使石舒清能够贴近时代脉搏，为时代把脉。

当然，对于时代状况的书写，表现在石舒清的小说中也并非有具体可见的时间段，为了便于论述，本文把题材、内容及主旨接近，且大致都是反映城镇化时代或者表现出传统向现代转型时期的迷茫、困惑的一类小说放在一起讨论。这些小说包括《赶山——三岔河人物系列十二》《暴雨》《正晌午》《老戏》《街头》《杨德宗》《斯文》《超越》《旗杆》《修坟手记》《招魂》《贺禧》《选举》《搭皮》《群众演员》《采风》等。

虽然一般的论著都把 20 世纪 90 年代作为中国社会发生巨大变化的转折点，但是市场化经济模式、城镇化的发展以及资源配置方式的转换，其实在 80 年代已经以各种方式出现在社会生活中了。地处西北一隅的西海固自然与东部发达地区不能同日而语，但是在 80 年代也出现了类似的萌芽，而石舒清则敏锐地捕捉到了这一点。如《赶山——三岔河人物系列十二》《暴雨》《正晌午》《老戏》《街头》《大鱼》等小说就捕捉到了这一时期社会变迁的表征。《赶山》记录了十月初四到十月十一共八天的时间里，村子里的九个人在山里捡发菜的故事。小说情节跌宕起伏，叙述节奏也把握得很好，尤其对人物的心理刻画很见功力，是石舒清小说中很有吸引力的一篇。小说表现了回族的民俗民风以及人性与社会经济制度之间的博弈。《暴雨》对乡土田园风光进行了描绘，但是也加入了对资本侵袭过程形象的隐喻性书写。小说中碎姐的辫子、货郎、豆豆糖，甚至不平等的交换过程本身都极具象征意味，这种象征意味直指商业主义中的欺骗本质——事实上很多所谓的商业开发都是打着改变乡村落后面貌的旗号掠夺土地。《正晌午》集中表现的是人的欲望的膨胀。在城镇化快速发展的时期发表这样的小说很难说没有隐喻意味。《老戏》则笔涉乡村文化生活的变迁，作为老戏的秦腔逐渐衰落，就连县上的秦剧团也受到影响，要变

成一个流行乐队了。乡上礼堂墙上的旧时代口号和标语依然存在,与《街头》中所描写的街面墙上的标语口号一样,隐喻旧时代。当然小说的目的还是在于书写乡村青年向社会的中上阶层攀爬的艰辛,小说中的李彩霞见证了金凤子的艰辛。《大鱼》主要写一片湖泊被商业行为反复重塑的历史。这其实是作家立足城市生活而对城镇化的另一番审视,虽然表达含蓄,但我们都能从中体会到作家深深的忧思:城镇化到底给我们带来了什么?这些小说的价值与意义在于为特定时代留下了影像,同时也抓住了一个巨大的变革时代即将到来的种种迹象:在城镇化潮水的冲击下,人与人之间以血缘、地缘结成的稳固关系已经开始松动。

石舒清曾经担任过中小学教师,这些经历让他对城镇化时代中小学教师的生存状况有更多直接经验,于是写出了《杨德宗》《斯文》《超越》《旗杆》《修坟手记》等。《杨德宗》以略带戏谑的笔墨描绘了一个有文采、好色、吝啬的老师形象。《斯文》则讲述了廉老师和洪老师打架。《超越》进一步写王习禅老师试图超越日常生活和社会生活的种种。三篇小说看似刻画教师队伍的群体画像,但实质上同时触及一个很重要的问题,就是在城镇化快速发展的时期,教师地位的低下以及他们人格尊严受到侵犯。《旗杆》也写了学校事件,是石舒清曾经工作的某种记忆。但是这一次,小说在经济发展与文化发展之间找到了某种隐秘的联系。黑套小学的铁制旗杆被人偷了,根本原因是铁涨价了,有人偷旗杆卖铁赚钱。但是,小学校长徐寿成并没有诉诸法律,这体现出乡村伦理与秩序的复杂性。在城市经济迅猛发展,乡村经济远远落后的情况下,乡土秩序与人的思想都尚未开始现代化转变,乡村经济畸形发展。小说虽然没有展开对这一事件所折射的时代潮流进行书写,但是正是这些蛛丝马迹,使我们深思城镇化与现代化进程中的二元对立与二律背反。

在乡村教师题材的小说中,《修坟手记》最具代表性。《修坟手记》中的教师面对金钱的诱惑所表现出的无能为力,揭示出市场化大背景下个体的摇摆

不定。

> 柳金武的摩托一直骑到教室门口，他与我说话时摩托并没有熄。那是一种很值钱的摩托吧。轱辘很宽。声音不大，如一只孤单的蜜蜂在遥远处飞。后来他还是熄了火。他戴着头盔，使他显得很有威仪。在他面前，我忽然感到自己像一棵衰草，我极力地自尊着，但总是觉得自己缺少一种很重要的什么，我一时感到自己的穿着很不雅观。我两手的粉笔灰。我看到柳金武的手有力而稳健地握在摩托的手柄上，我就感到我的手像已被某种文明淘汰了的农具。①

作家把柳金武摩托的"值钱"、打扮的"威仪"与身为教师的"我"的"缺少什么"和衣着的"不雅观"进行对比，把代表着现代化的摩托和"被某种文明淘汰了的农具"进行对比，从而突出了城镇化背景下人们面对资本及其符号时心理上的微妙变化。当然，小说中的修坟事件仅仅是一个导火线(柳金武错修了"我"家的坟，要求"我"赔偿)，问题的关键是，传统价值观念中的读书光宗耀祖恰恰被下海挣钱光宗耀祖解构了。虽然作为教师的"我"最终通过带领学生挖蕨菜卖钱，凑够了修坟的钱，但是带领学生给自己挖蕨菜卖钱这一事件本身又消解了"我"所努力维护的自尊。

在物质与精神之间徘徊，应该是这一时期的社会心理由传统向现代转变时的那种踟蹰不定的表征。对于初接触城镇化时代的西海固民众来说，在信仰、道德与金钱之间进行选择尤为艰难，因为一部分渴望并追求金钱的人已经获得了物质生活层面的回报。如在《招魂》中，柳述增一生仅仅将招魂作为维持生计的手段，而且毕生都生活在愧疚之中——因为招魂本身就是莫须有的。在柳述增看来，他只不过是用这种莫须有的仪式体面地获得了乡邻的救助。然而柳述增的儿子却把招魂当作一种致富的手段，问题是"一旦生活只关

---

① 石舒清. 修坟手记[J]. 朔方,1997(4).

注金钱,这种手段就变得没有用处和不能令人满意",因为"金钱只是通向最终价值的桥梁,而人是无法栖居在桥上的"①。《贺禧》显然也是对这种徘徊于传统与现代之间的踌躇的社会心理进行描摹的文本。小说以主人公李生万的视角审视普通民众面对暴富人群的复杂心理:一方面,李生万对暴发户牛蛋从道德上谴责;另一方面,李生万自身对物质的欲望以及贫富差距所造成的刺激的本能反应(嫉妒)使他又无法守住底线。小说的深刻之处在于揭露了现代化、城镇化所带来的一个重要结果,就是货币变成了衡量一切事物的尺度——"它就像神话中有魔力的钥匙,一个人只要得到了它,就能获得生活的所有快乐。"②事实上,小说中的牛蛋在得到了足够的金钱之后,的确拥有了改变一切的力量:他为村里办了几件好事,给村里盖了一所很漂亮的学校,用自己的汽车给村里人拉低价钱的煤炭,当然,惹人非议的是,牛蛋又娶了一个十七岁的女子做老婆。如果深究的话,小说中"牛蛋娶十七岁少女"这个细节,其实可以看作石舒清对金钱所带来的人性恶的膨胀的批判。也就是说,在石舒清看来,城镇化虽然带来了人们物质生活的变化,但是物质本身也是一把双刃剑,人在物质极大丰富的环境中极易异化,从而使过去曾经被禁绝的某些观念沉渣泛起。

当然,伴随着市场经济的发展,城市作为经济增长的机器,不但吸纳了资本,而且也对年轻劳动力产生巨大的吸附能力。而当流失了足够的年轻劳动力之后,乡村逐渐走向凋敝,城市与乡村的隔膜就变成时代的恶性病症。《选举》涉及政治漩涡中的乡村生态,对乡村权力、经济力量与政治权力之间的角力进行了批判,当然作家也冷静地看到了群体的盲目性和非理性。小说中的村长巴掌脸,远在新疆的李志龙以及村里的刘有财、李志生,这几个形象都很分明。四个人政变的失败,其实在很大程度上是被权力本身的腐蚀性所腐蚀。

① 西美尔著. 顾仁明译. 金钱、性别、现代生活风格[M]. 上海:学林出版社,2000:10.
② 西美尔著. 顾仁明译. 金钱、性别、现代生活风格[M]. 上海:学林出版社,2000:12.

刘有财表面上看是为村民争权利，但是他为了当上村长，又与巴掌脸相互妥协，最终巴掌脸告状，刘有财被警察带走了。相比之下，《搭皮》则真实地再现了乡村权力凌驾于民众福祉之上的现实。小说中的麻旦是村里的特困户，村长柳子良带领上面的领导到他家视察，但是柳子良却没有把救济粮发给他们，而是转手卖给了他的弟弟柳子富。作者通过对麻旦在柳子富家门前犹豫不决的心理描写，表现了穷人的自卑心理，也表现了权力在乡村的滥用。同样的主题也表现在《群众演员》中。某城市一家文艺团体送戏下乡，在与乡村百姓的交往中，艺术家们发现了乡村的很多问题，但是最终他们面对现实也无能为力。小说中的导演本来也是要给群众演员劳务费的，但这些钱却被村长贪污了。小说从一个群众演员的角度观察乡村权力的行使，但与《选举》相比，《群众演员》多了一份讽刺意味：主人公王守家由于憋了一泡尿，在撒尿的过程中发现有霜冻，便收割了自家的荞麦；而其他"群众演员们"不但没有捞到辛苦费，而且损失了本该及时收割的庄稼。

在批判权力主宰乡村社会生活的同时，石舒清也冷静地看清了国家政策在乡村的扭曲与变形，如《恩典》《采风》。《恩典》延续了《搭皮》《群众演员》批判社会权力的视角，以一个农民马八斤的视角审视王厅长与他家结成帮扶关系这件事。虽然生活贫困但是精神自由的马八斤在被帮扶之后，忽然失去了尊严，失去了自由，甚至失去了生活的意义与价值。小说在一种悖论中探讨所谓的扶贫的本质，具有强烈的讽刺意味，同时也启示人们反思，多年来的扶贫工作也许对农民并没有多少实质性的帮助，甚至反而打击了农民的积极性。《采风》和《恩典》一样，属于讽刺类型的小说。小说写一家杂志的社长彭社长在"我"和县文管所所长、县地震局局长的陪同下到海原采访大地震的事情，但是外来的城里人对乡村的高谈阔论并没有多少实质性的作用。

总体而言，石舒清这一时期的小说聚焦于时代巨轮之下的乡村日常生

活,以近乎新闻写作的方式记录了西海固人民在传统与现代之间踌躇不定的身影。在某种程度上,我们甚至能把石舒清的这些小说看作是特定的历史记忆,而如果把这些短篇小说连缀起来,则无疑可以看作是城镇化初期的西海固变迁史。

### 三、对精神疾病及其救赎可能性的思考

讨论石舒清的小说创作,《清水里的刀子》是无论如何也绕不过去的一部作品。这部作品以其独特的艺术魅力与形而上的思想追求获得了普遍的赞誉,也为石舒清赢得了短篇小说的最高奖项——鲁迅文学奖。从内容来看,小说通过对马子善老人在婆姨无常之后对死亡进行思考的心理描写,完成自己对生命价值与意义的思考。主人公马子善面对死亡的坦荡、平静,清楚地再现了石舒清对生命形而上的思考。这一思考不仅是民族学意义上的,而且是人类学意义上的。作家的思考方式是反向的,即通过马子善老人对生死的思考表达生死的价值与意义。本文感兴趣的不是这篇小说在思想和艺术上达到的高度等问题,而是这篇小说在石舒清的小说创作中的地位。从石舒清已创作、发表的全部作品的角度来衡量,我们认为,这篇小说是石舒清小说创作转变的关键点,也是他的小说创作主体转变的分水岭。因为从这部作品开始,石舒清思想中潜隐的、碎片化的以及朦胧的现实关怀变得明确而清晰了,这就是通过文学创作,表达作家对精神救赎与疗救社会病症的思考。

如果按照这种思路观照石舒清 20 世纪 90 年代末到 21 世纪以来的小说,我们发现有两类主题较为突出:一类是关于疾病的小说,另一类是关于宗教的小说。这两类小说的内在逻辑在于,生命个体的病症(并非身体疾病)需要精神救赎,社会的病症则需要疗救。

关于疾病,桑塔格说过:"任何一种病因不明、医治无效的重疾,都充斥着

意义。"①《风过林》和《暗处的力量》中"我"的疾病恰好具备这样的特征。在《风过林》中，作者用了很多笔墨写"我"得病之后的种种情感表现，到底得的是什么病，小说则语焉不详。《暗处的力量》写自从爷爷遭车祸之后，"我"便得上了一种怪病，这种怪病使"我"变得敏感而又胆怯，精神疲倦。邻居家的女人要嫁给别人，但她的儿子因杀死了她的未婚夫而被枪决，这些意外的事情都刺激着"我"。两篇小说中疾病的共同点是病因"很怪"，而且"很难治愈"。从表达效果来看，疾病在两篇小说中都充当了贯穿全文的线索，因此具有多重意义。首先，从文本层面来说，作家通过这样一种近乎狂人病态生活的记录文字，企图表现暗藏于生活之下的死亡的不可抗拒以及死亡本身令人恐惧的一面，这一点也成为不少论者理解石舒清死亡叙事的钥匙。其次，从隐喻角度来说，疾病在文学史上是一个具有惯性的意象，它往往作为民族国家社会病症的隐喻。从这个角度来讲，石舒清显然是沿用了文学史上惯常的疾病意象，用以隐喻城镇化时代的社会病症。在某种程度上，我们似乎可以把石舒清对疾病的书写理解为对发展市场经济所带来的人们精神上的疾病的书写，而小说中的"我"在坟院的思索可理解为对疗救之道的探寻。事实上，早在20世纪90年代中期，石舒清就在《文学自由谈》上发表了《必然的骂——读〈后新时期的人间喜剧〉后》，表达自己对于城镇化所带来的种种病症的忧思以及疗救社会病症的企图：

> 然而平心说，目下是一个令人忧焚的时代，许多美好的传统被我们弃绝了，许多丑陋的东西又普遍在四处。人的精神领域一派混乱。许多人的精神世界成了荒漠，杂草丛生。在这个时候，我们极其需要一些关注精神、营建精神、使精神家园萌生新绿的人的出现。②

那么沉沦于日常生活的人如何才能获得救赎呢？石舒清给出的答案是宗

---

① 苏珊·桑塔格著. 程巍译. 疾病的隐喻[M]. 上海：上海译文出版社，2003：53.
② 石舒清. 必然的骂——读《后新时期的人间喜剧》后[J]. 文学自由谈，1995(3).

教，这一点恰与马修·阿诺德的观点暗中契合："宗教的主旨是克服人身上种种显而易见的动物性的缺陷，使人性达到道德的完善。"①比如在《疙瘩山》中，患病的主体不再是"我"，而是小说中的一个修行者"小姚"，所患的疾病也不再是神秘的没有名称，而是清楚地写了出来——风湿性心脏病。这种"清晰化"意味着石舒清已经找到了个体救赎的途径，表现在小说中就是小姚因缘到兰州出家，且由于病痛的原因，对于精神健全的追求反而更加强烈的情节设置。相比之下，《愣坎》则更为显豁地表达出宗教的力量。从小说中不难看出，在石舒清看来，在身体和精神都处于疾病之中的人来说，如何跨过心理障碍，需要宗教的力量，当然更需要自身的力量，最终要靠自身的提升，靠着自身的卓越的精神力量超越这个"愣坎"。小说以富有诗意的象征表达了对这种力量的肯定：

> 狂澜深藏，就不能忘怀，觉得实在是爷爷的写照。当然他能在一种内在的不为人知的电闪雷鸣和暴风骤雨中不致散裂为碎片，终究还是仰仗了他所虔信的教门的力量，他一定觉得自己无论如何的狂躁不安，总归是海中的一个波浪，而那个他所寄身的大海，总有着不可测度的深静之力的。只有历经过精神炼狱的人，才会深切地觉到，即使一介布衣平民，若能控制自己野马狂奔、毒液肆溢的精神，其力量绝不弱小于一个控制着万里疆土的帝王的的。②

应该说，借助宗教的力量获得内心的宁静，不但可以治愈精神迷失的病症，而且也能够获得对于个体生命的价值与意义的重新认识与理解。在2000年前后发表的小说中，我们发现石舒清的笔下多了一份宁静，这种宁静与他早期小说中怀念故乡亲人的那种温馨的宁静不同。早期小说中的宁静是亲情维系中的安宁，而这一时期的宁静则是超越了日常生活之后，对生命的价值

---

① 马修·阿诺德著. 韩敏中译. 文化与无政府状态[M].北京：生活·读书·新知三联书店,2012:18.
② 石舒清. 愣坎[J]. 天涯,2004(1).

与意义重新发现之后的宁静。

石舒清对市场经济主导下的社会现实的思考、对个体生命精神迷失的思考以及他对个体生命精神病症救赎可能性的思考，都具有重要价值与意义。尤其是他对个体生命超越日常生活而获得自由的形而上的思考，无疑走在了很多作家的前面。但是，这种形而上的探索也有其副作用——思想大于艺术，具体表现就是对小说本身的生动性及其"魔法效果"①的侵蚀。论者大多钟情于石舒清这一时期的小说创作，从某种意义上来说，也许就是因为这些思想大于艺术的小说易于提炼出观点，也易于被贴上某种标签。

总之，在这一时期，石舒清创作出了代表他小说最高成就的《清水里的刀子》，并且在思想上达到了一个飞跃，即超越了此前对社会生活的如实记录与誊写，进而对生命有了独到领悟。需要指出的是，由于对社会生活具有形而上的俯视眼光，石舒清的小说在思想高度上达到了一流小说的水准，然而这种对生活的深刻领悟带来的负面影响是，石舒清21世纪以后的小说有雷同化的倾向。这也许是石舒清始料不及的。因为无论如何，作为艺术的每一篇小说总是黑格尔所说的独特的"这一个"②。另外，石舒清触及到了社会文明价值的重建问题，但是由于种种原因，未能从整个社会的角度出发，深入探索社会文明价值重建的可能性。

## 四、结语

从石舒清的写作历程可以看出，他的小说创作经历了最初的对底层群体生存的关注，到对市场经济模式下社会生活的关注；从对现实生活中的悲剧性生存的书写，到民族文化自觉，到对人的精神救赎的书写。石舒清的小说创

---

① 米勒的原话是"一部文学作品就是一个能开启新世界的咒语、戏法"。希里斯·米勒著. 秦立彦译. 文学死了吗[M]. 桂林：广西师范大学出版社，2007:33.
② 黑格尔. 精神现象学（上卷）[M]. 北京，商务印书馆，1987:73.

作不但是民族的,而且是现实主义的。这种现实主义提示我们,在市场经济模式下,在城市飞速发展的同时,偏远乡村的底层生活十分艰辛。石舒清找到了一种他自认的可以渡过当代社会人文精神危机的途径——宗教。但是这也表现出石舒清的局限性,因为宗教力量是微弱的,要疗救城镇化所带来的社会病症,需要整个国家自上而下地对当代社会进行反思。

# 续接与突破:20 世纪 90 年代的固原文学

倪万军[①]

**摘　要**:本文以 20 世纪 90 年代的中国文学为背景,以《六盘山》杂志为主要参照,详细考察固原文学的发展与流变,包括文学发展中的重要问题,如固原文学观念的更新、"西海固文学"现象等,较为清晰地勾勒了这十年固原在小说、诗歌、散文和文学评论等领域的创作情况,并提出当时固原文学发展中存在和亟待解决的问题。

**关键词**:20 世纪 90 年代　固原文学　研究

## 一、背景与简况

1992 年 1 月 18 日至 2 月 21 日,邓小平视察武汉、深圳、珠海、上海等地,发表著名的"南方讲话",提出计划多一点还是市场多一点不是社会主义与资本主义的本质区别。计划经济不等于社会主义,资本主义也有计划;市场经济不等于资本主义,社会主义也有市场。计划和市场都是经济手段。社会主义的本质,是解放生产力,发展生产力,消灭剥削,消除两极分化,最终达到共同富裕。社会主义要获得与资本主义相比较的优势,就必须大胆吸收和借鉴人类

---

① 倪万军(1976—　),男,宁夏固原人,文学硕士,宁夏师范学院文学院副教授,主要研究方向为中国现当代文学、宁夏地域文化与文学。

社会创造的一切文明成果,吸收和借鉴当今世界各国包括资本主义发达国家的一切反映现代社会化生产规律的先进经营方式、管理方法。由此,中国社会逐渐以市场经济取代计划经济,迈进一个前所未有的时代。在这种背景下,文学体制的改革也作为一项文化政策被直接提了出来,一大部分作家、文学刊物、出版社不再依靠国家资助,直接进入市场。这一方面为文学的发展提供了机遇,另一方面也带来了极大的挑战。尤其是发达地区的文学发展面临着市场经济的巨大挑战,作家收入相对较低,这一职业(或者身份)开始边缘化,因此很多作家尝试转行或者下海,或者参与到"亚文学"的写作中去,以此实现市场经济背景下的转型发展①。

由此开始的整个 20 世纪 90 年代,由于市场经济的逐渐发展,文化与政治的关系变得相对疏离,多元化和个人化成为可能,形成了"主流文化""知识分子文化""大众文化"相互交叉、相互渗透的局面。而在偏远的宁夏固原,由于种种主客观因素的影响,这种国家格局的惊雷并没有产生太大的回响,尤其是对文学与政治意识形态的疏离,对所谓"现代""后现代"的想象,对"大众文化"的接受和反思,对"精英文化"的认识和理解,对鲁迅、王国维、陈寅恪、顾准等精神怀抱的重返等,固原文学并没有一个积极的回应。那种源自于 20 世纪 40 年代《讲话》影响之下"放弃自我"的老实的"现实主义"传统依然是固原文学的主要风格,至少大多数写作者的观念、手法、技巧等依然比较保守和陈旧,写作者普遍缺乏主体意识,缺乏对时代脉搏的敏锐感知。但是这并没有影响写作者的热忱和锐意进取的勇气,因此在 90 年代,固原文学的发展单从作家队伍的壮大、发表作品的数量来看已渐成繁荣之势,并且有一部分作家逐渐开阔眼界,突破地域的局限,在全国文坛崭露头角,并取得不菲的成绩。

从固原文学发展的自身规律来看, 这一阶段为 1992 年至 2000 年(2001

---

① 洪子诚. 中国当代文学史[M]. 北京:北京大学出版社,1999:384.

年固原地区第四次文代会的召开，恰好可以作为固原地区新世纪文学开始的标志）。这近十年的时间可以看作是固原文学发展的第二个阶段或者第二个十年。在这近十年时间里，固原文学的发展取得了很大的突破，一大批出生于 20 世纪六七十年代的作家活跃起来，并逐渐成为推动固原文学发展的主力军。这一时期文学创作取得了全面丰收，在小说创作方面主要有石舒清、郭文斌、火会亮、马存贤、古原、拜学英、李方、了一容、穹宇、李银泮、牛川等，在诗歌创作方面主要有虎西山、戴凌云、王怀凌、单永珍、杨建虎、冯雄、梦也、泾河、周彦虎、郭静、胡琴、唐晴、张嵩、安奇、方石等，在散文创作方面主要有李成福、张光全、火仲舫、薛正昌、朱世忠、左侧统、韩聆等，在文学批评创作方面主要有张光全、钟正平、张铎、单永珍等，其中有些作家各种文体均有涉猎。

这一时期的固原文学以 1995 年《六盘山》杂志公开发行十周年（《六盘山》杂志 1982 年创刊，1985 年公开发行）、固原地区第三次文代会召开为界，分为前后两个阶段：第一阶段为 1992 年至 1995 年，共四年时间。这四年可以看作是一个自觉、反思、磨炼和准备的过程。第二阶段为 1996 年"西海固文学"的提出至 2000 年，共五年时间。这时期"西海固文学"逐渐成为一面耀眼的旗帜，在宁夏南部的天空猎猎作响。

## 二、文学观念的发展与更新

1992 年 1 月 21 日，固原地区召开庆祝文联成立十周年暨第二次文学艺术作品颁奖大会，时任固原地委副书记刘金声在颁奖大会上提出，要坚持用辩证的观点看待固原地区文艺战线的形势；要确立马克思主义、毛泽东思想对文艺的指导地位；坚持文艺为人民服务，为社会主义服务的方向；坚持弘扬中华民族的优秀文化；坚持双百方针，坚持联系群众深入生活。刘金声在这几条意见中指出：

（固原，作者注）文艺界开展的坚持四项基本原则，反对资产阶级自由化的教育和斗争，已经取得了明显的成效，马列主义、毛泽东思想占领的文艺舆论阵地不断扩大，文艺界的团结也在向好的方面发展，一批新生力量正在成长……重新学习马克思主义、毛泽东思想应该成为文艺工作者的一个十分迫切的任务……一些人片面鼓吹什么"纯粹文学""精英文艺"，大量搬用宣传西方资产阶级的文艺思潮，导致文艺偏离生活和时代，脱离人民与政治，不积极反映"四化"建设，尤其是忽视文艺对培养社会主义"四有"新人所担负的历史任务，严重地阻碍了文艺事业的健康发展。①

这种指导性意见非常符合 20 世纪 40 年代以来的文艺传统和 90 年代初期的国家舆论环境。作为文艺创作的指导思想，这种意见几乎成为一种政策性明确但在具体思路和方法方面却又比较笼统的一以贯之的固定模式，所以对文学创作的干预力量已经不太明显，更多的作家恐怕只是把它当作领导的例行讲话。

比如此后开始逐渐成长起来的以 20 世纪 60 年代出生的石舒清、火会亮、王怀凌、郭文斌、单永珍、李方等为代表的固原作家，他们的创作虽然局限于西北一隅，尤其是叙述方法略显落后，但作品中所闪亮的人性光辉却是那么动人。火会亮的小说《羞与人言的故事》（《六盘山》1992 年第 1 期）写了一个少年的朦胧初恋，那种甜蜜、失落与辛酸，尤其是失去时的阵痛、怅然与成长让人感同身受，篇幅虽短小却触动人心。虎西山在其诗歌《坐轿的新娘》（《星星》1997 年第 9 期）中写道："坐轿的新娘/走过了山冈/让泼出去的水/淌成了小河/坐轿的新娘/今后谁在你的河中洗手/谁一辈子/都能人模人样。"这种对出嫁女子的赞誉也正是对纯真美好的人性的礼赞。郭文斌的很多短篇

---

① 刘金声. 在庆祝固原地区文学艺术界联合会成立十周年暨固原地区第二次文学艺术作品颁奖大会上的讲话[J]. 六盘山，1992(1).

小说更多的是对人的精神困境的发掘和表现,短篇小说《没意思》(《六盘山》1995 年第 2 期)通过一种颇有先锋意味的实验形式对人生"没意思"咏叹,不仅从形式而且从内容都有一种主动自觉的探索意味,在当时固原作家的作品中比较引人注目。当然,除了上述作品之外,在小说创作中最值得注意的是石舒清的《清水里的刀子》(《人民文学》1998 年第 5 期)、火会亮的《挂匾》(《朔方》1994 年第 7 期)、李方的《陇上劫》(《朔方》1997 年第 1 期)、了一容的《沙沟行》(《飞天》1997 年第 2 期)、拜学英的《贩子》(《新疆回族文学》1998 年第 3 期)等。在散文领域,能够体现这十年较高水平的作品有郭文斌的散文集《空信封》(中国华侨出版社)、左侧统的《最后的兔子》(《新疆回族文学》1997 年)、梦也的《散文四篇》(《朔方》1997 年第 4 期)、张光全的《存心难报三春晖》(《黄河文学》1994 年第 3 期)等。在诗歌领域,具有代表性的作品主要有虎西山的《寸草悠悠》(《诗刊》1997 年第 12 期)、冯雄的《大荒 1995》(《朔方》1996 年第 8 期)、王怀凌的《西海固方志》(《六盘山》1996 年第 2 期)等。

以上作品,完全是对普通人性和生存境遇的有益探索,基本上代表着 20 世纪 90 年代固原文学所达到的高度, 也代表着固原作家的坚持探索和不懈努力。时隔不久,在纪念毛泽东《在延安文艺座谈会上的讲话》发表五十周年的座谈会上, 刘金声提出:"文艺工作者不但要敢于突破封建思想的牢笼,摆脱资产阶级的种种偏见和小资产阶级的狭隘意识, 更重要的是要敢于摆脱'左'的思想束缚,敢于从种种旧观念中解放出来,自觉按照文艺规律办事。"[①]这里所谓摆脱"左"的思想束缚、按照文艺规律办事的观念,似乎更加符合 20 世纪 90 年代文艺多元化发展的倾向, 更加符合其时固原文学发展的要求和趋势,也从政策上为固原文学能够取得如上成绩提供了宽松的创作环境。

1995 年,《六盘山》杂志公开发行十周年,第 1 期刊登了时任固原地委书

---

① 刘金声. 坚持毛泽东文艺思想繁荣我区文艺事业——纪念毛泽东《在延安文艺座谈会上的讲话》发表五十周年[J]. 六盘山,1992(3).

记芮存章、行署专员尤兆忠联合署名的文章《踏着时代的鼓点　奏响时代的主旋律》,固原地委委员、宣传部长刘俊德的《继往开来　繁荣创作》,范泰昌的《咬定青山不放松——回顾〈六盘山〉》,屈文焜的《昨天的故事》,慕岳的《让固原的文学氛围更浓一点——〈六盘山〉公开发行十周年随想》,王铎的《辛勤耕耘　任重道远——〈六盘山〉公开发行十周年致词》六篇纪念或回忆文章,刊登了董光远的回忆散文《山民的情思——兼贺〈六盘山〉公开发行十周年》、高琨的花儿《文坛里名秀者苗壮——祝贺〈六盘山〉公开发行十周年》。这些文章的发表首先对当时固原文学的发展提出了新的建议和要求。在芮存章和尤兆忠联合署名的文章中提出:

> 170 多万回汉人民所表现出来的喜怒哀乐,现实中出现的新事物、新情况、新问题,一定会极为丰富多彩,这就构成了西海固前进发展中既多彩又壮美的画卷。处身于这种现实之中的作家、艺术家、文艺爱好者和编辑工作者必须进一步开阔视野,更多更好地把自己的创作对准辛勤创业的回汉群众,对准迅速变化、多彩壮美的西海固大地,创作出广泛而深刻地反映现实生活的优秀作品。

这里对固原文学存在背景的理解较早地体现出了固原文学有别于其他地域文学的独殊性,即特殊的民族构成对文学创作题材产生的巨大影响。

1995 年 7 月 18 日至 19 日,固原地区文联第三次代表大会召开,共有 111 名代表参加了会议。会上,固原地委副书记何琮代表地委、行署致祝辞,地委委员、宣传部部长刘俊德在闭幕式上作了讲话。何琮的祝辞和刘俊德的讲话除了普遍地强调传统的文艺政策之外,对固原地区文学(文艺)界的组织建设提出了要求,希望他们能够团结一心,强化服务意识。这恐怕是固原文学在 20 世纪 90 年代能够取得突出、明显发展的一个非常重要的条件。从第三届文联委员、文学工作者协会理事人员的构成来看,既有德高望重、在文学创作中取得一定成绩的作家坐镇固原文学界,又有为固原文学创作带来清新之

风、才30岁出头却已经崭露头角的青年作家。

1998年10月19日，固原地区召开第三次文学艺术作品评奖表彰大会，对八年来在文艺创作中取得突出成绩的以石舒清等为代表的108名作者的98篇(首、件)作品给予了表彰奖励。时任固原地委副书记、总署专员马金虎在表彰会上作了即席讲话,他指出:

> 我们的文学艺术创作……就是要歌颂我们山里的人，歌颂我们山里的事。我们固原地区虽然经济基础薄弱，但干部群众精神面貌好，吃苦耐劳的精神好、脱贫致富的信心足、决心大，也涌现出了许多英雄模范人物,我们要用文学艺术的形式表现他们,为他们的精神鼓与呼。……固原人憨厚有余,精明不足,开拓精神不足。我看,我们的作家、艺术家队伍也有这个现象。我们的经济落后,工业落后,我们的地理位置不好,自然条件差,但我们的文学艺术并不比别人差,咱们现在不是已经形成了一个很有实力、很有影响的"西海固作家群"吗? 这很不容易,这是我们的骄傲,也是我们的财富,我们要看到这一点,正视这个优势,要发奋努力,扩大视野,克服自卑心理,树立自强意识,创作出大气之作。

马金虎的即席讲话准确地指出了当时固原文学发展的关键问题,也是此前固原作家在创作中所面临的重要问题。其一是如何把握文学创作与时代、与人的关系。任何一个地域文学在其发展过程中,首先都是在特殊的地域文化背景中对人的书写,即马金虎所说的写固原人、写固原事。当然作为固原作家,恐怕这也是一种必然选择(甚至是一种历史责任和使命)。其二是固原作家的精神面貌问题。马金虎认为固原作家缺乏自信心,这也是当时固原作家所面临的普遍问题。地处偏远且对当代中国文学的发展演变不熟悉,造成固原作家视野的局限性,部分作家的文学素养还有待进一步提高,因而无法跻身全国文坛。

### 三、"西海固文学"的滥觞

在 20 世纪 90 年代,"西海固文学"作为固原文学特定历史发展时期的名称,作为对宁夏南部地区文学现象的概括,得到了宁夏乃至全国文学界的关注,其影响之大、流传之广远远超过了人们的预期,而且在此后 20 年,"西海固文学"一直是人们指称固原文学的专有名词。

《六盘山》1997 年第 6 期刊登了南台的《致火会亮的一封信》。他在信中谈到当年《朔方》杂志的"固原作家作品特辑"和"海原作家作品特辑"时提出"西海固作家群"的说法,并且在谈到固原、海原、西吉的文学创作时多次提到"西海固"这个词语。这是当时宁夏作家首次提出"西海固作家群"的说法。"西海固作家群"主要是对当时固原地区行政管辖的固原县、海原县、西吉县、彭阳县、隆德县、泾源县等作家群体的一个集体命名,这成为后来正式提出"西海固文学"的一个前提。

1997 年 11 月,南台在一篇文章中说:"当他(王漫西,时任《六盘山》杂志编辑,作者注)和同是海原老乡的左侧统跟我联系,说要找我'聊一聊'的时候,我以为他们要'聊'文学,却不料他谈起了工作,提出想把《六盘山》的刊名改为《西海固文学》。"①从这篇文章和左侧统后来的文章推断,当时提出并讨论"西海固文学"的人已经为数不少。南台还在该文中提到,在 1997 年由《朔方》杂志负责召开的振兴宁夏文学讨论会上,很多来自固原地区的作家在讨论固原文学创作时,"他们在一分钟内惊人地统一了,喊出了'西海固文学'的口号"。当然,彼时关于"西海固文学"的说法只是口口相传,还没有见诸笔墨。

《六盘山》1997 年第 2 期编发了一期诗歌专号,分别以"西海固青年诗人11 家""西海固接力诗人"等为专题,发表了一大批固原地区诗人的作品。《六盘山》1997 年第 5 期封底的征稿启事中写道:"《六盘山》杂志以'西海固文学'

---

① 南台. 西海固的一支哀兵[J]. 六盘山,1998(1)。

为主体,并为其他文学流派提供园地,亦以培养文学新秀为己任。"这大概是"西海固文学"作为一个完整概念首次出现在媒体上。在此之前,只是在研究时会引入"西海固"这个词语。比如1996年第3期"固原地区青年作家小说专号"中,王铎在主编寄语中说:"回顾二十多年来本地区的小说创作,在现实主义大旗的指导下,众多探索者几乎从未间断地奋争着,力图在苍茫的黄土群山中踩出一条有着明确的西海固标识的理想之路,他们的追求和成就推进着固原地区文学创作的发展、积累、演化、成熟。"①王铎在这里所说的"西海固标识"正是后来"西海固文学"的主要特质。

1998年年初,"西海固文学"的大旗被高高扬起。《六盘山》1998年第1期封面上有三个鲜明的红色专题名称:"西海固作家群""西海固文学""西海固同题散文专号"。在本期马吉福撰写的主编寄语《关于文学的西海固与西海固的文学》中,首次确立了"西海固作家群"和"西海固文学"这两个相互关联的概念。马吉福说:"传统文化积淀深厚,民族文化色彩鲜明,地域文化背景浓厚,这是'西海固文学'的基调和基本特点。"②这个论断是科学的、理性的,尤其对于"西海固文学"地域文化背景的关注更是成为后来很多研究者讨论"西海固文学"的一个重要切入点。为了进一步高扬"西海固文学"的大旗,《六盘山》1998年第1期特意编辑了"西海固同题散文专号",刊登了27篇以"西海固"为题的散文。作者以当时西海固的青年作家为主,而有的人在当时已成为西海固文学的主力军,有的人在后来也迅速成长了起来。

1998年4月30日,固原地委宣传部、固原地区文联为了把"西海固文学"作为固原地区精神文明建设的重要组成部分,为了更好把握"西海固文学"这一命题,为了促进文学事业的进一步发展,专门召开了"西海固文学"研讨会。当时参会的主要人员有固原地委委员、宣传部部长李克强,宁夏回族自治区

---

① 王铎. 主编寄语[J]. 六盘山,1996(3).
② 马吉福. 关于文学的西海固与西海固文学[J]. 六盘山,1998(1).

文联党组书记、文联副主席、《朔方》主编杨继国,固原师专校长慕岳,固原行署副专员张玉翠,固原地区文联主席、《六盘山》主编马吉福,宁夏回族自治区党委宣传部文艺处处长马宇桢,《朔方》副主编肖川、冯剑华,陕西省延安市文联主席薛保平,《延安文学》副主编史小溪,银川市文联主席、《黄河文学》主编高耀山以及固原地区40多名作家、诗人。在这次研讨会上,李克强作了重要讲话,他在讲话中提出三个方面的问题:一是地方特色、时代特征,是"西海固文学"的两块基石;二是立足本地、面向全国,进一步提高"西海固文学"的知名度;三是着眼未来、培养新人,是"西海固文学"的希望之所在。[①]这三点进一步明确了"西海固文学"的基本特征,提出了"西海固文学"发展的基本思路。李克强在讲话中还指出要以这次研讨会为契机,把固原地区的文学创作推向一个更高的境界。马吉福分别从"西海固文学"的概念、形成、现状与发展四个方面对"西海固文学"进行了详细的阐释和定位。马吉福在讲话中指出:

> "西海固文学"在范围上可以从广义和狭义两方面理解。从广义上讲,是指反映西海固生活的文学和西海固文艺工作者所创作的文学作品。这个意义包含了非本土作者关于西海固的作品和本土作者及其作品。从狭义上讲,是指关于描写西海固生活的文学。这个意义排除了本土作者非西海固题材的作品。这一概念在时间上看,它的上限可以追溯到本世纪50年代,但它的形成主要在80年代以后,至今仍在继续……"西海固文学"在现阶段体现出来的主要特征是,其主流作品是以写实风格表现西海固生活的文学,也可以称作关于自然、历史和社会的"伤痕"文学,是一个"文学的西海固"的具象呈现,从中可以感受到浓厚的传统文化积淀、鲜明的

---

① 李克强. 面向未来　肩负起时代的使命[J]. 六盘山,1998(2、3合期).

民族文化色彩和凝重的地域文化背景。"①

马吉福的讲话严密谨慎地对"西海固文学"的特征、范畴作了阐释，确定了"西海固文学"的内涵，这成为后来研究者讨论"西海固文学"的一个基本依据。

在"西海固文学"研讨会的基础上，《六盘山》杂志编发了1998年2、3合期，封面上同样印有三个专题名称："西海固作家群""西海固文学""西海固文学论坛"。这一期主要刊发了李克强、马吉福在"西海固文学"研讨会上的讲话，同时还刊发了当时宁夏几位主要评论家关于西海固文学的评论文章，包括钟正平的《精神生命的礼赞和尊严意识的谕扬》，单永珍、张强的《1998：让自由和灵性的光芒照亮主体世界》，张铎的《试论上升的西海固文学》等。这些文章分别从不同的角度对当时"西海固文学"的创作状况作了细致深入的分析和研究。

《六盘山》1998年第4期依然旗帜鲜明地在封面上使用"西海固作家群""西海固文学""西海固文学论坛"三个专题名称。这期杂志除了刊发《北京〈大槐树丛书〉研讨会纪要——〈一朝县令〉一部描写中国70年代中期生存状态的现实主义力作》这篇重要文章之外，还刊发了左侧统的《西海固文学》。前面已经提到，左侧统在1997年就已经参与过关于"西海固文学"的口头讨论，所以在这篇文章中他进一步对"西海固文学"的意义提出了深刻的见地。在文章中他主要从三个方面分析了"西海固文学"的意义：其一，"西海固文学"是西海固作家或具有西海固生活感受的外地作家向人类传达出关于西海固的声音，它包含倾诉、呐喊以及呼唤；其二，"西海固文学"是勇敢地理直气壮地说出西海固人生存的真实和命运的文学；其三，"西海固文学"是庄严的具有伟大前途的文学。②左侧统的文章是对马吉福在"西海固文学"研讨会上的讲话

---

① 马吉福. 试论"西海固文学"的形成和发展[J]. 六盘山,1998(2、3合期).
② 左侧统. 西海固文学[J]. 六盘山,1998(4).

的补充和完善,深入阐释了"西海固文学"的精神内涵。

《六盘山》1998 年第 5、第 6 两期依然以"西海固文学"为主,在两期杂志封面上继续使用"西海固作家群""西海固文学""西海固文学论坛"等标题,每一期都刊发重要的"西海固文学"研究文章。1999 年除了第 6 期外(第 6 期刊发了郭文斌的长篇报告文学《第三种阳光》),每期封面上都特别标出"西海固文学双月刊"等字样。在这几期刊物上所发表的关于"西海固文学"的有影响的研究文章主要有火仲舫的《西海固文学是西海固人民智慧的结晶》,马金虎、郭干文、张武等在"固原地区第三届文学艺术作品评奖表彰大会"上的讲话,拜学英的《对西海固的关切》等。同时在 1999 年第 2 期上,以"西海固第四代实力作者作品小辑"为专题,刊发了了一容、杨建虎、穹宇等青年作家的作品。

从 1997 年到 1999 年,"西海固文学"作为一个概念,作为一个地区文学现象的名称,从酝酿到提出再到论证和传播,最终成为此后宁夏区内外读者、刊物、评论家在谈及固原文学时的独特指称。

### 四、小说创作的丰收

20 世纪 90 年代,"长篇小说热"成为当时中国小说创作的主要特点而引起格外关注,大多数有影响的作家都曾出版长篇小说,而且长篇小说的发展情况也是判断一个作家是否成熟或者一个地区文学发达程度的主要标准。在小说的题材方面,消费时代和都市化的日常生活、人的欲望及精神的颓废等在小说创作中以"个人写作"的名义得到张扬,对个体命运和历史的重新叙述体现出作家深刻的反思和沉重的忧虑。先锋小说和新写实小说等作为观念和潮流已慢慢淡出,但其作为写作的方法却成为常识融入到普遍的写作实践之中,作家的叙述能力进一步圆润成熟,技巧的痕迹渐渐隐没。

而此时的固原文学刚刚经历了 20 世纪 80 年代的启蒙与成长,尤其在小说的创作方面,还来不及承担全国小说创作赋予作家的使命。但毋庸置疑的

是，整个 90 年代的固原文学处在一个激情昂扬的时代，人们充满一种进化论式的乐观态度。钟正平在一篇文章中生动地记述了彼时的文学盛况。2000 年固原评定了"西海固小说诗歌双十星"，8 月 30 日在须弥山举行授奖活动，"与会的作家诗人们兴高采烈，煮酒论诗、把盏说文，一派人气兴旺景象，显示着在这神秘之地，将升起一颗颗文学之星……克强部长那天喝了不少啤酒，他比与会的作家诗人年纪大，却兴奋地满山跑，嘴里喊着'跟我来'！大家紧随其后，跑得不亦乐乎，追也追不上"①。"双十星"的命名是对 20 世纪 90 年代固原地区六县主流作家队伍的大力肯定，小说"双十星"包括了一容、马存贤、牛川、火会亮、古原、李方、李银泮、穹宇、郭文斌、拜学英十人。在"双十星"的命名和创作研讨会上，时任固原地委委员、宣传部部长李克强用"五个一"来概括当时固原地区文学创作的局面："出现了一批有影响的作品；形成了一支有影响的作家队伍；出版了一批有思想与艺术价值的作品集子；造就了一个开始有影响的文学刊物；西海固文学开始有了一个好的口碑。"②同时，《朔方》2000 年 12 期用近五十页刊发了"固原地区特辑"，其中包括四篇小说。

在此之前，固原地委宣传部和文联编辑出版了近百万字的"西海固文学丛书"（宁夏人民出版社，1999 年 11 月），其中小说卷收录了 33 位作者的 33 篇小说作品，这 33 篇作品只有 8 篇写于 80 年代，其余 25 篇均是 90 年代的作品，包括石舒清的《清水里的刀子》、郭文斌的《弥天大谎》、火会亮的《名声》、了一容的《沙沟行》等后来较有影响的作品。这部作品集的出版是对 20 世纪 90 年代固原地区小说创作的回顾和总结。

整个 20 世纪 90 年代，固原地区在小说写作领域取得较大影响的作家主要包括石舒清、郭文斌、火会亮、了一容、李方、古原等。

---

① 钟正平. 世纪末的"分娩"与"阵痛"——西海固文学现状分析[A]. 钟正平. 文学的触须[C]. 银川:阳光出版社,2012:30.

② 李克强. 在西海固文学"双十星"命名暨创作研讨会上的讲话[J]. 朔方,2000(12).

1991 年是石舒清发表小说的开篇之年,这一年他在《朔方》《六盘山》和《新疆回族文学》上共发表了《山乡故事》等 5 篇小说,这在当时来说也算是年度高产。1994 年 9 月他的第一本小说集《苦土》收入《21 世纪文学之星丛书》予以出版,其中共收录中短篇小说 6 篇。《苦土》是 90 年代固原地区第一本作家个人小说集。1997 年《苦土》获得第五届全国少数民族文学创作骏马奖。2000 年小说《清水里的刀子》获得第二届鲁迅文学奖。至 2001 年,石舒清共发表中短篇小说约 70 篇,这基本上成就了作为小说家的石舒清。

纵观石舒清这十年的小说创作,大多是在西海固乡村背景之下对回族农民独特的生存方式和精神状态的呈现。在这些作品中,石舒清用客观冷静的笔触揭示了人性的本质,展示了悲剧的命运,如《逝水》《三爷》《暗杀》《牺牲》《节日》《旱年》《暗处的力量》和《清水里的刀子》等。小说中的人物麻木、漠然,屈从于命运的安排,他们的集体无意识等,这些无不显示出作家对生活深刻的洞察和感受。这种近乎现实主义的创作风格饱含着作者对于西海固这片土地的爱与悲悯,体现出作者对社会良知、道德人性的呼唤与期待。但石舒清并没有沉溺于现实的悲剧而无法自拔,并没有因此去谴责和批判不幸的命运,他说:"文学的气质应当是宁静与深邃的,它永远揭示的是一种精神现象。"作家通过对现实的关怀,最终"倾向于写搏斗者,这种搏斗是无声的,是一个人在暗处用渐渐加重的牙齿咬破自己的嘴唇"。这种独特的小说美学意蕴是通过"把一件事置于无穷的事件中去看,把一段时间置于一切时间中去默想"①的深邃含蓄的写作风格来实现的。

郭文斌也是 20 世纪 90 年代初期开始小说创作的,至 2001 年共发表小说 20 多篇,其中较有影响的作品包括《弥天大谎》《一片荞地》《最顶头的一个梨》《开花的牙》《惊蛰》等。相较于石舒清的写实与幽微,这一时期郭文斌的小

---

① 石舒清. 宁静深邃的追求[N]. 宁夏日报,1997-11-7.

说是写意的,几笔被刻意荡开的淡墨营造出生活的诗意,山水田园的远景和人物(尤其是孩子)超凡脱俗的对话,遮盖了现实生活中的贫穷、饥饿与苦难。同时郭文斌的小说也是抒情的,甚至作者有意用一些感叹词来强化表达效果,以实现抒情的目的。当然在郭文斌的小说中,抒情的最终目的是用来呈现人们乐观、自信和满足的精神状态,甚至一种精神的狂欢,"乡土情怀和精神狂欢在郭文斌的小说里首先得到了炽烈而恣肆的表现,那种极度的精神狂欢往往产生于物质极端贫困的苦难生存之中"①。

火会亮从1991年在《六盘山》第5期发表《荒原》起至2001年在《朔方》5、6合期发表《杨树镇上的常五式》为止,共发表小说作品约16篇,其中较有影响的作品包括《罗曼沟》《挂匾》《名声》和《传记与影子》等。火会亮的小说忠实于西海固乡村的真实生活,讲述了这片土地之上生命与心灵的挣扎,但他并不回避或者刻意美化生活中丑陋、绝望和悲怆的一面,或许这才是作家最初的人生体验、生活感受和对人的深切同情与尊重。这种对人性的美的赞颂和丑陋现实的描摹也正是作家良心和精神的坚守。

了一容出生于1976年,开始创作略晚。从1997年在《飞天》第12期发表《沙沟行》开始至2001年在《雨花》第8期发表《寂静的屋子》为止,共发表作品近二十篇。了一容的创作能够在较短时间里取得优异的成绩并引起读者和批评家的关注,主要是因为特殊的人生体验与生命感受在小说创作中的再现。了一容从小生活艰辛,长时间在外打工流浪,对"在路上"的生存困境及人性的彰显有着较为深刻的感受和认识,如创作于这一时期的《历途命感》《出门》《绝境》等。《沙沟行》是这一时期的代表作。作者通过一碗浆水面,把底层百姓人性的光辉和道德的力量呈现出来。

李方和古原在20世纪90年代总体创作的量不是很大,但都产生过一定

---

① 钟正平. 生存苦难与精神狂欢——论西海固小说的题材与主题 [A]. 钟正平. 文学的触须 [C]. 银川:阳光出版社,2012:75.

的影响。李方的小说带有一定的传奇色彩和写实风格,有一种追溯历史和求证的能力,尤其是《陇上劫》,在天灾人祸的背景下表现人性的复杂。另有《请你过来说句话》《我在固原挺好的》等作品引起读者的关注。

另外,海原作家南台多部中篇小说的发表和长篇小说《一朝县令》的出版弥补了固原地区中长篇小说创作的不足。1998 年 5 月 20 日,北岳文艺出版社、宁夏人民出版社联合在北京"文彩阁"召开《大槐树丛书》研讨会。会议的主要内容是针对南台的长篇小说《一朝县令》等作品开展研讨活动。参加会议的有著名评论家雷达、张锲、曾镇南、蔡葵、白烨、何镇邦、胡平、高嵩、张志忠等。与会的批评家给《一朝县令》以较高的评价,大家一致认为《一朝县令》是"一部描写中国 70 年代中期生存状态的现实主义力作",其主要成就是创造出众多极具个性、生动鲜活的人物形象,还写出了这些人物之间错综复杂的关系。雷达在发言中说:"如果有人要了解 70 年代中期我国现实以及社会政治氛围、社会心理真伪、人间关系的真相,我愿意推荐南台的《一朝县令》。"①

### 五、多元共生的诗歌生态

1989 年海子的自杀被很多评论家和诗人认为是一种象征, 即诗歌的英雄时代已经终结,尤其是"90 年代开始的'散文化'现实,加速了诗歌'边缘化'的进程,也使诗人与'现实'之间的关系变得复杂起来"。因此,很多诗人开始"调整其写作姿态、想象方式、语言策略"②,希望能对诗歌的发展作出有益的探索,甚至在某种程度上引导或者规范诗歌的写作,"知识分子写作""个人化""民间立场"等成为 90 年代诗坛最为常见的话题。不过,这一阶段的诗歌就其整体而言,正如王家新所言:"当诗歌走到一个'边缘',它会发现那里正

---

① 北京《大槐树丛书》研讨会纪要[J]. 六盘山,1998(4).
② 洪子诚. 中国当代文学史[M]. 北京:北京大学出版社,2010:420-421.

是它本来的位置。"①

而此时,在西北一隅宁夏固原地区,大多数诗人刚刚觉醒,从新诗起点一路吹来的风才略略刮到这偏远的地方,什么是新诗、怎样写诗、新诗面临着怎样的困境和问题等,成了他们所面临的首要问题。诗人虎西山在他后来的诗集序言中回忆当年创作诗歌时所遇到的境况时说:

> 20 世纪 80 年代,关于什么是新诗,大家在认识上还有许多不明朗的地方,所以作者往往也是一头雾水,写了半天,自己还不清楚算不算诗……我个人认为,新诗自 20 世纪 90 年代以来,提高很快,对中国文学的贡献也大。当然话说回来,从事新诗创作仍然会面临许多困惑。比如,作为新诗,其读者越来越少,就是一个问题。②

这大概代表着固原诗人在当时所遇到的较为普遍的问题。从 20 世纪 80 年代后期开始,大半个世纪的诗人、诗歌、观念、方法从天而降,徐志摩、戴望舒、现代派、艾青、政治抒情、朦胧诗、海子……开始对固原诗人陆续产生影响。但值得庆幸的一点在于,宁夏固原这样的偏远地区,由于远离娱乐和消费文化的中心,商品经济的大潮和光怪陆离的观念还没有能够对这里的诗人产生太大的冲击和影响,所以他们得以在喧嚣中保持着一种难得的安静与从容,沉默、坚守成了他们进入诗坛的主要姿态和可贵品质。

20 世纪 90 年代,出生于 60 年代的诗人逐步走向成熟并形成自己的风格,引领着固原地区的诗歌创作走向繁荣。与此同时,70 年代出生的诗人以清新自然的艺术格调和个性化的写作姿态崭露头角。这一时期,固原诗歌写作者主要包括虎西山、王怀凌、单永珍、左侧统、杨建虎、冯雄、周彦虎、泾河、方石、张嵩、郭静、胡琴等。杨梓、梦也等出生于固原地区但在银川写作,与固

---

① 王家新. 回答四十个问题[A]. 王家新. 为凤凰找寻栖所——现代诗歌论集[C]. 北京:北京大学出版社,2008:269.

② 虎西山. 远处的山[M]. 银川:宁夏人民出版社,2014:2.

原诗人形成南北呼应之势。对于这些诗人，独特的地域文化、多元视野下的文化冲突、个性化的人生体验、沉重苦难的生存图景等构成了他们写作的精神资源，从而使固原的诗歌创作能够以自己独特的艺术风格进入诗坛并产生影响。

虎西山是固原诗人中久负盛名的一位。90 年代，当更多的年轻诗人还因为怎么写诗、写什么样的诗而苦恼的时候，他已经敲开了《诗刊》《星星》和《飞天》等诗歌期刊的大门。虎西山的诗得益于中国古典诗歌尤其是唐诗宋词的丰富养分，所以他的诗空灵、飘逸、智慧，"大多来源于生命对世界的独特感知和灵机一动，信手拈来，信笔写来，甚而有些'禅'的味道"[1]。比如在一首题为《粮食的故事》的短诗中诗人写道："田园于是沉默/静静地承受/由来已经的创伤/那些被传阅的粮食/很渴/垂着头/听人们议论别的什么。"[2]干旱几乎是每位固原诗人无法回避的沉重话题，但是少有作者去表达粮食的感受，这恐怕不仅仅是技巧的问题，而是写作的智慧，不仅使语言充满了生命的张力，而且使语言所要呈现的事物也充满了活力，成为生动可感的具有独立精神甚至思想的对象，而不是被诗人操持的僵死的木偶。从新诗发展到 90 年代最大的问题是对古典和传统的继承和续接问题。著名诗人郑敏曾撰文指出："世纪初的白话文及后来的新文学运动中立意要自绝于古典文学，从语言到内容都是否定继承，竭力使创作界遗忘和背离古典诗词。"[3]这种背离古典语言和文学传统的做法被很多论者认为是导致汉语新诗不能出现世界级的诗人和作品的重要原因。当然，对于虎西山而言，青年时代求学过程中对古典诗词的学习恰恰成就了他后来的创作，这一点也是很多年轻诗人所不及的。

王怀凌于 2000 年 8 月出版了他的第一部诗集《大地清唱》，收录了他此

① 钟正平. 西海固"文星""诗星"六家点击[A]. 钟正平. 文学的触须[C]. 银川：阳光出版社，2012：83.

② 虎西山. 六盘山以西（三首）[J]. 六盘山，1992（4）.

③ 郑敏. 世纪末的回顾：汉语语言变革与中国新诗创作[J]. 文学评论，1993（3）.

前创作的大部分作品，比如曾引起较大反响的《大旱的四月》《西海固方志》《我们是虫》等。王怀凌的诗歌写作也有很大的一部分来自于他对中国传统文化的自觉接受和受古典诗词的熏陶。"他曾不止一次地流露过对唐诗宋词的迷恋，并固执地断言，一个好的中国诗人，如果不汲取优秀的传统诗歌的力量，仅靠贩卖西方现代主义诗歌的二手货，是成就不了大作品的。"①当然，对于王怀凌而言，更多的写作资源来自于他对西海固现实生活的原始感受。或许和更多诗人相比，王怀凌对西海固的土地、风物、人情更加熟悉，这也和他的职业有关。多年来，他工作在基层一线，对西海固的方方面面了如指掌，按照他自己的话说，就是"养成了不懈地观察和思考的习惯"②。正是这种习惯，使得他的诗歌更加接近于写实，如《大旱的四月》中的西海固"让我怎样来浇灌你/满脸干涸的皱纹/'大旱不过二十五'/父亲　我们被农历二十六的火轮/追赶得　失魂落魄"。因为这首诗，王怀凌曾在一段时间被称作"大旱诗人"。很少有诗人能够把干旱的西海固写得这么充满希望而又这么悲伤绝望。

在西海固已有一定成绩的诗人中，单永珍和杨建虎是中文科班出身，因此在他们的诗歌创作中，有着较为系统的文学修养。或许他们清楚大众对于诗歌消费的需求，清楚批评家对于诗歌的预期，清楚诗歌在经历了古今之变，经历 80 年代的黄金时代之后，在 90 年代的时代节点上，它更需要什么，尤其是海子之后，神话破灭，所谓诗坛更加纷乱、复杂、多元，以他们对诗歌演变的了解以及他们的敏感，不可能对此一无所知。所以，在他们的创作中，或隐或现地有一种中文系式的先锋和前卫，有一种中文系式的美学风格，有一种较为系统醇正的新诗传统。当然，也正因为这样，他们的诗歌之于西海固，之于西海固的民众和土地，则显得有一些疏离，他们离现实较远，但却在认真回应

---

① 单永珍. 在传统和现代之间——王怀凌诗歌印象[A]. 王怀凌. 大地清唱[M]. 西安:陕西旅游出版社,2000:176.
② 王怀凌. 大地清唱[M]. 西安:陕西旅游出版社,2000:180.

各自的精神世界。这是这两人在诗歌创作中所呈现出来的相近的东西，当然，对于他们而言，从文本出发，更多的读者甚至批评家可能会看到差异。

"清凉的地音，为谁打开悲壮的文明/粗犷的风骨敲击历史，旗帜血淋淋的/烟瘴深处，窑洞像岁月的眼睛/揭开人类的苍凉/遥远的水哪里去了，黄土地之上/一群人正在俯首割芟。"①单永珍从开始写诗就有较为清醒的历史意识，试图通过对历史的解构或者回望来解读当下人的精神世界。此外最为常见的就是诗人通过对西部充满神性的广漠山川的赞颂，来实现自我的精神放逐和表达对俗世烟火人生的抗拒，因此在他的作品中经常可以看到类似这样的句子："让我们点燃篝火，照亮阿尼玛卿山上的雪/让我们敲打骨头，高举灵魂的碎片/让我们把自己焚裂，为着众生的吉祥彻夜祈祷。"②

而杨建虎的诗歌创作基本上是从"四月"的"荒原"开始，从《流过乡间的谣曲》到《沉沦的花园》，这种弥漫着浓郁的浪漫气息和对土地的抒情几乎就没有停止过。"雪在很远的地方落着/那是冬天。冬天里我的心灵期盼着复苏/我知道雪在离我很远的地方落着/我多想回到一场大雪浸润的大地上去//坐在祖国西北贫困山区的一扇窗户内/我阅读着雪。整个季节跌落着美丽和忧伤/在词语飘动的方向上/我听见寒风呼啸着刮过了山梁。"③虽然杨建虎那时候还是一名青年诗人，但是这首诗中的一些词语已经带有诗人风格的印记或者具有标识的意味，比如"冬天""秋天""大雪""雨""窗户""故乡""阅读""忧伤"等。有时候风格的形成并不是容易的事情，必须要求诗人具有较为深刻的思想和相对稳定的情绪，所以，在杨建虎的诗歌中，有挥之不去的散淡、悲凉的美感。

除上述诸位之外，左侧统、冯雄、郭静、周彦虎等诗人在90年代亦有不俗

---

① 单永珍. 菜园遗址 1[J]. 六盘山，1996(5、6 合期).

② 单永珍. 甘南：抵达天堂的遭遇(组诗)·在玛曲的孤独[J]. 朔方，2000(12).

③ 杨建虎. 词语与空间(组诗)·雪在很远的地方落着[J]. 六盘山，1998(6).

的创作使他们成为彼时固原诗坛上闪耀的诗星。

### 六、散文创作的逐渐发展

洪子诚认为："进入 90 年代，似乎在没有预言和策划的情况下，散文突然显现繁盛的局面，在文化、图书市场上占据重要地位。各种散文集、散文选本开始畅销；专发散文的刊物拥有大量读者；不少文学杂志开设散文专栏；一些报纸的副刊也腾出版面来登载散文、随笔，散文随笔作者人数大增。这种种景象构成了当时的'散文热'。"①但在此时的固原地区，这种"散文热"更大程度上还只是停留在读者层面，从固原各地新华书店还没有完全市场化的统购统销中，一些热销散文作品已经悄悄占领了市场。但是在散文创作的层面，20世纪 60 年代以来，以"散文三大家"为代表的表现时代精神、弘扬主旋律、主题先行的散文创作观念在固原地区仍然具有广阔的市场，而且 80 年代全国散文创作中那种挣脱束缚和规范的追求，尤其是 90 年代的随笔热都没有能够在固原的写作者中形成较为明显的回响。当然，这是针对当代散文发展的要求而言，任何一个时代，任何一个地域都有自己特殊的文学经历，有自己特殊的书写与表达策略。

林贤治曾说："散文更多的是表现社会制度的细部变化，是情感、意识、态度的变化，是对世界的最实际的描写，最质朴的叙述，最由衷的咏叹。真正的散文是不戴面具的……散文对自由精神的依赖超过所有文体。"②从这个意义上来看，固原的散文写作可能还处在一种缓慢成长的阶段，写作者的个性和精神还有待唤醒。而且相对于社会的开放程度而言，写作者自由言说的自觉和可能依然是有限的。所以对于固原而言，散文与小说、诗歌相比，的确没有太明显的创造意识、文体意识和写作者的冲动。虽然写作者队伍庞大，几乎每

---

① 洪子诚. 中国当代文学史[M]. 北京：北京大学出版社，2010：399.
② 林贤治. 自制的海图[M]. 郑州：大象出版社，2000：147.

一位作家诗人甚至别的什么职业的人都可能有所涉猎,但这几乎是他们的副业,很少有作家专一而深刻地在散文写作领域进行深入探索,因此散文创作所取得的成就较小说、诗歌而言略显逊色,虽然有一定组织和策划的推动,比如《六盘山》杂志的"西海固同题散文专号"等。

在1999年11月由宁夏人民出版社出版的《西海固文学丛书·散文卷》中共收录49位作者的98篇作品,作者队伍涵盖固原地区老中青三代作家,包括徐兴亚、李振声、范泰昌、张光全、屈文焜、高琨、南台、李成福、于秀兰、赵景举、火仲舫、薛正昌等老一辈作家,也包括石舒清、火会亮、郭文斌、钟正平、左侧统、梦也等中青年作家。这些散文作者中几乎没有专门从事散文写作的人,他们要么是编辑,要么是教师,在各自领域都有一定的影响。散文写作成为他们工作之余的一种闲"赋",在丰富自己创作的同时也丰富了固原地区文学的品类与样貌。

在这里,值得一提的是郭文斌于1998年7月在华侨出版社出版的散文集《空信封》。这本后来被好几位评论家不断谈起的散文集,是作者从已经发表的200多篇散文作品中精选出52篇编定的,在出版之后很快销售一空,后来又多次再版。在《爱情没有药》《空信封》《落在日子肩头的相思鸟》等作品中,作者试图表达爱与离别这种人类的普遍情感但最终因人而异的特殊之处。当然在某种程度上来说,作品中的情绪既充满了"看透"之后的通达,但也因此更具有悲剧彩色,尤其是《空信封》一文。另外如《点灯时分》《荷花沟》等作品,则传递出作者"被故乡放逐"之后急切回归传统与遁世无为的思想,这其中也包含着作者自身矛盾、纠结甚至无法言说的心理。郭文斌在写作中非常善于捕捉瞬间的心灵感受,并通过有节制的适当的抒情将内心微妙的感受表达出来,这也是他之所以能够获得大多数读者和批评家认同的原因之一。

左侧统(原名马占云,又名尹乔,生于1959年1月,2003年9月8日病逝)在《民族文学》《新疆回族文学》《朔方》等报刊发表了大量的诗歌、散文和

文学评论作品，他既是一位诗人又是一位批评家，但他更是一位散文写作者。在他短短的 40 多年的生命历程中留下了几十万字的散文随笔和笔记。左侧统的散文创作别具一格，注重对精神现象、灵魂世界和生命秘密的探寻和表达，他的作品具有真心、诗心和童心，在宗教、哲学领域多有心得。同时，他的创作和思考近似于苦修，正如他在散文集《骨萧·跋》中所言："以普通平民的姿态，脚踩西海固低地，肩负现世人生的厚重艰涩，踟蹰前行，奋力拼搏二十余年，创作十余年，意志虽愈砺愈坚，但肉体已被挫败。"[①]收录在散文集《骨萧》中的除了已经公开发表过的部分散文之外，最重要的就是万余字的随笔作品《宇宙解剖学》。这篇作品因为作者生前未能公开发表，也没有最后完成，所以并没有引起读者和批评家的注意，但其所建立的宏大的结构、独特的认识论和作者写作的野心，在宁夏散文写作领域具有独特价值。作者试图从个体、物质、空间、时间、宇宙等多个角度"揭示宇宙生命本体的基本生理结构；然后，从宇宙本题生命出发，揭示宇宙中的一切现象，达成唯物主义认识体系与唯心主义认识体系的融通，达成中西方文化的融通"[②]。这篇作品既是哲学的，又是科学的，也是文学的，是左侧统文学与思考的结晶。可惜的是，作者所呈现给读者的只是一个大致的提纲，因为贫病交加，左侧统最终还是没有能够完成这部作品，这也是 90 年代固原文学的巨大遗憾。

《六盘山》1998 年第 1 期策划编发了一期"西海固同题散文专号"，编发了包括石舒清、陈继明、王漫西、左侧统、王怀凌等 27 位作家的 27 篇以"西海固"为题的散文作品。这 27 篇散文在精神气质和情感态度上较为一致，他们对西海固总是怀抱着一种近似于悲剧的亲近。从近百年来中国文学的发展来看，很少有一个区域的作家集体性地出现这种强烈的地域上的自我认同和精神与情感上的归属，而且集体性地沉浸于对苦难的叙述甚至迷恋之中，这成

---

① 左侧统. 骨萧[M]. 银川:宁夏人民出版社,2004:369.
② 左侧统. 骨萧[M]. 银川:宁夏人民出版社,2004:354.

为彼时固原作家的一种明显的特殊的精神状态。"我们从骨子里来说已经成了彻彻底底的西海固人,我们从肉体到精神都有着深刻的难以抹杀、难以粉饰的西海固特征。""我们一代又一代浸泡在苦难之中。""我觉得我们这个地方在精神上是充盈的,不欠缺的。有时也狂妄地觉得我们或我们的后辈会在精神领域长出很大的翅膀。"①这是石舒清的西海固,这也是更多作家的西海固,苦难、悲情,却又是一片精神的高地。正如虎西山所说:

> 因为我的西海固,是一个现实的存在,和我的生命纠缠在一起的西海固情结,是一个现实的存在。而这种现实的存在,又不是凝固不变的,相反是生机勃勃,充满了变数的。甚至有时会像拳头一样,捶打着我的胸膛,使我处于一种亢奋而不得安宁的情绪之中。那时,就觉得我是一个有些什么非说不可的西海固人。②

这种对西海固的接受与认同不仅是作家的写作资源,而且是一种精神与情感的宣言。

这27篇散文从不同的视角进入西海固,表达对苦难与历史的认识,表达这一片土地上的精神狂欢,表达西海固百姓的坚韧与智慧,表达出写作者浓浓的西海固情结,这近乎一种无法割断的乡愁。当然,在普遍理解并认同苦难的同时,多少缺乏一点对西海固之苦难的深刻反思,也使得这些散文作品因为缺少力度和深度而略显苍白。

20世纪90年代的固原师专也是培养固原作家的摇篮,中文系的师生创作成为固原文学一景。慕岳、张光全、钟正平、薛正昌等当时都在固原师专任教,同时也在散文、文学评论等方面有不俗的成绩。其他在较长时间内坚持散文创作并取得一定成绩的主要有李成福、火仲舫、韩聆等。

---

① 石舒清. 西海固断想[J]. 六盘山,1998(1).
② 虎西山. 西海固[J]. 六盘山,1998(1).

## 七、结论

从总体上来看，20 世纪 80 年代固原文学已经完成了对写作者、读者和媒体的文学启蒙的使命，为 90 年代文学的发展解决了作者队伍的问题，形成了较为稳定的读者群体；出生于 60 年代的作者普遍成长起来，开始成为固原文学的主力；《六盘山》杂志不论从编辑理念、栏目设置还是编辑队伍都已经更加成熟，同时也在一定程度上解决了固原文学发展观念的问题；《固原日报》副刊作为固原文学发展的阵地之一，也有了自己稳定的作者和读者队伍，也在固原文学的发展过程中起到了重要的助推作用。因此 20 世纪 90 年代固原文学的发展进入了相对成熟的时期，也取得了较为显著的成果，尤其是作家的集体成长为"西海固文学"现象的出现打下了良好的基础。甚至可以这样说，90 年代的固原就像古老又年轻的拉丁美洲一样，突然发生了"文学爆炸"，长期灰暗的文学天空开始星光点点。

当然，客观地讲，这一时期固原文学在发展过程中也存在一定的问题。

最为明显的是长篇小说创作的缺乏。如前所述，20 世纪 90 年代在全国范围出现了"长篇小说热"，长篇小说题材多样，艺术探索取得明显进展，很多优秀长篇小说的出版在文学界、在读者群体中产生了强烈的反响，成为这十年中国文学的重要收获。如《废都》《许三观卖血记》《白鹿原》《九月寓言》《长恨歌》《尘埃落定》等，将当代中国小说创作推向了高潮。然而这十年固原的长篇小说却寥寥无几，即使有一些作品公开出版，也并没有产生特别明显的影响，如南台的《一朝县令》虽然在北京召开了研讨会，虽然得到了与会批评家的相对肯定，但如果把它放在当时中国长篇小说的队列中去比较的话，恐怕还是略有一点逊色。如果说长篇小说的创作能够在一定程度上体现一个地区作家的创作实力、艺术水准和思想深度的话，那么此时固原文学还需要一个较长时间的努力。而且从写作的角度来看，长篇小说的写作对作家提出了更高的要求，包括人物的塑造、情节的设置、结构的安排等，无一不考验着作家

的能力。而当时在固原的作家队伍中能真正驾驭一部长篇并游刃有余的作家恐怕并不多。

题材的单一也是彼时固原文学创作存在的明显问题,尤其在小说和散文创作中表现得更加突出。固原地区的写作者大都出身于农村,因此他们的作品更多的是以农村题材和作家个人的成长经历、见闻为主,免不了给人一种集中表现苦难的生存环境下的"精神狂欢"的感觉,正如有批评家说:"西海固小说的取材可以说都与作家的童年记忆和乡土生活的经验有关,是亲历者对苦难童年所提供的'证言',是对童年生活的文学'复活'。"[①]这种被外界津津乐道的对于"生存苦难"的书写其实也正是固原文学的缺陷,有对苦难生活的繁复叙述,缺乏对苦难背后深层原因的探析;有对乡村世界的不断呈现,缺乏对城镇化进程的发现和反思;有对乡村底层人物的悉心观照,缺乏对普遍人性的理性考量。

部分作品在写作上缺少艺术加工也是这一时期固原文学较为普遍的问题,尤其是修辞的缺失、想象的匮乏,在小说写作中表现得更为明显,这使很多作品看上去就像是"'故事会'小说"或者"口述小说"。平铺直叙的写作方法让文学变得无比乏味,很多好的题材(故事)毁于这样的叙述方法。20世纪80年代中国文学观念、技巧和方法的突飞猛进对固原很多写作者而言,似乎没有任何意义,"寻根""先锋""新写实""现代派"这些炙手可热的文学标签在偏远的固原毫无踪迹。没有修辞,缺乏想象的文学就像只有骨骼没有血肉的身躯一样,不管多么有力和坚硬,都缺乏生命的活力和美感。而以上这些问题的出现如果有一个从容的写作过程,一个精心打磨的过程,则是有可能避免的。因此,对于彼时的固原文学而言,技巧和风格是成长的巨大障碍。不是作家没有经历,不是作家没有故事,不是作家没有思想,关键是缺乏叙事的技巧和方

---

① 钟正平. 生存苦难与精神狂欢——论西海固小说的题材与主题 [A]. 钟正平. 文学的触须 [C]. 银川:阳光出版社,2017:70.

法,最终导致作家的写作就像是茶壶里面煮饺子——倒不出来。

新时期,女作家的再度崛起①成为描述整个 20 世纪八九十年代文学现象的重要方式而备受关注。"女性写作"作为这一时期文学语境的重要内容,在推动文学发展的进程中起到了非常重要的作用,使当时的文学创作在题材、方法和思想上更加丰富多元。然而当时固原的女作家却基本缺席了,至少在当时的几种文学刊物较为稳定的作者队伍中,很少能够看到固原女作家的影子,即使有也没能产生一定的影响。女作家的延迟登场和固原当时较为传统保守的社会风气、较为落后的教育状况有很大的关系,在这样的背景下,女性的社会参与度是非常有限的,她们的声音和诉求往往得不到"男性社会"的理解和认同,因此她们的集体缺失成为那个时代和地域局限的证明。

当然,问题的存在也为此后固原文学的发展提出了新的命题,如何解决这些问题或者能否解决这些问题直接关乎此后固原文学的高度和深度,关乎固原文学能否与中国文学大河合流的重要问题,这是每个参与固原文学发展的作家、研究者无法回避的。

---

① 女作家的第一次崛起应该是"五四"时期。在启蒙的浪潮中,女作家承担起发现自身、解放自身的使命,参与到新文化运动中。

# 须弥山北周石窟艺术风格及其影响

韩有成[①]

**摘　要:**须弥山北周洞窟代表着我国佛教石窟艺术史上一个重要的时期,其洞窟建筑构造类型可分为中心柱窟、方形窟。造像有北魏中期以后那种秀骨清像的余韵,但又各个体态丰盈,给人以珠圆玉润的感觉。石窟的开凿除了受到当时政治环境因素的影响之外,与来自长安的地方官吏不无关系,而且严格秉承长安的造像样式。同时受到来自麦积山、巩县石窟的影响,也融合了北齐石窟的特点,直接反映了北周时期都城长安新型造像的特点。以须弥山北周佛教石窟造像为主所形成的"北周模式",对研究北周时期佛教石窟造像艺术具有重要的作用。

**关键词:**北周石窟　艺术风格　形成背景　北周模式

须弥山石窟始创于北魏晚期,历经西魏、北周、隋唐诸朝,现存各类形制的洞窟 162 座,尤以北周开凿的洞窟具有鲜明的地方特点和时代特征,在全国各地石窟中占有重要地位。

---

① 韩有成(1963—　),男,宁夏固原人,须弥山石窟文物管理所副研究员,宁夏社会科学院固原分院特邀研究员,宁夏师范学院固原历史文化研究中心特邀研究员。主要从事须弥山石窟保护管理、石窟考古和区域文化研究。

北朝晚期的北周石窟寺是中国石窟寺研究的重要组成部分，它是中国北魏、唐两大高峰的过渡阶段。北周在继承北魏、西魏佛教思想的基础上，又有了新的发展，石窟寺及造像艺术形成了鲜明的特点。

## 一、须弥山北周石窟的艺术风格

须弥山北周石窟的构造类型可以分为中心柱窟、方形窟。中心柱窟是须弥山北周时期洞窟的基本构造形式，其雕造规模宏大、雕饰华丽。如第45窟、第46窟、第47窟、第48窟等，这种窟形完全是承袭前期洞窟形制而雕凿的。窟室平面方形，覆斗顶，窟内正中凿一方形立柱。中心柱四面各开一重龛。四壁布满佛龛，正、左、右三壁各开三龛，前壁开窟门，门两侧各开一龛，门上方开三龛。龛内均雕一佛和二菩萨三身造像，每壁中龛的主尊为立佛，而且在左、右两壁的前端龛内有菩萨装和佛装的交脚弥勒及倚坐弥勒造像。窟内雕设仿木式佛帐结构框架，窟角及中心柱四角设立柱，立柱下有莲花柱础，中心柱角柱上有栌斗，壁顶与中心柱顶设梁架，窟顶四披交界处有斜枋。佛龛以帐形为主，龛表繁缛，龛楣上浮雕帐褶、三角、莲瓣、帐杆、宝珠、璎珞等，两侧悬垂流苏，流苏上端一般衔在龙、凤、象的口中。少量为尖楣圆拱龛，龛楣上浮雕七佛。龛下壁面及中心柱基座四面浮雕伎乐人、供养人、神王、象头、博山炉、宝瓶。窟顶浮雕供养飞天、化生、莲花、博山炉、云纹、忍冬纹、禽鸟等。造像总体组合为三佛、七佛题材，单铺组合为一佛、二菩萨。第45窟和第46窟、第47窟和第48窟又各自成为一组双窟。如云冈第7窟和第8窟、第9窟和第10窟，第1窟和第2窟、第5窟和第6窟等都是成组的双窟。成组双窟的出现，沿袭北魏旧制。这类洞窟的开凿是按照殿堂庙宇的结构形式雕凿而成的，有机地把仿木结构与中心柱结合在一起，表现的就是佛寺的内部空间，可以说是我国现存最完备的仿木结构殿堂。它不但是探索和研究我国南北朝时期建筑发展状况最主要的实物例证，而且对我们了解当时的宫殿、庙宇内部的布

置也颇有价值。这种成熟的设计思想与富有创造力的表现手法,造就了中国石窟史,同样也是中国建筑史上的独特范例。另外,还有一类由四室组成的中心柱窟,这种独特形制的洞窟是须弥山石窟独有、全国各地少有的一种大型洞窟,如规模宏大的第51窟。从现存状况来看,它是由前室、主室、左耳室、右耳室四部分组成的。窟室方形平面,覆斗顶,中心方柱窟。窟内雕仿木式佛帐结构框架,壁顶有横枋,四披有斜枋。中心柱四面各开一龛,内雕一佛、二菩萨。前、左、右三壁正中开窟门,分别与前室、左耳室、右耳室相通。正壁开一圆拱大龛,内雕三身坐佛,右壁门左侧开一龛,内雕一佛、二菩萨。主室内其余壁面的小龛均为隋代补凿。前室及左、右耳室也开有佛龛,内雕像,风化严重。这种大型洞窟在北周盛行,如开凿于559年的甘肃武山拉稍寺的摩崖造像、570年大都督李允信所开的麦积山七佛龛以及敦煌莫高窟第428窟等。根据第51窟现存遗迹分析,该窟左、右、前三壁开有窟门,而右壁左侧开有一大龛,按此推理,当初的开窟计划是在右壁门两侧各开一龛,内雕一佛、二菩萨,现只完成左侧一龛,左壁应与右壁对称,在门两侧各开一龛,造像亦应对称。这样,从全窟整体布局来看,正、左、右三壁在整体上构成七佛的题材,即正壁三尊,左、右两壁各两尊,因故未按计划统一完工或与周武帝末世毁佛事件相关。相对于中心柱窟来说,方形窟窟形较小,规模也不大,内无雕饰,多为禅窟、僧房窟和影窟,一般附属于中心柱窟的周围,与中心柱窟形成一个组合整体。

须弥山北周时期的造像,经过北魏、西魏两代的不断发展和创新,在继承前代传统雕刻技法的基础上,都有着显著的变化,雕刻手法纯熟,形式变化多样,表现手法趋于写实。其造像有北魏中期以后那种秀骨清像的余韵,但又各个体态丰盈,给人以珠圆玉润的感觉。佛像多作低平肉髻,薄发无髻,面形由北魏时的瘦削变得圆润丰满,双肩宽厚,腹部略凸起,体态健壮。着褒衣薄带式袈裟,有的内着僧祇支,胸前系带打小结,衣着宽松,衣纹疏密相间,裙摆覆

于座前，摆褶繁缛重叠，裙摆宽博，内外三层，衣纹呈人字形展开，端部基本为平角状，下垂部分较长，突破了北魏以来那种垂直平行、富于装饰意味的风格，变得流畅自然。菩萨像头戴花冠，两侧宝缯垂肩，面相浑圆，颈饰桃尖形或圆环形项圈，上身缠衣巾，下穿折腰细裙，裙腰外翻，肩胛丰腴，腹部微起，披巾横于腹膝部二道和交叉穿环，一端搭在肩部，一端下垂提在手中，多为双肩垂挂璎珞，璎珞主要在体侧绕环，少量的在腹部与莲花饰交接，一手下垂持披巾或香囊或它物，一手上举胸前持莲花等物。璎珞、项饰、手镯、臂钏等雕刻考究。在雕刻技法的处理方面，这个时期也还在逐渐改变北魏那种规律化处理衣纹的方式，采用直平阶梯形的刀法表现衣纹，其刀法圆润，衣褶层次多，但颇显厚重。北方民族大融合和南北文化交流这一时代特征在佛教石窟艺术方面得到了充分的体现，同时，也从一个侧面反映出中国化了的北周石窟造像艺术的风格和特征。

## 二、须弥山北周洞窟形成的背景

北周在我国历史上是一个极其短暂而又偏居北方一隅的封建小王朝。史载北周五个皇帝，除静帝宇文阐年岁幼小、武帝宇文邕晚年信谶纬、重儒术、励精图治不甚佞佛外，其余三帝都非常崇信佛教。周太祖提倡"大乘"（《续高僧传·菩提流支传》），明帝宇文毓时期"佛法全盛，国家年别大度僧尼"（《高僧传·灵伽藏》）。明帝曾下诏在长安营造"大陟岵"和"大陟屺"（《广弘明集·卷二十八》）两大寺院，并每年大度僧尼。武帝初年，"本循例事佛，造功德"（《广弘明集·卷二十八》）。周室上下，广及民间，礼佛修德者大盛于西魏，时有寺931所（《辨证论·卷三》）。574年（周武帝建德三年）废斥佛、道二教时，当时还俗僧、道有二百余万人，可见当时的佛教是相当的兴盛。但最终因这次毁佛灭法运动，在我国北方现存的诸石窟中，留存到现在的北周洞窟及其佛教艺术品为数极少。除了在天水麦积山石窟中保存有大量的北周洞窟和造像外，固原

须弥山石窟可以说是保存北周洞窟及其造像最多和最集中也最精美的地方之一。在须弥山已经正式编号的 162 座窟龛中,计有北周洞窟 25 座,各类大小造像 223 身,对研究北周时期的佛教石窟艺术提供了极其重要的实物资料。

宁夏南部的固原地区是须弥山石窟的创建地,自古以来就是西北的军事重镇,也是现今宁夏南部经济、政治、文化的交流中心,史称"据八关之要隘",地理位置十分重要,是关中通往河西走廊、大漠南北的交通枢纽和战略要地,是丝绸之路由长安到河西走廊最短路途的必经之地,也是丝绸之路东段北道上的要邑。①从 20 世纪 80 年代以来,固原先后发掘出土的一系列北朝文物就充分证明,固原不仅历史文化丰富,而且是各种外来文化的交融之地。如1981 年发掘的北魏墓②,出土的漆棺画引人注目。在漆棺画的前档方框及侧档连珠圈内绘有许多菩萨形象,皆有头光,发束高髻,面相方圆,上体袒露,戴有项圈、臂钏、腕钏,披巾呈圆环状绕肩。这与新疆克孜尔石窟壁画中的形象相似,显然是受外来文化影响所致。又如 1983 年发掘的北周柱国将军、原州刺史李贤墓③,出土珍贵文物波斯萨珊朝鎏金银瓶、玻璃凸钉碗及陶俑、壁画等,亦是外来文化的遗物。固原丰富的文化内涵,为须弥山凿窟和造像提供了源泉和借鉴。

须弥山石窟初创于佛教盛极一时的北魏时期,到北周时开窟造像达到了高峰,而且其洞窟开凿和艺术风格的形成也是多方面的,除了与周室上下及民间大盛礼佛修德的风气有关之外,还与当时固原的历史背景等有很大的关系。固原,北朝时称原州,是北周太祖宇文泰的发迹之地,宇文泰即从原州起家入主长安(《周书·卷一》),在军事上重要的依靠力量之一便是李贤一族。自宇文泰始,至北周的数代君主,出于军事和人事上的考虑,除都城长安之外,

① 丝绸之路东段北道"从长安出发,溯泾河而上,经泾川、平凉、固原至靖远、景泰间渡黄河,抵武威而进入河西走廊"。甘肃省文物考古研究所.陇东石窟[M].北京:文物出版社,1987.
② 固原文物站.宁夏固原北魏墓清理简报[J].文物,1984(6).
③ 宁夏博物馆,固原博物馆.宁夏固原北周李贤夫妇墓发掘简报[J].文物,1985(11).

都十分注重经营长安东北的同州（今陕西大荔）和长安西北的原州（今宁夏固原），原州也随之成为长安西北的军事重镇而被精心经营。在宇文泰之后，先后有数名从将出镇原州刺史，如长孙邪利、李弼、王盟等。他们的到来一定带来了长安中心文化圈的影响。但是担任原州刺史时间最长的还是李贤，自宇文泰534年率军从原州东讨高欢以来，十余年间，陇右包括原州一带较为安宁。宇文泰在原州驻军期间，因"军令严肃，秋毫无犯"，得到当地居民的大力支持。大统十四年（548年），"太祖（宇文泰，作者注）奉魏太子巡抚西境，自新平出安定，登陇，刻石纪事；下安阳，至原州，历北长城，大狩"（《周书·卷二》），"逐幸贤第，让齿而坐，行乡饮酒礼焉"（《周书·卷三十五》），并将其子宇文邕（以后的周武帝）和宇文宪（以后的周齐炀王）寄养在李贤家达六年之久。至周武帝即位后西巡，仍"幸贤第"。从李贤与宇文氏家族过往如此密切的关系中，可见北周对经营原州这一地区的重视，同时也表明了原州同长安的密切关系。

由于李贤地位显要，在任原州刺史的十余年间，原州作为讨伐北齐的后方基地而被精心经营着。继李贤之后，先后有其弟李远、李穆及窦炽等，这些来自长安的显贵大都崇信佛教，都可能带来长安的佛教及造像样式。在文献中虽未提及李贤信佛事，但他与北周皇室关系密切，受北周诸帝崇佛的影响，李贤不会反对佛教。其弟李穆曾在长安造修善寺，"建兴佛殿，起立僧坊，禅室钟台，靡不精丽，讲堂门屋，咸悉高华"（《辨证论·卷四》）。在原州任刺史十余年的窦炽，任期内政绩卓著。但窦氏家族合门崇佛，《辨证论·卷四》记载窦炽"建白马、梵云二寺"。天和四年（569年），北周曾筑原州城。特别是北周均田制在原州的实行，促进了当地农业生产的发展，也为石窟的开凿提供了比较稳定的经济来源。

李贤家族及显贵窦炽等发迹于原州，且都出任原州地方官吏。须弥山第45窟、第46窟中的立佛，表现出与长安北周单体圆雕造像十分相近的特点，一方面体现了北周的时代共性，另一方面与这些来自长安的地方官吏不无关

系,原州受到长安佛教以及造像样式的影响势所必然。"长安造像的样式,由长安经丝路东段北道,经陇东、固原向西传播,其中固原佛教造像严格秉承长安造像样式。尽管今天长安北周造像较少,也无成规模的石窟群可供研究,但固原须弥山石窟则为研究北周长安的佛造像艺术提供了宝贵资料"。[①]

从全国来看,北周时期在佛教石窟的营造方面,有北周大都督李允信在天水麦积山开凿的规模宏大的七佛龛;有随宇文泰讨伐北齐有功的尉迟迥在陇右任上于武成元年(559年)后,在武山拉稍寺修造了40米高的摩崖造像;有任瓜州刺史的于义在敦煌莫高窟开凿了规模较大的第428窟。那么,相对于时局安定的原州来说,有李贤、窦炽等一批来自长安地方官吏的经营,在佛教盛行的北周时代,在须弥山开凿如第51窟这样规模宏大的,如第45窟、第46窟那样精美的北周洞窟,便在情理之中。

### 三、须弥山北周石窟艺术风格的影响

佛教自东汉传入中国以后,千余年来一直是中国人民的主要信仰,其间经历代高僧大德的弘扬提倡,许多帝王卿相、饱学鸿儒也都加入这个行列,终于使佛教深入社会各个阶层。作为佛教思想与文化载体的石窟寺艺术形式,在魏晋南北朝、隋唐时期,得到了极大的普及,石窟寺的开凿群星璀璨、熠熠生辉。在丝绸之路沿线分布有龟兹石窟、云冈石窟、龙门石窟、莫高窟、榆林窟、河西诸窟群、炳灵寺石窟、麦积山石窟、陇东石窟、响堂山石窟、须弥山石窟等。在这大约600年的历史时期,中国石窟艺术随着佛教的传播和发展,在魏晋南北朝时期先后形成了目前学术界比较公认的龟兹、凉州、平城、中原、北齐五个时期的五种模式,但笔者认为,还应加上以须弥山北周佛教造像为代表的"北周模式",形成我国魏晋南北朝时期佛教石窟艺术发展的六种完整

---

① 王敏庆. 北周长安造像与须弥山石窟[J]. 西夏研究,2012(3).

模式。

## （一）龟兹模式

以新疆库车为中心建立的古龟兹国，是古代西域佛教文化和艺术的中心之一。窟制颇具龟兹地方特色，有僧房窟、中心柱窟、大像窟。从古龟兹国遗存的石窟壁画、塑像来看，造像头颅浑圆，额际扁宽，两颊丰圆，整个脸形几呈方形，长眉大眼，高鼻纤口，脖颈肥短，几与头等粗，两肩宽厚粗壮，脐腹部细窄，整个上身略呈倒三角形。菩萨、天人头戴花冠，下着贴身长裙，丰乳细腰，大臀呈 S 形曲线，裸体或半裸体，表情沉静恬淡。在服饰方面，佛以内着僧祇支、外披袒右肩袈裟为大宗。壁画造型主要采用以线条为主铺以平涂或晕染色彩的方式。

龟兹模式是在很大程度上吸收、融汇和改造了印度、中亚佛教艺术的基础上形成的具有地方和民族特色的石窟艺术模式，它作为印度佛教艺术越葱岭向东发展的第一步和中国境内第一种石窟艺术模式，为佛教艺术向内地的扩展架起了桥梁，为凉州模式提供了直接的借鉴。

## （二）凉州模式

凉州模式是我国新疆以东的北方地区出现的第一种佛教石窟模式，因产生于十六国后期以凉州为统治中心的北凉，故名凉州模式，包括今张掖千佛洞、金塔寺和武威天梯山皇家石窟等多处石窟。它们构成了凉州模式的主要内容。在窟制方面，继承了龟兹传统，也有中心柱和大象窟两种，且以前者为主要窟形。造像题材以十方佛、西方三圣、无量寿佛、千佛为主。佛一般为磨光高肉髻，着贴体通肩袈裟或披肩袈裟，广额高鼻，大眼方唇，粗颈短肩，雄健丰腴，眼细而长，鼻子呈纵三角形，面形丰肥，耳轮垂肩，嘴角深陷，唇薄而紧闭。菩萨、飞天下着贴体长裙，上身袒露，饰项圈、短璎珞、臂腕钏等，具有端庄肃穆的神秘感。

凉州模式在石窟建制、佛像塑造等方面继承了龟兹模式的传统，形成了

既继承龟兹模式又具有凉州特色的风格，后来这种风格随着北凉灭于北魏而悉入平城。

### （三）平城模式

以北魏国都平城（今山西大同）规模盛大的皇家石窟——云冈石窟为主要内容。平城模式是在融汇凉州、龟兹、印度佛教艺术的基础上发展起来的，是具有以鲜卑拓跋部为首的中国北方民族和汉族文化特色的佛教石窟模式。

平城模式的窟制分为马蹄形平面、穹隆顶大象窟和中心塔柱窟两大类。佛像造型为磨光高肉髻，方圆脸形，大眼细眉，目深而长，高鼻短颈，厚胸宽肩，面带微笑但肃穆，形体健壮。服饰为斜披或通肩式袈裟，阴刻线的衣纹，线条棱角分明。菩萨脸形圆胖，憨厚敦实，神情和善，体态丰腴，头戴三珠宝冠，颈配宝石项圈和蛇形饰，斜披络腋，颈兜披帛，长裙裸足，朴实无华。从总体上来看，它还不是完全中华民族形式的，而是融合了外来元素，具有民族色彩和地方色彩的北魏早期风格。

### （四）中原模式

中原模式是北魏孝文帝 494 年迁都洛阳后，在龙门和巩县经营的皇家石窟推出的造像模式。窟制为佛殿窟、中心柱窟。佛像着褒衣博带袈裟，身躯瘦长高大，面貌清癯秀美，眼目疏朗，唇薄颏尖，颈直而长，两肩削窄，胸平，衣带宽博，面部表情温和亲切、嫣然含笑，具有秀骨清像的时代特征。衣纹为密褶式平行线条，襞褶趋向繁复，风神潇洒大方。菩萨披帛除有 X 形交于腹前外，偶见穿环而出的样式。其线雕和浮雕最具特色。总之，中原模式的佛教石窟艺术在继承云冈风格的基础上，思想感情发生了显著的变化，风格活泼，生活气息逐渐加强，向写实方面发展。这种艺术风格和服饰上的变化，显然是北魏后期的统治者竭力吸收汉族文化的结果，自此中国有了新的民族形式的佛教造像。

### （五）北齐模式

北齐模式是指以北齐邺都（河北临漳）响堂山石窟为代表的北齐石窟造像艺术模式。主要有中心柱窟和三壁三龛佛殿窟两种窟形。这个时期，佛的造型为低平螺髻，服饰轻薄光滑，柔软适体。佛形体敦厚结实，表现出北齐民族的强健和豪迈，脸形圆浑，胸部隆起，肢体丰腴，有朴实厚重之感。结跏趺或半结跏趺坐于圆莲座上，衣纹疏宕，成不规则阶梯状布于全身，佛衣下摆铺于座面。菩萨面相丰圆，体态健壮饱满，腹部略隆，衣纹华丽，上着披帛，下着大裙，裙裾贴体，作出水式，头戴宝冠，宝缯下垂至肘部，身材比例略显上长下短。响堂山石窟主要代表了北齐的佛教造像艺术，是短暂的北齐王朝留下的最大的艺术宝库。

### （六）北周模式

北周模式主要是指北周时期长安西北的以原州（今宁夏固原市）须弥山石窟为代表的北周石窟造像艺术模式，后人把这种风格称之为"长安模式"。其洞窟建筑构造类型可分为中心柱窟、方形窟。其造像风格与前期有了明显的变化，一改纤细飘逸、秀骨清像之风，呈现出粗壮敦厚之感。佛像着褒衣薄带式袈裟，内着僧祇支，肉髻低平，薄发无髻，脸形浑圆，肩宽腹鼓，直平阶梯形衣纹，雄浑敦厚，庄严肃穆。菩萨头戴矮花冠，上体袒，下着裙，颈饰项圈，双肩搭披巾，垂挂璎珞，具有清丽婉约、刚中带柔的风范。须弥山北周洞窟在窟龛形制、题材内容、造像特点诸方面，严格秉承长安的造像样式，除具有地方特点之外，也直接反映出北周时期都城长安新型造像的特点。

以上魏晋南北朝六个时期的六种发展模式，是我国石窟艺术发展史上的六个里程碑，每一种模式都描绘出中国早期佛教石窟艺术的一段演进历程，反照着一段历史，都在不同程度上代表和反映了魏晋南北朝时期中国佛教石窟艺术史上六个历史时期的主要艺术风格和特征。

须弥山北周时期石窟的艺术风格也受到中心文化和不同地方石窟寺的

影响,在洞窟形制方面,沿袭了本地两魏时期中心柱洞窟的传统做法,中心柱由北魏时期的多层塔式向北周时期的单层方柱式演变,不分层,四面一重龛,上下等宽的形制与巩县等地石窟一致。窟内为仿木式佛帐结构,与麦积山同期洞窟相近。麦积山第43窟,即西魏文帝乙弗后的痊窟,其后室作盝顶仿木结构。至北周时,仿木式佛帐结构十分流行,如北周大都督李允信所凿上七佛阁(第4窟)即是一个仿木式佛帐结构。而在须弥山北周洞窟中,则将仿木结构和中心方柱有机地结合起来,这成为须弥山北周洞窟的独有风格。帐形龛在云冈、龙门等石窟中都有出现,至巩县成为规整的主流式样。须弥山北周帐形龛龛表繁缛,龛楣上浮雕帐褶、三角、莲瓣、帐杆、宝珠、垂弧璎珞等,两侧悬挂流苏,与巩县石窟有一定的渊源,与麦积山北周洞窟相同,形成了具有北周石窟装饰雕刻的地方特点。在须弥山北周洞窟中,龛下壁面及中心柱基座四周浮雕供养人、伎乐人、神王等类型,是巩县、响堂山、水浴寺等石窟的布局样式。中心柱基座前雕神王题材,在中原始见于北魏龙门之宾阳三洞,巩县第1窟、第3窟、第4窟。至东魏、北齐时,神王题材十分流行,如北响堂北洞、中洞,南响堂第5窟、第7窟,水浴寺西窟。中心柱窟内的神王均刻于基座前的壁面上。在北周长安地区出土的造像碑座上也可见神王像。[①]须弥山北周时期出现的这种式样,显然受到上述地区的影响。

　　七佛题材是石雕和壁画中常见的题材,在北魏云冈、龙门石窟中就早已出现。甘肃庆阳北石窟寺第165窟便是北魏规模宏伟,造像内容丰富,以七佛造像为主体的一个典型的七佛洞窟。北周时期,七佛的供奉是麦积山北周洞窟的主要内容,如李允信所开的七佛阁以及武山拉稍寺七佛沟,都是大型的七佛窟。须弥山第51窟便是一个以六米多高的七佛为题材而雕凿的大窟,因周武帝末世毁佛而未完工,现仅存正壁三佛和右壁一大龛。

---

① 裴建平. 西安东郊出土北周佛立像[J]. 文物,2005(5).

　　三佛题材在北魏十分流行，以龙门宾阳中洞和巩县第1窟最为突出，须弥山第45窟、第46窟三佛题材意味更加明显。两窟皆三壁各三龛，右壁前龛主尊为倚坐或交脚菩萨，左壁前龛主尊为倚坐弥勒佛，中间龛为立佛，后龛为结跏趺坐佛，应是表现过去、现在、未来三世佛。

　　须弥山北周洞窟的仿木式佛帐结构、帐形龛、造像特点、七佛大像等，已形成了具有典型意义的地方特点和时代特征，是继云冈、龙门、巩县、响堂山、麦积山等石窟之后，保存至今且比较完整的北周石窟群，与敦煌、云冈、龙门、巩县、响堂山等石窟，年代接续，一脉相承，关系密切，在石窟艺术上同属一个体系。在我国石窟艺术的时空分布上，它们各自代表着一个重要的时代。在我国雕塑艺术史上，为隋唐以后新风格的形成奠定了基础，起到了承上启下的作用，对研究北周时期的佛教石窟艺术具有极其重要的价值。

# 前卫剧社在宁夏

刘天文①

**摘　要**:1949 年 7 月至 9 月,中国人民解放军第一野战军第十九兵团同驻守宁夏的国民党军进行决战并取得胜利,宁夏全境解放。隶属于第十九兵团六十四军政治部的前卫剧社,在解放宁夏战役中功不可没。这一支由近百人组成的文艺小分队,有序地组织开展了话剧、歌曲、快板、舞蹈等宣传文化活动,在激励官兵斗志、提高官兵文化水平、宣传组织群众、扩大人民军队影响以及瓦解敌军等方面发挥了重要作用。

**关键词**:宁夏　前卫剧社　《红布条》

1949 年夏秋之际,在进军宁夏的征途中,活跃着一支由近百人组成的文艺小分队。他们既怀揣手风琴和竹板,又身背步枪和手榴弹;他们既忙碌于台前幕后的文艺宣传,又出没于血雨腥风的枪林弹雨中。他们就是隶属于解放军十九兵团六十四军政治部的前卫剧社。

前卫剧社前身为冀中三分区宣传队,又名抗敌剧社,创建于 1938 年 7 月,1940 年更名为晋察冀八分区前卫剧社。1948 年 5 月,前卫剧社随部队改

---

① 刘天文(1974—　　),男,彭阳县党校讲师。

1947 年，时任晋察冀野战军第四纵队前卫剧社干部和谷岩所编写的《人民军队三字经》

编，归属于华北军区第二兵团第四纵队。1949 年 4 月又经改编，隶属于中国人民解放军第一野战军十九兵团六十四军。

行军途中，前卫剧社不辞辛苦地开展宣传工作。他们随大部队长途跋涉，沿途设鼓动棚、宣传站，时而集中排练文艺节目，时而分成若干小组，分赴各连队开展文艺活动。每当大部队开进时，他们都要提前出发，赶到前面选择地点，搭棚子，贴标语，烧开水。部队一到，就忙着送开水，搞宣传。在喧天的锣鼓声中，他们精神抖擞地说快板，演活报剧，呼口号。待部队过去，就赶紧收拾家什，追赶部队，前往宿营点。在陇东八百里追击战中，部队每天走七八十里路，而他们搞宣传的，比部队跑得路要更多一些。

7 月底，六十四军挺进宁夏时，剧社发出紧急通知，要求下到各部队的社员赶回来，参加研究进军宁夏时的宣传工作。开会时各社员一致反映，战士们求战情绪很高，但由于对敌骑兵不大了解，一部分战士有胆怯心理。为配合部队做

时任前卫剧社社长王慧敏

好战前政治工作,社长王慧敏①、指导员黎雨和刘更等商量研究,要尽快写一支鼓舞部队士气的歌曲。会后大家一齐动手,几经修改,《打骑兵》②歌词很快完成了。

> 马匪骑兵不可怕,
>
> 沉着顽强来打它。
>
> 目标又大又好打,
>
> 坚决送它回老家。
>
> 马匪骑兵不可怕,
>
> 沉着顽强来打它。
>
> 目标又大又好打,
>
> 坚决把红旗插宁夏。

因任务紧急,来不及谱曲,就选用了大家熟悉的旧曲调。这首歌的原曲是儿歌,旧词是:"功课完毕太阳西,背着书包回家去。见了父母行个礼,父母对我笑嘻嘻。"为了战斗的需要,前卫剧社把它改编成了豪迈激昂的战歌。从此,《打骑兵》诞生了。社员们分组下到部队组织教唱,这首歌迅速传遍战斗连队。歌声从秦川唱到陇东,又从陇东唱到贺兰山下……

部队行军匆匆、作战频繁,剧社的工作环境更加艰苦。由于缺乏运输工具,剧社笨重的道具、幕布、汽灯和乐器全靠社员们肩扛手提。军副政委傅崇

① 王慧敏(1923— ),笔名心文,河北望都人,中国共产党党员,著有长篇报告文学《女战士》、长篇小说《战地黄花》、短篇小说《我能爱他吗》《山丹花儿红》、散文《难忘稻园艳阳天》《烽火中的人民歌手》《昔日野丫头,今日名演员》《大红枣儿甜又香》等。
② 据时任六十四军军长曾思玉《回顾宁夏战役》一文,《打骑兵》应有另一版本或其他内容:"见敌骑兵莫惊慌,他是铁来我是钢。掌握部队莫跑散,沉着勇敢来迎战。目标又大又好打,集中火力把敌杀。"

碧①对剧社非常关心，特批了两匹骆驼给剧社搞运输。当时乐器非常珍贵，有不少是同志们冒着生命危险从敌人手里夺来的，即使行军再累，也随身携带。社员肖青就是背着一架手风琴，从北京城外一路走进宁夏的。

时值三伏，赤日炎炎，在黄土高原上行军打仗，最大的困难是渴，最需要的是水。沿途的水井被敌人破坏无遗，有的被扔进了人、畜的尸体，有的被投了毒。群众仅存的一点雨水是他们的命根子。解放军纪律严明，一滴也不能动用。一次从中宁出发，沿途无水，社员们唱歌、喊号子，嗓子干得似火烧，偶然发现一处积雨的水坑，战马在水里边喝边撒尿，战士们顾不得水脏，一拥而上，手捧着浑浊的带有马尿的泥水，一口气喝了个饱。行军中，部队找到一点水是很不容易的，除了炊事班做饭，班里十来个人才分到一小碗。人多水少，反而谁也不喝，班长下命令也不成。这时剧社给连队出了一个主意：要求各班"猜拳行令"，谁输了就喝一小口。这一招果然很灵验，既解决了人多水少的矛盾，又活跃了连队的气氛。这个方法很快就被推广开了。

剧社利用行军打仗的间隙，抓紧练新节目，每到一地就为部队和群众演出。刚入宁夏时，剧社就集中力量排演了三个短剧。

一个是小歌剧《红布条》，社长王慧敏和社员贾文如演婆媳俩。此剧根据"七月诗派"诗人侯唯动的长篇叙事诗《红头巾》（又名《一片红布哗啦啦飘》）改编而成。原诗表现的内容是，关中妇女产后在家调养一个月，俗称"坐月子"。在这期间，产妇的门楣上要挂一片红布，以戒生人入内。作者通过群众、国民党、红军对这一片小小红布的不同态度，写出了人民军队和人民群众之间血肉相连的感情，揭示了反动军队与人民群众之间的根本对立。小歌剧《红

---

① 傅崇碧（1916—2003），四川通江人。1932年参加中国工农红军。1933年加入中国共产党。1945年后任晋察冀军区旅政委、华北军区旅长、第十九兵团军副政委兼政治部主任，参加了石家庄、平津、太原、宁夏等战役。中华人民共和国成立后任六十三军军长。1951年参加抗美援朝第四次战役后期战斗和第五次战役全过程。1955年被授予少将军衔。1982年后任中国人民解放军北京军区政委。

布条》在多次的演出中产生了极大的反响。

另一个是快板剧《磨刺刀》，反映了战士们高涨的求战情绪。由王子源、舍树仁两位社员饰演杀敌的战士。为了演好剧中的角色，两位演员特意请部队的老战士来教拼刺刀的动作，为剧中人物增色不少。

再一个是秧歌剧《买卖公平》。该剧由罗英作词，徐曙谱曲，向新区群众宣传了解放军的纪律，以生动的舞台艺术展现了解放军自觉遵守"三大纪律八项注意"的优良传统。由柳青波演战士，曹克俭演回族卖菜老人。由于他们深入生活，悉心揣摩角色，演得形象逼真、惟妙惟肖。部队战士和一些当地群众见了曹克俭，都亲切地喊他"曹老汉"。

这三个小剧短小精悍、感染力强，深受部队和群众的喜爱。剧社在村里演出，场场都人山人海。每当演出结束时，总有一些热心的群众赶来给演员们送热水和食品，帮助收拾道具，小朋友们更是围着剧组叽叽喳喳，欢呼雀跃。

除了演出，剧社还常常和作战部队共同参加战斗。西北高原人烟稀少，数十里不见一个村庄，晚上社员大都露宿野外。为避免夜晚风寒，社员们就砍来树杈，支起夹被，搭成临时帐篷。月黑风高夜，国民党的散兵游勇常常出没，对剧社的非战斗分队进行偷袭。每当遇上紧急时刻，每位社员都毫不犹豫，勇敢地投入战斗。在泾川附近的一次露营中，国民党小股骑兵前来骚扰，半夜里突然枪声大作。警卫部队出击，剧社的社员闻讯，从被窝里一跃而起，拿起武器就向敌人追去。拂晓，战斗结束后，大家才发现几名没有武器的社员，手里竟拿的是演戏用的木枪和木刀。在一次次战斗的洗礼中，社员得到了锻炼，也付出了极大的代价。来自冀西根据地的年轻女演员齐凤莲不幸牺牲，从此剧社失去了一位能歌善舞、才华出众的好战友。

六十四军的进攻势如破竹，敌人溃不成军，狼狈逃窜。1949年9月23日下午4点，一九一师先头部队奉命横渡黄河，进驻银川市。剧社急忙赶到仁存渡口，欢送大军渡河。放眼望去，只见黄河岸边满是伪装的坦克、大炮、

1949 年 9 月 23 日,人民解放军六十四军先头部队冒雨从仁存渡口渡过黄河

卡车,还有一身征尘的战士们。激动的人们在欢呼,波涛汹涌的黄河在沸腾……

剧社进入银川市后,驻城内东大街西路马鸿逵公馆。社员们夜以继日地印制宣传品,走上街头张贴,向广大市民散发。不少中小学生见到了,都纷纷赶来和社员们一道宣传《三大纪律八项注意》《告回民同胞书》《约法三章》《进入回民区注意事项》等,使更多的群众了解党的政策和我军的纪律。很快,关闭的店铺都先后开业了,城里秩序井然,街头巷尾到处是锣鼓声、鞭炮声、欢呼声。为了尽早排出文艺节目献给银川人民,剧社从马公馆搬出,挪到了南街的银行后院。临近中秋,许多群众闻讯赶来,给剧社送来了大批食品、水果表示慰问。剧社社员同银川人民一起过了一个欢乐幸福的中秋节。

9 月 26 日凌晨,第十九兵团主力在银川市举行了隆重的入城式。当晚,军民会集在银川市大礼堂,举行了盛大的联欢晚会。兵团杨得志司令员、李志民政委,宁夏人民代表以及各界人士出席了晚会。在晚会上,兵团子弟兵剧社、六十三军前线剧社、六十五军前锋剧社、宁夏京剧团和前卫剧社同台演出,共庆宁夏人民翻身解放。

　　不久,六十四军回师秦陇,离开了银川。出发前,各族青年纷纷要求加入,一些中学生找到剧社,要求参加文艺宣传工作,有的生怕参加不上,抢着扒上汽车要和部队一起走。他们的到来,给剧社输入了新鲜血液。马鸿逵的军乐队队员也分到了各个剧社。至此,前卫剧社的阵容更强大了。

# 地方文化交流

DIFANGWENHUAJIAOLIU

# 从田汉《对花枪》改编的失败看豫剧的地方文化

## 王建浩[①]

　　摘　要:《对花枪》是深受观众欢迎的豫剧传统剧目。崔兰田擅演该剧,她打算把该剧拍摄为戏曲艺术片,邀请田汉修改剧本。田汉的改编,首先去除了唱词中的土语、俗语,这样虽然提升了剧本的文学性,但严重斫伤了生动活泼的乡土气息。其次田汉把悲剧喜唱改为严肃的正剧,去除了剧中诙谐的语言和闹剧的成分,变成了一脸严肃的政治说教。由此看来,观众拒不接受田汉的修改本是有深刻原因的。总之,戏曲改编要了解和尊重剧种的个性特点和当地的地域文化。

　　关键词:《对花枪》　田汉　语言　喜剧

　　豫剧《对花枪》是豫剧独有的剧目(曾改编成京剧、评剧),是非常奇特的一出戏,豫剧五大名旦中的崔兰田和马金凤擅演。

　　《对花枪》的奇特之处有三点。首先,故事奇特。《对花枪》讲的是罗艺年轻进京赶考,病倒在姜桂枝的家庙里,被姜桂枝的父亲救起。姜桂枝爱上了罗艺,以身相许,并把姜家的绝技花枪传授于他。罗艺学了七十二路,还有三十

---

① 王建浩(1981—　　),男,博士,郑州轻工业学院艺术设计学院副教授,主要研究方向为戏曲的传承与发展。

二路没有学，就再次进京赶考。从此姜氏就和罗艺失去了联系，姜桂枝生子罗松，并含辛茹苦地把罗松抚养成人，为他娶妻，罗松生下了孙子罗焕。40 年之后，姜桂枝得到消息，罗艺在瓦岗寨参加农民起义，于是就带领儿子、儿媳和孙子到瓦岗寨寻罗艺。用一句话来概括，就是一个 61 岁的白发老太太来寻找自己的丈夫和爱情。

其次，行当齐全，文武交织。剧中，姜桂枝为老旦，罗艺、罗松为须生，罗成为武生，程咬金为大花脸，罗焕为武娃娃生，秦琼为红脸，史大奈为三花脸，尤通为小丑。该剧的老旦有三大段核心唱段："南营""训罗成""训罗艺"。在三大段唱之前分别有三段精彩的武戏。罗焕用花枪打败史大奈和尤通，罗焕与罗成对花枪，姜桂枝与罗艺对花枪。"一张一弛，乃文武之道也。"这出戏打得精彩，唱得动听，让观众过足戏瘾。另外，姜桂芝属于豫剧白毛老旦，这是一个特殊的老旦行当，多以青衣兼演，以唱功为主，多演一些家长里短的故事，通俗易懂，充满生活气息。这固然是豫剧行当不成熟的表现，但反过来也是豫剧的一大特色，一个白发的老旦却唱着青衣的唱腔，产生了巨大的反差，也产生了特殊的韵味，何况《对花枪》讲的就是年过六旬的老妪在寻找爱情，这对姜桂枝尤为合适。当《对花枪》被改编为京剧时，京剧的老旦行当极其成熟，并有自己的流派。京剧中的青衣用小嗓（假声）演唱，老旦用大嗓（真声）演唱，二者的差异明显。因此，当京剧用规范的老旦声腔演绎姜桂枝，风格也就中规中矩，使姜桂枝老妪却怀着少女般情丝的个性特点丧失殆尽，味同嚼蜡。

最后，该剧悲喜交加。该剧的悲剧性表现在，罗艺到瓦岗寨之后娶了秦琼之姑妈秦氏，姜桂枝实则是一个弃妇，和崔兰田《秦香莲》中的秦氏、《桃花庵》中的窦氏无别，正如姜桂枝所唱："与罗艺分别时我才 22，老身今年 61。恁没想想，这几十年的日子我是咋过的。"①不仅如此，姜氏来寻罗艺，罗艺因娶秦

---

① 《河南戏剧》编辑部. 豫剧表演艺术家崔兰田演出剧目选 [M]. 北京：中国文联出版公司，1988：150.

氏,不但不迎接姜氏,反而派罗成来打姜氏。"不是我孙孙的好武艺,俺全家早死在你手里。"①该剧的喜剧性表现在,稚气未脱的罗焕打败了叔叔罗成,并用枪逼迫罗成到南营见姜氏,姜桂枝打败了老英雄罗艺,而该剧最大的笑点是姜氏用罗艺定下的家法——拿绣花鞋责打罗艺。观众说:"看起来像个悲剧,却充满喜剧风格,许多地方使你心里发笑;说是喜剧,又充满令人心酸的悲苦,有时又令你笑中含泪。"

1957年崔兰田第一次进京演出《对花枪》,引起了很大的轰动。后来崔兰田有意把该剧拍摄为电影,邀请田汉修改剧本。1963年田汉完成修改,崔兰田根据田汉修改本演出,但观众拒不接受,没演几场就演不下去了,不得不恢复传统的演法。田汉作为著名的剧作家为什么修改本剧失败了?个中原因值得探讨。

且不说田汉对剧作主题作为转变——由原来的姜桂枝到瓦岗寨寻夫改为到瓦岗寨共举义旗反抗隋炀帝的暴政,田汉顺从时代的需要,将该剧从家长里短的生活戏转变为突出阶级斗争的政治戏。

从戏曲语言来看,也是有其原因的。《对花枪》"南营"段唱多达100多句,历来为人称道,是该剧的核心唱段。1959年崔兰田第二次进京演出,在长安大戏院为北京文艺界演出《对花枪》,梅兰芳、马连良、张君秋、肖长华等京剧大家观看了演出。崔兰田曾回忆当时的演出情形:"我扮演的姜桂枝在帘内一声叫板:'孙女,搀我来!'甩腔余音未罢,台下就响起一片喝彩声。姜桂枝上场后,那段长达100多句的'二八'板唱腔,悲喜交加,我唱得舒展自如。观众听着这独具特色的豫西调,感到韵味浓郁。鹤发童颜的姜桂枝回忆自己早年与罗艺结合的幸福往事,表现自己少女顽皮的唱词,令观众忍俊不禁;后转而用低沉哀婉的声腔叙述与罗艺分别40年的凄苦,又使人鼻子酸楚。这一大段唱腔,那

---

① 《河南戏剧》编辑部. 豫剧表演艺术家崔兰田演出剧目选[M]. 北京:中国文联出版公司,1988:173.

天博得台下 11 次掌声。"①这里，我们不难看出该剧强烈的剧场效果。

"南营"一场，是姜桂枝在戏中的第一个亮相，也是第一段唱段，首先自述身世："有老身我居住南阳地，离城十里姜家集。……所生老身独自己，起名讳我就叫姜桂枝。"罗艺进京赶考，病倒在姜家集，被姜桂枝父亲救起，桂枝爱上了风流俊雅的罗艺，在丫鬟的带领下偷看罗艺。回忆起这段甜美的爱情，白发的桂枝回春如少女。马金凤的演出本有这样的唱词："我听此言呐心欢喜，急忙忙带丫鬟下楼梯，在客厅门外我停住了足。那个窗户高我的身材低，小丫鬟她给我出了一个好主意。她搬来两块巴砖一块坯，我欠欠身儿站上去，用舌尖湿破了窗棂上的纸，木匠吊线看仔细，我站在大厅以外偷相女婿哪嗨呀。"②姜桂芝爱上了罗艺，她向母亲说明了心事，当桂枝的母亲因罗艺是外乡人不同意这门婚事时，桂枝又撒娇又发脾气："我一听俺的娘她不愿意，我的脸一沉头一低，哼了一声我扭过去，硬着个脖子我发脾气，那小嘴儿撅得能拴住个驴。"迫使父母同意了这门婚事。

姜桂芝生气发脾气这一段田汉改编为：

> 我一听俺娘她不愿意，
>
> 我把脸色一沉头一低，
>
> 小嘴儿一撅扭过去，
>
> 硬着脖子我耍脾气。③

田汉删掉了"那小嘴儿撅的能拴住个驴"这个非常形象又很俏皮的形容。河南人爱用这样的习语形容一个人生气不开心。

婚后，姜桂枝把姜家花枪传授给罗艺。几年后，罗艺再次进京赶考，姜氏和罗艺分别："我言说：'为妻身怀孕，还望你先把孩子的名字起。'他言说：'生

---

① 杨奇. 崔兰田画传[M]. 开封：河南大学出版社，2006：100.

② 根据马金凤录音记录。

③ 田汉全集编委会. 田汉全集·第九卷·戏曲[M]. 石家庄：花山文艺出版社，2000：465.

男叫罗松,生个女的由着你。'到了第二年,啊,唔,是甲子年,闰二月,八月十五,天明寅时生下我的罗松儿。"

田汉将这一段改编为:

我说:"为妻身怀孕,

还望你先把孩子的名儿起。"

他说:"生个男的叫罗松,

生个女的就由你。"

到了第二年八月中秋日,

生下了这温良恭俭的罗松儿。①

田汉把非常口语化的唱词改为规整的句子。因为往事已经过去了40多年,姜桂芝的记忆有些模糊,需要费力地回忆,豫剧原本唱词很好地表现出了这一点,也符合老太太的特点,絮絮叨叨。另外,这样的句子容易发挥豫剧说中带唱、唱中带说、说说唱唱、似说似唱的特点。

再以"训罗艺"一段唱段为例,田汉修改本为:

负心人且停住烂银枪,

细听为妻诉一诉衷肠。

在我家一载多欢畅,

就似那双飞蝴蝶并翅鸳鸯。

妻也曾教给你花枪世无两,

妻也曾陪你把孙吴兵法读到天光。

虽然说男儿汉志在四方,

这结发恩深哪可忘?

自从你应试洛阳往,

---

① 田汉全集编委会. 田汉全集·第九卷·戏曲[M]. 石家庄:花山文艺出版社,2000:466.

并无有片纸家书到南阳。

你去时我年 22 如今是 60 以上,

这 40 年的滋味够妻尝。

松儿他有母无父心惆怅,

隋炀帝又荒淫无耻横征暴敛,

老百姓都仰天嗟叹守不住家乡。

听说你高举义旗声势壮,

一家人这才千里迢迢来到瓦岗。

俺情愿在两军阵前做一个杀敌搴旗将,

难道说我白发萧萧找夫郎?

你容我,我们同坐黄罗帐;

你不容,我和子孙儿媳住营房。

妻怎肯劝你投杨广?

妻怎肯箭射死尤将军一命亡?

将人比己你想一想,

难道说你全不知为妻的心肠?①

豫剧传统演法的唱词为:

众位英雄跪在地,

不由老身泪惨凄。

你再说不饶老罗艺,

众英雄的脸面搁在哪里?

罢罢罢!

众位英雄快请起,

① 田汉全集编委会. 田汉全集·第九卷·戏曲[M]. 石家庄:花山文艺出版社,2000:482-483.

过去的事儿我不再提。

我仔细想我、我可是难消气，

我还得去数落数落那个老东西！

老罗艺！

你手拍胸膛想一想，

你怎样到的姜家集？

你的寒病谁救你？

是谁给你配夫妻？

40年的活寡我可是不容易，

我教子养孙费心机。

你忍心把我来抛弃，

难道说你自己的儿孙也不怜惜？

有道是"虎毒不伤子"，

最可恨你跨马提枪来迎敌！

动不动卖弄你好武艺，

你没想想，你那个武艺是谁教的？

花枪学会七十二，

还有那三十二路你没学齐。

鲁班面前你耍的什么斧？

孔夫子面前你卖的什么诗？

不害羞还把你背后三枪使，

老罗艺你把头抬起，

呀，咋不要你那老脸皮？

你这种人尘世上难站立，

你就该一头扎到那泥坑里！

我气上来我、我打你 40 绣鞋底，

咳，咳，看那两个傻闺女！

听说风，就是雨，

这事可不能凭冒失。

瓦岗寨上看一看，

他是何人我是谁？

有人知说他不仁义，

不知道的说俺桂枝没道理。

老来老来打女婿，

怎叫俺落个啥名气？①

两相对比不难看出，田汉修改本的语言更书面化，但丧失了豫剧浓郁的生活气息，把戏写得失去了特色，不能吸引观众。豫剧传统本唱词有以下的优点：首先，语言质朴，都是老百姓的口头语，听起来如话家常，称罗艺为"老东西"，又说他"不要那老脸皮"，并且加入了大量的语气词，诸如"罢罢罢""呸""咳"，形象生动，情感丰富，表现出了姜桂枝苦受 40 年活寡的满腔怨气。其次，使用了很多生动形象的谚语："虎毒不伤子。""鲁班面前你耍的什么斧？孔夫子面前你卖的什么诗？""听说风，就是雨。"最后，唱词充满了动态，姜桂枝让罗艺跪着听责，说到罗艺使枪，姜桂枝气愤难平，让罗艺把头抬起，啐了他一口唾沫，并要用绣鞋责打罗艺，而当孙女和孙媳信真要打的时候，姜桂枝又急忙阻拦。这样使演员有戏可做，能动起来，丰富了表演。

田汉的改编，汰净了唱词中的土语、俗语，虽然提升了剧本的文学性，但也使剧本不再生动活泼，唱词变成了呆板单调的书面语。田汉所增补的唱词，与原来的唱词也极不协调：

---

① 根据中央电视台《名段欣赏》马金凤《对花枪》演出视频记录。民间豫剧老艺人苏兰芳演唱的《对花枪》的唱词和马金凤的这一版基本相同，由此可知马金凤此版唱词比较接近豫剧原貌。

隋炀帝东征兵不利，

还要到扬州看花去。

开掘运河三千里，

龙舟夜发波光媚，

娇歌艳舞君王醉。

锦缆牙樯殿角女，

零脂断粉满隋堤。

民穷财尽敲骨吸髓，

纷纷天下干戈起。①

有不少人说豫剧土，但我们需要辩证地看豫剧的土。土虽是豫剧的缺点，可从另一个层面来看，这又是豫剧的优点、特色。当田汉汰净了豫剧的土，把豫剧的唱词变得像京剧那样高雅时，豫剧的特色也就丧失殆尽。众所周知，豫剧的观众主体是农民，不用农民的语言讲故事，农民就会选择拒看，没有观众的剧作，注定生命力不长。何况《对花枪》唱词的土，是"土得有味儿"，大俗即大雅，正如罗怀臻所讲："随着人类文明现代化和全球化的进程，人类文化也面临着标准化与趋同化的危险。越是全球化，越要强调民族化、地域化，这样人类文化的丰富性才能得到体现。中国戏曲也是同理，越是强调戏曲艺术的一般规律，越是要尊重不同剧种的特点差别，而不同剧种所表现出来的不同地域的个性特色，正是她的独特魅力所在。……它的'俗'，正是它的'雅'，发现、发掘和运用、欣赏它，需要的恰恰是高雅的修养。"②

田汉把悲剧喜唱改为了严肃的正剧，汰净了剧中诙谐的语言和闹剧的成分。戏曲语言也要生动有趣，呆板冗长的唱词观众不爱听，演员也无法表演。李渔说："'机趣'二字，填词家必不可少。机者，传奇之精神；趣者，传奇之风

---

① 田汉全集编委会. 田汉全集·第九卷·戏曲[M]. 石家庄:花山文艺出版社,2000:468.

② 王建浩. 戏曲文学创作的深层况味——罗怀臻先生访谈录[J]. 四川戏剧,2016(1).

致。少此二物,则如泥人土马,有生形而无生气。"①黄周星也说:"制曲之诀,虽尽于'雅俗共赏'四字,仍可以一字括之,曰'趣'。古云:'诗有别趣。'曲为诗之流派,且被之弦歌,自当专以趣胜。令人遇情境之可喜者,辄曰:'有趣!有趣!'则一切语言文字,未有无趣而可以感人者。"②

诙谐俏皮的语言本身就是产生喜剧性的一个层面,上文已经分析。此外,从行当上看,史大奈、尤通(田汉改为尤俊升)为丑行,语言和行动都充满了喜剧性,如二人的一段唱:

> 史大奈(唱)杀鸡何须把牛刀用,
>
> 尤通(唱)克臭虫不必撒老鹰。
>
> ……(唱)擒来人好一似稀泥里拔葱。③

田汉把此二人改为正面的形象,喜剧性不复存在。

田汉的改编本唱词拿掉了姜桂枝要拿绣花鞋责打罗艺这一情节,而观众拍手称快的正是这一情节。据《崔兰田传》记载,1959 年崔兰田为参加第二届全国人民代表大会和第二届全国政协会议的两会代表演出《对花枪》,演到最后一场,姜桂枝把罗艺打下马来,一气之下欲拿绣花鞋责打罗艺时,台下的许多银发白须的老人笑得前仰后合、拍手称快。事后,河南代表对崔兰田说:"两会代表、委员们看你演出的《对花枪》,回到饭店后仍兴致勃勃,都在议论咱们河南戏演得好,通俗易懂、雅俗共赏。有的老同志互相开玩笑:'你看看台上的老罗艺多像你,你要小心点,说不定哪一天,你的原配夫人找到北京来用绣鞋打你呢。'"④两会代表应该说是具有较高文化和修养的观众,他们都有如此评价,何况普通的观众呢?

① 李渔著. 江巨荣,卢寿荣校注. 闲情偶寄[M]. 上海:上海古籍出版社,2000:36.

② 黄周星. 制曲枝语[A]. 中国戏曲研究院. 中国古典戏曲论著集成(七)[M]. 北京:中国戏剧出版社,1959:120-121.

③ 《河南戏剧》编辑部. 豫剧表演艺术家崔兰田演出剧目选[M]. 北京:中国文联出版公司,1988:144.

④ 杨奇,毕定良. 崔兰田传[M]. 北京:大众文艺出版社,2003:180.

　　田汉删掉用绣花鞋责打罗艺的情节可能是认为这样做有点胡闹的成分，另外也冲淡了主题。可是在河南戏中，用绣花鞋打人还是比较常见的，如《花打朝》中程七奶奶在金殿用绣花鞋追打唐王。程七奶奶可以说是豫剧中性格豪爽、心直口快、敢作敢当、爱打抱不平的典型："谁要是和我对脾气，割我的肉吃我都不觉疼。我要是遇见那不平事，哟嗨，我两眼一瞪把牛吓惊，我一脚踢他到沤麻坑。老天爷要是得罪我，我也敢把他戳一个大窟窿。"姜桂枝是一个女英雄，性格豁达、豪迈。当桂枝恼上来要用绣花鞋责打罗艺时，孙女和孙媳听后要打，却被姜桂枝拦住，桂枝识大体、顾大局，不把"儿女私情略萦心上"。悲剧喜演，也体现出中原人的乐观幽默。

　　田汉改编本去喜剧化，使剧本一脸严肃，充满了说教气息。至于田汉为什么要这样改，他没有正面回答，不过从 1952 年田汉在中南区首届戏曲观摩汇演中对豫剧《柜中缘》的评价中可以找到答案："这个戏正是写人民正义感的表现。但许多《柜中缘》，却多半演成了一般的调笑戏，把原有的意义歪曲了。……演得虽然比较好，但对于这个戏的政治感觉也还是没有充分表现出来。……这个戏的主题本来是严肃的，也很好玩；小丑却用一些无谓的插科打诨，甚至猥亵的手段，把一个严肃的戏演坏了，是极不合适的。应该好好地修改一下。"①田汉为了突出戏剧的政治教育功能而有意识地削弱戏剧的娱乐功能。

　　河南艺术研究院刘景亮在《遏制戏曲异化》一文中写道："传统剧目和今人创作的古代戏味道大不一样。去年，我有意识地邀请一位对戏剧没有先入之见的大学教师，先看一出获得全国大奖的新创作的古代戏，接着又看了一出经典的传统剧目。然后问他两出戏的味道是否一样，回答是：'不一样，大不一样。今人的创作很理性，很板正，不好玩，不感人；传统戏创作很自由，演出很感人，又很好玩。'"②这应当引起当代戏剧创作者和改编者的深思。

---

① 田汉全集编委会. 田汉全集·第十七卷·戏曲[M]. 石家庄:花山文艺出版社,2000:225-226.
② 刘景亮.遏制戏曲异化[J]. 中国戏剧,2011(4).

# 牟文化研究

尹祚鹏①

摘　要：莱芜文化的古代文化渊源之一是先秦时期的牟文化，两者之间存在若干方面的关联。本文内容涉及八个方面：一是探讨牟夷的族源、姓氏和主要贡献；二是论述嬴牟并称的地域依据以及牟国至牟县的历史演变；三是探寻牟子国朝鲁东迁以及农耕矿冶文化；四是根据莱文化和牟文化的关系探寻莱芜的由来；五是具体研讨牟汶河对莱芜农耕文化的影响；六是从考古发掘入手追寻牟文化的历史遗存；七是论述牟文化地域影响的拓展；八是考察牟姓与牟的其他内涵，进一步丰富牟文化。

关键词：嬴牟　来牟　牟子国　牟夷

莱芜名称的由来与莱芜三大源文化体系——嬴、牟、莱有密切关系，不管它古称"嬴牟"还是由"来牟"转音而来，牟是连接两者关系的纽带。对于嬴和莱文化，中国先秦史学会以及山东嬴文化历史研究院的诸位先生已经进行了翔实的考证研究，兹不详述。本文的重点，是探究一下与牟有关的文化(牟人

_____

① 尹祚鹏(1973—　)，男，山东莱芜人，文学硕士，山东省莱芜市第十七中学高级教师，系莱芜市文艺评论家协会和小作家协会副主席，山东省嬴牟历史文化研究中心理事、研究员，中华诗词学会、山东青年作家协会、山东省文艺评论家协会、市作家协会等会员。获得山东省第六届刘勰文艺评论奖、山东省创新教师以及山东省最美书香家庭等荣誉。

的生活范围在何处,牟人的发展变化如何,牟文化有何历史遗存),这对于了解莱芜起源和发掘莱芜文化底蕴应该有所帮助。

### 一、牟夷的族源、姓氏与主要贡献

牟经历了牟族、牟国、牟县的发展演变历程。汉应劭称:"牟,子国,祝融之后。"①《汉书·地理志》泰山郡有"牟,故国"之说,注引应劭说"附庸也",(颜,作者注)师古曰:"春秋桓十五年,牟人来朝,即此也。"②所谓附庸,就是以国事附于大国,这里指牟为鲁国的附庸国,其他关于牟子国的资料基本类同。《莱芜文化通览》③一书对牟为祝融之后,牟族的姓氏、族源进行了详细考证,增补了很多史料,并作出了相应的判断。

《世本·氏姓篇》称:"牟,子国,祝融之后。"《路史·国名纪三》称:"牟,子爵,祝融后。"④这里只是把其中的"子国"改成了"子爵",并将其列入高阳氏后国。……古史中对祝融的记载也颇让人疑惑。《礼记·月令》称:"其帝炎帝,其神祝融。"⑤祝融像是神;《左传·昭公二十九年》称:"颛顼氏有子曰黎,为祝融。"⑥祝融像是官职;《山海经·大荒西经》则称:"颛顼生老童,老童生祝融。"⑦祝融又像是人。综合分析,祝融一开始应当是人,可能因掌火而为火正,逐渐地人们把掌火之人也称作祝融,祝融成了官职。后来祝融功绩大了,人们

---

① 王利器. 风俗通义校注[M]. 北京:中华书局,2017:527.

② 班固著. 颜师古注. 汉书[M]. 上海:上海古籍出版社,1986:517.

③ 尹承乾. 中华文明早期的莱芜[A]. 牛志春. 山东文化通览·莱芜文化通览[M]. 济南:山东人民出版社,2012:39-42. 对该书的部分引用增加了注释,以便于核对。

④ 袁林. 汉籍全文检索系统[DB/OL]. 西安:陕西师范大学历史文化学院,2002.

⑤ 郑玄注. 孔颖达疏. 礼记正义[M]. 上海:上海古籍出版社,1990:1364.该文在"祝融"下的注解为:"此赤精之君,火官之臣。自古以来,著德曰黎,为火官。"

⑥ 杜预注. 孔颖达疏. 春秋左传注疏[M]. 上海:上海古籍出版社,1990:2124. 该句注解为:"黎为火正。"

⑦ 李润英,陈焕良译注. 山海经:图文珍藏本[M]. 长沙:岳麓书社,2006:356. 该文作"老童生重及黎",注解为:"重,传说中掌管天上事务的官员南正;黎,传说中管理地下人类的官员火正。"

又把他奉为神明。实际上,颛顼所属的祝融部落有已、董、彭、秃、妘、曹、斟、芈八个姓氏,其中"祝融族的首一姓是已姓,也即是姒姓"①。另外,《古史考》认为颛顼氏妘姓,《唐表》则认为颛顼氏风姓。风姓则属于东夷太昊部落。……按应劭牟为"祝融"之后所言,只要得知颛顼的姓,便知祝融的姓,也便知牟的姓。有的学者认为颛顼既不是黄帝的姬姓,又不是炎帝的姜姓,"颛顼偃姓"②。那么牟也可能是偃姓。王献唐称:"偃即奄。"③偃,古在元部;奄,古在谈部,古可通转。奄乃商代旧地,为鲁所占,与牟接近……也有的学者认为奄为嬴姓,偃、嬴相通。刘节说:"我国远古部落,以嬴、偃、已三图腾最多。"④其中嬴为伯益部落,匽(偃,作者注)为颛顼部落,已为祝融部落。

有些资料表明祝融是高辛氏帝喾的裔臣,《史记·楚世家》称:"重黎为帝喾高辛氏火正,甚有功,能光融天下,帝喾命曰祝融。"⑤高辛氏帝喾,是东夷族鸟夷的一支,为少昊帝的曾孙。"帝喾以鹄鸟(天鹅)为图腾",他"能指挥百鸟之王的凤凰,说明了他继承了曾祖少昊的事业,成为鸟夷诸部大联盟的酋长"⑥。因此,《帝王世纪》把高辛氏帝喾列为五帝之一,排在高阳氏颛顼之后。与凤凰信仰有关,不是少昊的嬴姓,就是太昊的风姓。我们还很难确定牟上面的祝融是南方的祝融,还是北方的祝融。如是帝喾时的祝融,那么少昊、帝喾、祝融、牟就一脉相连。据《中国姓氏大全》载,上古八大姓之一的妘姓,为帝喾高辛氏火官祝融后代建立的嬴姓子爵国,牟应为东夷族嬴姓。刘节也说:"以予所考,高阳(颛顼,作者注)代表匽(偃,作者注)图腾民族,高辛(帝喾,作者

① 顾颉刚. 鸟夷族的图腾崇拜及其氏族集团的兴亡[A]. 吴锐. 古史考(第六卷)[C]. 海口:海南出版社,2003:209.

② 柳明瑞. 嬴姓溯源[M]. 北京:中国文史出版社,2007:63.

③ 王献唐. 炎黄氏族文化考[M]. 青岛:青岛出版社,2006:482-483.

④ 刘节. 释嬴[A]. 中国语言文学研究所,历史学研究所. 国立中山大学文史集刊(第一册)[C]. 广州:国立中山大学出版组,1948:91.

⑤ 司马迁. 史记[M]. 上海:上海古籍出版社,1986:203.

⑥ 何光岳. 东夷源流考[M]. 南昌:江西教育出版社,1990:95.

注)则代表嬴图腾部族。"①后来南方的欢兜、三苗、梼杌被北方融合之后,"祝融深入南方传播教化"②,变成了南方之主或神,故《越绝书·计倪内经》称"祝融治南方"③。或祝融后人到了南方,把祝融的信仰与祭祀也带到了南方。

不论祝融是不是东夷,牟族属于夷人是没有问题的。尹承乾在《夏商周时期的莱芜与区域文化的变迁》中提到牟族建国与牟族贡献:

> 莱芜城东赵家泉牟城遗址的商代房址,有大量商代遗存的石器、陶器,是牟夷商代建国的最好见证。牟族能在商代建国,说明牟在商君心中是有地位的。且商代初都在曲阜奄地,牟与奄相距甚近,来往方便。从殷商为东夷鸟族分析,牟与商族应为近族,或牟在灭夏兴商中有功。牟夷建国,对牟族的发展至为重要;又加其地处鲁中山区的牟汶河上游,有山、有水、有平原,利牧、利渔又利农,境内还有煤铁等矿石资源,得天独厚。由于牟国在周代沦为附庸,所以留存的史料很少,特别是牟国君臣留下名字的,基本是空白,仅在《左传》中称为牟子而已。尽管如此,牟国对古代文明的贡献也是很大的,除了选育小麦外,还有作矢和驯牛。牟族人善于作矢,矢的发明,是原始先民的重大发明。《说文·矢部》称:"古者夷牟初作矢。"弓矢发明,不仅是嬴牟先民战胜自然的锐利武器,而且可证明嬴牟族在人类发展到狩猎阶段时的发明创造和聪明智慧,也为后来铜、铁器时代的武器的发展打下了基础。在牟人聚居的城址附近的汶阳遗址中,发现了较多的长方形、柳叶形、三角形等石箭镞,为牟夷做矢找到了实物证据。④

① 刘节. 释嬴[A]. 中国语言文学研究所,历史学研究所. 国立中山大学文史集刊(第一册)[C]. 广州:国立中山大学出版组,1948:92.
② 徐旭生. 中国古史的传说时代[A]. 牛志春. 山东文化通览·莱芜文化通览[M]. 济南:山东人民出版社,2012:42.
③ 袁林. 汉籍全文检索系统[DB/OL]. 西安:陕西师范大学历史文化学院,2002.
④ 尹承乾. 夏商周时期的莱芜与区域文化的变迁 [A]. 牛志春. 山东文化通览·莱芜文化通览[M]. 济南:山东人民出版社,2012:39-42.

文献记载对于弓矢的发明仍有若干不同的看法。《山海经·海内经》说：
"少皞生般，般是始为弓矢。"①少昊，又写作少皞，是嬴姓得姓始祖伯益的祖
先。少昊帝次子勾芒，又名般(古音读 pán，是尹姓祖先)发明弓箭。尹般是否
发明弓箭？他与牟夷人关系如何？《山海经·海经新释卷十三》对这句话引用了
郭璞等人的注解。郭璞云："世本云：'牟夷作矢，挥作弓。'弓矢一器，作者两
人，於义有疑，此言般之作是。"郝懿行云："说文(十，作者注)云：'古者夷牟初
作矢。'郭引世本作牟夷，疑文有倒转耳。宋衷云：'夷牟，黄帝臣也。'说文(十
二，作者注)又云：'挥作弓。'与世本同。……盖均传闻不同而异辞也。"②《说
文·矢部》云："古者夷牟初作矢。"③不管是尹般一人最早发明或使用弓矢，还
是弓矢由两人完成，如注解所说的夷牟发明箭，张氏的祖先挥发明弓，弓箭的
发明都与牟夷有着密不可分的关系。柳明瑞《嬴姓溯源》一书第八章论述了嬴
姓古国与嬴姓之氏共计 138 个，其中包含了尹姓和张姓。④汶阳遗址实物考证
的箭镞遗存也与文献中的牟夷做矢相吻合。嬴人和牟人同居于莱芜大地，弓
矢的发明把嬴牟两族文化紧密联系在一起。弓矢的发明有利于原始部族对自
然的利用和征服，促进了各部落战争和经济文化的交流。

《左传·昭公五年》载："莒、牟夷以牟娄及防滋来奔。"⑤这些都说牟为夷。
王献唐也称："所谓牟者，即古代东夷之一，实山东土著也。"牟为东夷族鸟夷
的一支，"以鹐鸟为图腾"⑥，后来选育了大麦，便以禾麦为图腾，"由鹐鸟而转
为虋麦的图腾，正象征由采狩经济转入农耕经济"⑦。此时，在舜、禹治理完洪
水之后，"由鸟夷分粗了齐、秦、来、谷、枲、牟以谷类为图腾的国家，证明鸟夷

---

① 李润英. 陈焕良译注. 山海经：图文珍藏本[M]. 长沙：岳麓书社，2006：387.

② 袁林. 汉籍全文检索系统[DB/OL]. 西安：陕西师范大学历史文化学院，2002.

③ 桂馥. 说文解字义证[M]. 济南：齐鲁书社，1987：440.

④ 柳明瑞. 嬴姓溯源——兼论嬴秦祖根在东方[M]. 北京：中国文史出版社，2007：167-188.

⑤ 杜预注. 孔颖达疏. 春秋左传注疏[M]. 上海：上海古籍出版社，1990：2040.

⑥ 何光岳. 东夷源流考[M]. 南昌：江西教育出版社，1990：100.

⑦ 何光岳. 东夷源流考[M]. 南昌：江西教育出版社，1990：100.

族的农业发展很快"①。牟在狩猎时期有鸰鸟崇拜,在转入农耕初期后,又以驯化耕牛为主,后来又发现并选育了大麦,便仍取其牟音,加上麦形,写为麰。

牟应为商代旧国,王献唐称:"牟子国所在,通常谓在莱芜,皆由氏族得名者也。氏族名由地起,亦以氏族名地,互为因果,迁徙无方,迁到何处,如无地名,类以族名呼之,如有地名,或新旧合称。"②周朝建立后,牟国臣服于鲁,成为附庸国,又夹在齐鲁之间,艰难支撑,最终被楚所灭。牟与嬴、莱都挨得很近,又都是东夷族中的鸟夷,都为少昊之后,应当为嬴姓,或属嬴姓的大范围内的其他氏。③

就氏族合名来说,莱芜古称嬴牟,反映了牟与嬴的关系,称"莱芜"反映了牟与莱的关系。

## 二、嬴牟并称的地域依据以及牟国至牟县的历史演变

莱芜古称嬴牟,牟文化与嬴文化融合交织。关于嬴文化的著作有好多部,比如宋镇豪先生主编的《嬴秦始源——首届中国(莱芜)嬴历史文化学术研讨会论文集》④一书,收录了诸多重要的相关嬴文化源起的论述,兹举一例说明。张广志《嬴秦的族源和早期活动地域》一文指出:

> 《史记·秦本纪》仅言大费被"舜赐姓嬴氏",而未名其居地。作
> 为地名的嬴,见于桓三年《春秋》经,作"三年春正月,公会齐侯于
> 嬴"。杜预注:"嬴,齐邑,今泰山嬴县。"今人杨伯峻《春秋左传注》:
> "嬴故城在今山东莱芜县西北,据《一统志》,俗名城子县。"虽明其
> 地,却未同大费赐姓事联系在一起。郑樵《通志·氏族略》,则明言:

---

① 何光岳. 东夷源流考[M]. 南昌:江西教育出版社,1990:20.

② 王献唐. 山东古国考[M]. 济南:齐鲁书社,1983:248.

③ 尹承乾. 中华文明早期的莱芜[A]. 牛志春. 山东文化通览·莱芜文化通览[M]. 济南:山东人民出版社,2012:57.

④ 2013 年由中国社会科学出版社出版.

"嬴氏,伯益之后……有功,赐姓嬴。"……《路史·国名纪·少昊后嬴姓国·嬴》目:"翳(伯益、大费)能繁物而封。汉县,隶泰山。唐入博城,所谓嬴博。今兖州之莱芜,本齐邑。"《路史·后纪七》:"伯翳大费能驯鸟兽,知其语言,以服事虞夏。始食于嬴,为嬴氏。"注云:"嬴,盈也,庶物盈美而以为封,即泰山嬴县。"皆明大费之所以赐姓嬴,是因其居地为嬴,古嬴地在今莱芜境。若确实如此,再参以历史上以嬴名邑、名县、名郡、名水者,莱芜外再无第二家的史实,说嬴秦的发祥地在今山东莱芜境大约不会有多大问题。①

关于嬴文化的著作众多,论述翔实,此处不再赘述。而关于牟文化的研究至今没有一篇有分量的学术论文,不能不令人遗憾。莱芜古称嬴牟,嬴文化与牟文化的关系如何? 牟文化是如何发展演变的? 这些问题亟待探讨。尹承乾《莱芜历史沿革(修订稿)》在"禹夏王朝(前 2070 年至前 1600 年)"一段引用有关史料指出:

> 这一时期,由于伯益之父皋陶发明了农业生产工具耒耜,为农业生产创造了条件,于是东夷分出了一批如牟(鲜)、来(粹)、齐、秦、谷、柴(费)等以谷类为图腾的国家,标志着由狩猎向农耕时代过渡。牟族选育出了大麦,莱族选育出了小麦。牟族主要聚居于今莱芜东部,以辛庄镇赵泉村的牟城遗址为中心,以后建立了方国。

牟夷和莱夷一样,都是生活在莱芜的东夷人的重要支系。由此还可知,莱芜与古代牟子国有深厚的历史渊源,牟族是东夷族的一支,牟夷人培育出大麦。从农耕文化的角度来看,嬴指庶物丰美,而牟则是指大麦,嬴牟并称,可见远古莱芜农耕文明的发达。

牟子国如何发展演变成牟县的呢?《汉书·地理志》在"莱芜"一条中说:

---

① 张广志. 嬴秦的族源和早期活动地域[A]. 宋镇豪. 嬴秦始源——首届中国(莱芜)嬴历史文化学术研讨会论文集[C]. 北京:中国社会科学出版社,2013:20.

"莱芜,原山,淄水所出。……嬴,有铁官。牟,故国。"①杜预《春秋经传集解·桓公十五年》解释说:"牟国,今泰山牟县。"②莱芜还是古牟国的故地,柳明瑞的《"莱芜"源于"来牟"考释》一文指出:

> 故址在今莱芜牟汶河畔的古牟国,系由史前期的东夷族部落发展起来的古国,妘姓。《通志·氏族略二》:"《风俗通义》云:牟子国祝融之后。"至周时成为子爵方国,春秋时降为鲁国的附庸国。《春秋·桓公十五年》(前697年):"邾人、牟人、葛人来朝。"直将牟国国君降为牟人。楚考烈王(前249年),为楚所灭。但余脉一息尚存,汉代在古牟国置牟县。

牟国灭亡后,东汉代变成牟县。

历史见证了牟族、牟国、牟县的发展和地域变化。牟国,子爵方国,也称牟子国。牟子国先属于鲁国,在西周和春秋时期是鲁国的附庸国,与鲁国交好。牟子国受鲁国文化的影响,知礼而守礼,按规定到鲁国朝拜。据《春秋》记载,前697年,牟子国国君到鲁国朝拜。前655年,鲁国和牟子国联姻,鲁国娶了牟子国的公主。牟子国在鲁国保护下,安全度过了西周至春秋初期。牟子国因处于齐鲁交界处,齐鲁多次在这里交战,如长勺之战和艾陵之战均在牟子国境内。春秋晚期,牟子国逐渐由齐国管辖。战国时期,被楚国所灭。战国末期,牟子国人东迁牟平。牟子国虽然被灭,但牟县依旧存在。三国时,嬴郡下辖五个县,南朝刘宋省莱芜县,其地析入嬴、牟、贝丘县,三国时的嬴郡管辖范围当包括牟地。《魏书·卷一零六·地形中·兖州》说泰山郡有县六,包含嬴、牟二县,嬴县有嬴城、铜冶山、汶水等处,牟县有莱芜城、望石山、牟城、平州城等处。③《晋书·卷三十四·羊祜传》说晋武帝下"诏以泰山之南武阳、牟、南城、梁父、平

---

① 班固. 汉书[M]. 杭州:浙江古籍出版社,2000:554.

② 杜预. 春秋经传集解[M]. 上海:上海古籍出版社,1988:118.

③ 魏收. 魏书[M]. 上海:上海古籍出版社,1986:2454.

阳五县为南城郡,封祜为南城侯,置相,与郡公同"①。三国名将羊祜是泰山南城人,其地今属新泰。羊祜少年时曾游于莱芜一代的汶水之滨,遇一父老,预言其将建功业于天下。后来他辅佐晋武帝司马炎,立功受封为南城侯,其封地包含牟县。

《隋书·卷三十一·地理志二十六》在"博城"下面注解说:"旧曰博,置泰山郡。后齐改郡曰东平,又并博平牟入焉。""赢"下注解说:"开皇十六年分置牟城县,大业初并入焉。有艾山,有淄水。"②牟县曾一度并入博城,博城属于鲁郡。在开皇十六年(597年),隋代再次设置牟县。隋炀帝大业初年(605年),牟县被并入赢县。

清宣统年间,张梅亭《莱芜县志·卷一》在"地理志"叙述牟县历史沿革中说:

> 周齐赢邑、平洲邑、又牟国。《魏志》牟县有平洲城。由桓公十五年,邾人、牟人、葛人来朝。杜注:牟国,今泰山牟县。牟县故城,在县东二十里。……刘宋兖州泰山郡赢县牟县,后魏因之。刘宋省莱芜县,其地析入赢、牟、贝邱三县。高齐兖州东平郡赢县,省牟县入博城县,周因之。隋兖州鲁郡赢县,开皇十六年析博城,置牟城县,大业初省,入赢县。……案《旧唐志》、《元和志》并称:贞观初省赢入博城,长安四年又于废赢县置莱芜县。③

尹承乾《莱芜历史沿革(修订稿)》增补了更多关于牟县演变及地形的史料,注明了详细时间,还结合当地考古发现,增加了部分按语:

> 三国(220年至265年)赢县、莱芜县与博、奉高、梁甫、巨平……
> 东牟(按:应为牟县,治今山东莱芜市)、东平阳(治今山东新泰市)
> 11县同属兖州泰山郡。晋(265年至420年)赢县、牟县、莱芜县与

① 房玄龄.晋书[M].上海:上海古籍出版社,1986:1361.
② 魏征.隋书[M].上海:上海古籍出版社,1986:3360.
③ 张梅亭,王希曾.清宣统《莱芜县志》[A].尹承乾.莱芜历代志书集成[M].北京:中国图书出版社,2009:429-430.

奉高、博、南城、梁父、山茌、新泰、南武阳、巨平11县同属兖州泰山郡。咸宁三年(277年),晋武帝诏合泰山郡之南城、南武阳、牟、梁父、平阳五县为南城郡,封大将军羊祜为南城侯,祜退让历年,帝许之,遂废南城郡。南北朝(420年至589年)嬴、牟与巨平、奉高、博平、梁父诸县同属兖州泰山郡。北魏(386年至534年),嬴县县城由城子县东移至今莱城东北23千米的南文字县村。北部包括颜神镇(今博山)。《魏书·地形志》在嬴县条下注有以下名胜古迹:马耳山洞、汶水出焉。唐埠、嬴(按:此处应指原城子县古嬴城)、铜冶山(今铜山);在牟县条下注有以下名胜古迹:莱芜城(淄川莱芜谷,汉莱芜古城,此时莱芜县可能撤销,否则嬴县治所不会东移)、平州城(按:应是平州古城,一说即梁父城,遗址未详)、牟城(按:应是古城,此时似乎牟县治所不在原牟县城)、望石山(按:今城东北万福山,又名望夫山、冠山)。宋武帝刘裕收复兖州后,嬴、牟与奉高、巨平、南城、武阳、梁父、博同属兖州泰山郡。南北朝宋(420年至479年)撤销莱芜县,其辖地分别划归嬴县(治今山东莱芜苗山镇南文字县村)、牟县和贝丘县(元嘉五年,428年)改般阳县(汉景帝二年,前155年,设般阳)为贝丘。刘宋末年(479年),嬴、牟与奉高、博、梁父、巨平六县同属兖州泰山郡。北齐(561年至578年)天宝七年(556年),省牟县入博平县(治今山东泰安岱岳区旧县村)。隋(581年至618年)嬴县归徐州鲁郡。隋文帝杨坚代周自立,其在位初年,废除北齐所置东平郡(旧泰山郡),所属嬴、梁父、博城等闲,改立鲁郡。开皇十六年(596年),曾从嬴县分置牟城县,大业(605年)初,又并入嬴县,从此牟县再未复置。

对于北魏至唐代的嬴县位置是否在南文字县,学界至今仍存在质疑,也有一说在蔡家镇、片家镇一带,距离莱芜城北15千米,篇幅及题目所限,暂不

展开讨论。

经莱芜市文物办考证,牟国遗址在今辛庄镇赵泉。嬴牟故地有许多石器、铜器等文物出土,莱芜、牟县等皆有古印或封泥等出土。2009 年,山东梁山小安山出土了"嬴县左执奸"半通铜印,鼻钮,全高 17 毫米,台高 7.5 毫米,印面 24 毫米×13 毫米。嬴牟关系密切,和莱芜县多个朝代共同属于兖州泰山郡。嬴县和牟县的地域及其归属在历史上来回变换,牟县曾一度属于嬴县,隋朝大业初年(605 年)后,牟县并入嬴县,牟县不再存在。唐长安四年(704 年)后,嬴县也不再存在,以后以莱芜名称替代了嬴牟古县城。唐时,将嬴县、牟县、莱芜县等改置为莱芜县,从此牟县名称再未出现。莱芜古称嬴牟,与以上史料所记载的嬴牟地域的变化关系密切。

### 三、牟子国的朝鲁东迁、牟人崇拜以及牟人的外交农耕和冶炼文化

除了牟子国、牟县的地域历史沿革变化外,宋继荣《春秋战国时期齐鲁文化的交汇地》[①]对"牟子国朝鲁与东迁"增补了更多有关"牟"的史料,特别是与鲁国的通婚,牟子国的外交关系,牟人崇拜,牟人建设论述尤为新颖丰富,兹简要引述如下:

> 鲁僖公五年(前 655 年)夏,公孙兹到牟国行订婚礼。公孙兹(? —前 644),姬姓,叔孙氏,名兹,谥戴。春秋前期鲁国公族鲁桓公之孙,故称公孙兹,是叔牙之子,史称叔孙戴伯。叔牙被杀后,司徒季友以公孙兹继其父。娶妻,要有纳币(订婚)、亲迎等礼节。公孙兹请示鲁僖公后,遵照鲁僖公之命出国,到牟国行纳币订婚之礼。公孙兹献给牟君较多的钱财等物,求牟君的公主为妻。牟君以隆重

---

① 宋继荣. 春秋战国时期齐鲁文化的交汇地[A]. 牛志春. 山东文化通览·莱芜文化通览[M]. 济南:山东人民出版社,2012:78—80.

的礼节接待公孙兹,自然同意其婚事,以求得到鲁国的保护,确保

国泰民安。

春秋战国时,牟子国与邻国关系十分密切。此时,莱芜境内除嬴、牟、平州、长勺等国和封邑外,又增加了艾邑、丰丘和成等齐国的封地。至春秋末年,莱芜境内已全是齐国的附庸和封地。牟子国虽然先后依附于鲁、齐两个大国,但不仗势欺人,与境内邻国友好往来,未有与邻国征伐或随齐鲁两国征伐别国的历史记载和传说。可见牟子国向往和平,不愿大动干戈。牟人在战国末年由莱芜东迁至牟平,迁徙原因不详。王献唐在《山东古国考》中引叶圭绶《续山东考古录·登州府沿革·黄县》说:"莱本在西,齐迁之郱(东迁黄县之倪),遂名东莱;与牟本在今莱芜,齐迁之于今福山宁海,遂名东牟,正出一例。"①

牟人和牛的关系密切,康殷《文字源流浅说》云,牛字,在甲骨文中"牛头形,古文字中的牛(和羊)都用它的特点——鲜明的牛角形来表现"②。许慎《说文解字·牛部》云:"牟,牛鸣也。从牛,厶象其声气从口中出。"③柳宗元《牛赋》云:"牟然而鸣。"牟与牛形意相同,牟人用牛叫得牛头图形来称本族和国名,并名所在地为牟峰山、牟汶河、牟子国、牟城等,牛成为牟人的图徽或标志符号,所以牟人崇拜牛。

牟是较早培植大麦的古国,一直相延成俗。牟城周围地势平坦,土地肥沃,有赵家泉水灌田,适宜种麦,旱涝保收。城南的兴隆庄和墨埠两村分别是牟子国的粮仓和港口。牟子国虽小,但人们丰衣足食,安居乐业。

犇中牛与麦联系在一起,除代表牟人种麦的意义外,还说明牟人种麦使

① 王献唐. 山东古国考[M]. 济南:齐鲁书社,1983:170.
② 康殷. 文字源流浅说[A]. 牛志春. 山东文化通览·莱芜文化通览[M]. 济南:山东人民出版社,2012:79.
③ 桂馥. 说文解字义证[M]. 济南:齐鲁书社,1987:114.该书无"厶"字,注解为:"牛鸣也者,本书芈,羊鸣也。象生气上出,与牟同意。"

用了牛耕或用牛运麦等劳动技术。牟人不仅是较早驯牛的国家，而且是较早用牛进行生产的国家。特别是春秋以后，牛在生活、生产和作战中，都发挥着不可替代的重要作用。

牟人擅长制造敦、鏊、卮、匜青铜器或兵器。牟汶河流域有古代铜矿、锡矿和冶铸遗址，出土过一批周代敦、剑、戈等青铜器。它们用料考究，制作精美。牟子国的冶铸业是莱芜矿冶源头之一，为后代发达的莱芜矿冶打下了坚实的基础。

宋继荣的牟人朝鲁东迁研究生动地证明了牟人文化的独特创造性，在齐鲁大国夹缝中生存，牟人自强不息求生存，耕作冶炼求发展，和平相处懂礼让，取得了驯牛、使用牛力、种植大麦、制作青铜器等突出的成就。嬴牟并称，不仅在地域上同属莱芜大地，而且在发达的矿冶文化上也足以并驾齐驱。战国时，嬴铁闻名于世，而牟子国的青铜冶铸业同样发达。

### 四、牟文化与莱文化的农耕部落文明起源与莱芜地域名称的确定

古代莱芜农耕文明发达，莱芜名称的由来与代表小麦、大麦的农作物的古称"来牟"渊源甚深。王献唐《炎黄氏族文化考》对"莱芜"二字的缘起和演化进行了详细考证，他指出："麦有两种，一小麦，一大麦。《广雅》：'䵂，小麦；麰，大麦也。'……'䵂麰'即《诗》来牟。小麦之种，相传自天而来，故呼曰来。大麦之种，其呼曰为牟者，以原为牟族所所播殖，黄族从牟人传其种，因以族名称之曰牟。"[1]"《诗经》中的《思文》《臣工》两篇皆出自西周初期，其言'贻我来牟''于皇来牟'，皆作牟，不作麦，知此时期，二麦之名当存本音，用本字。"[2]来和牟是两个种麦子的氏族，以族名命名地名。王献唐还指出来牟称谓混合的演化：

---

① 王献唐. 炎黄氏族文化考[M]. 青岛：青岛出版社,2006:244.
② 王献唐. 炎黄氏族文化考[M]. 青岛：青岛出版社,2006:247.

来牟称谓之混合,由于种植区域之混合,原始种来者为一族,自称其麦曰来;种麦者为牟族人,以族名呼之曰牟。此二族之人,后混处于山左各地,今之莱芜(即来、牟二族合名)、莱阳、蒙阴(蒙由牟转,详前)尤为聚处中心。族即混处,所种之来牟即交易种植。来人于种来之外,兼可种牟;牟人于种牟之外,兼可种来。……故知莱芜诸地求之,知种莱植麦之族,初殆散处山左中部、东部、南部,其地为原始农业时期之麦区。①

此外,王献唐《山东古国考》还指出:"莱芜是因莱族与牟族杂居得名,古读牟为重唇音,声与芜相似,转写为芜。"②

《诗经》中的"贻我来牟"在史传中的乐志中经常被提到,比如《宋史·卷一百三十三·乐志》乐章二的"贻我来牟,以兴嗣岁"和乐章六的"思文后稷,贻我来牟"③,引用"来牟"表示对丰收的期盼。

莱族是最早种小麦的部族,牟族则是最早种植大麦的部族。两族杂处,形成来牟的并称,"莱芜"是"来牟"的古音转读,也是来牟两族的合名。"来牟"转读为"莱芜"经历了一个长期发展的过程。

就"莱芜"一词的内涵来看,《辞源》中的"芜"有三种义项:"田园荒芜,长满野草;丛生的草;杂乱。"④而"莱"字的含义较复杂,它有三层含义:一是有田园荒芜、杂草丛生之意。"莱"可指草名,即黎草。《诗·小雅·节南山》云:"南山有台,北山有莱。"《诗·小雅·十月之交》云:"彻我墙屋,田卒汙莱。"《明史·食货志》云:"而洪、永、熙、宣之际,百姓充实,府藏衍溢。盖是时,劝农务垦辟,土无莱芜,人敦本业。"二是"莱"有除掉杂草之意,如《周礼·地官·山虞》云:

---

① 王献唐. 炎黄氏族文化考[M]. 青岛:青岛出版社,2006:246-247.

② 王献唐. 山东古国考[M]. 济南:齐鲁书社,1983:166.

③ 脱脱. 宋史[M]. 北京:中华书局,1985:3106,3209.

④ 广东、广西、湖南、河南辞源修订组,商务印书馆编辑部. 辞源(修订本)[M]. 北京:商务印书馆,1995:1475.

"若大田猎,则莱山田之野。"三是"莱"可指修耕之田,如《周礼·地官·县师》云:"辨其天家人民田莱之数。"①

《辞源》"莱夷"词条解释:"古莱国。春秋时,为齐所灭。《(尚)书·禹贡》:'莱夷作牧,厥篚厣丝。浮于汶。达于济。'《传》莱夷,地名可以放牧。""莱芜"词条解释:"县名,属山东省。本莱子国地,《春秋》齐灵公灭莱,莱人流播于此,邑落荒芜,故以莱芜为名。汉置县,属泰山郡,晋沿革。南朝宋废。"②

《辞源》说莱芜名称来自于"邑落荒芜",显然是后起义,与莱族人、牟族人杂居而成合称"莱芜"的历史史实并不相符。《辞源》的"莱"字还有黎草、除草和修耕之田之意,"芜"字有荒芜之意,与由牟转读芜相比也是后起之意。按原始之意,"莱芜"除了两个最早种植小麦、大麦的农耕部落联合名称外,还有除掉杂草、修耕田地之意。除杂草、耕田地而种植大小麦,部落因此兴盛,这样解释应该更符合本意,也与《诗经》"贻我来牟"的愿望相契合。

莱族和牟族杂居而成莱芜,莱芜作为县名,现存的历史文献记载始见于汉代,前文已引用诸多史料来论述嬴、牟、莱芜县的演变。尹承乾《莱芜历史沿革(修订稿)》在唐代部分阐释了莱芜县的最终确立:

> 武德元年(618年)淄川、长白,莱芜县同属淄州(隋开皇十六年置淄州,治今淄川)。武德三年(619年),于博城置东泰州,领博城及梁父、嬴、肥城、岱五县。武德六年(623年)省淄州莱芜、长白两县。贞观元年(627年)东泰州废,省梁父、嬴、肥城、岱四县入博城,属兖州。从此,嬴县再未复置。此后,在今莱芜市境内77年处在无县治时期,81年没有莱芜县。长安四年(704年)在废嬴县(故址在今莱城东北南文字县村)旧址复置莱芜县,属兖州鲁郡。此时,嬴县

① 广东、广西、湖南、河南辞源修订组,商务印书馆编辑部. 辞源(修订本)[M]. 北京:商务印书馆,1995:1450.
② 广东、广西、湖南、河南辞源修订组,商务印书馆编辑部. 辞源(修订本)[M]. 北京:商务印书馆,1995:1450.

城已荒废 77 年了。从此,莱芜县治进入了今莱芜境内。……宣宗元

和十五年(820 年)莱芜县省入乾封(神龙元年改博城县为乾封,治

泰安东南博县旧址)。文宗太和元年(公元 827)复置莱芜县。

嬴、牟、莱三大文化在唐代完成融合,莱芜名称代替并包括了原来地域上
存在的嬴县、牟县和莱芜县,形成了一个固定的名称。

### 五、牟汶河对莱芜农耕文化的影响

最早居住山东的是东夷族,牟是东夷族的一个分支,善于种植大麦,"来
牟"的形成是在原始部落时期。因农业在历史发展中占有及其重要的地位,所
以《诗经》中说"贻我来牟"和"于皇来牟",歌颂并期盼得到麦子以维持生存。
嬴铁推动了莱芜的生产发展,大麦、小麦的耕种影响了莱芜的农业文明,莱芜
的母亲河大汶河起了决定作用,大汶河既有嬴汶河,也有牟汶河。

牟汶河名称起源也很早,它与古代牟子国人生活息息相关。《清史稿·卷
六十一·地理志八》"莱芜"条注解说:"东南:牟汶自蒙阴入,径牟县故城,汇响
水湾、海眼泉、孝义河水,至城南,又西,左合司马河,从之。"①《中华民国续修
莱芜县志》引用《水经注》对汶水的记载:"汉出牟县故城西南阜下,俗谓之葫
芦堆。牟汶河,因河水流经古牟子国地得名。"又进一步指出:"牟汶源出县东
南,合诸泉水,北境葫芦山。牟汶源出蒙阴、莱芜之交海眼泉。西流折北会青泥
沟泉,经葫芦山南,又折而东以出古牟地,又经牟城,故谓之牟汶。"②牟汶河为
牟族的繁衍提供了水源上的保证,莱牟两族和睦相处,最早耕种大麦,促进了
莱芜农耕文明的发展。

尹承乾《莱芜文化通览》的绪论详细指明了牟汶河的源头、流经区域和哺

① 赵尔巽. 清史稿[M]. 上海:上海古籍出版社,1986:293.
② 亓因培,许子翼,王希曾. 中华民国《续修莱芜县志》[A]. 尹承乾. 莱芜历代志书集成[M]. 北
京:中国图书出版社,2009.704.

育的文化。牟汶河发源于大汶河上游的莱芜东部及东南部，其自然源头较多，主要有南、北两大源。南部发源于莱芜东南部旋崮山下的台子村（今山东莱芜钢城区黄庄镇境内），在寨子村与莲花山东麓之水汇合后，经葫芦山、颜庄、下北港与北源之水汇合。北源发源于莱芜东部三府山西西麓砟峪、裴家庄（又名汶源庄）一带，经铁车、辛庄、赵家泉（古牟城），在下北港与葫芦山之水汇合后，统称牟汶河。向西经今莱城、方下、牛泉，在泰安境内与嬴汶河汇合，后流入大汶河。牟汶河是山东境内第一大河流，境内全长 65.5 千米，流域面积 1372.96 平方千米。

牟汶河纳莱芜东南众山之水后，进入中西部平原，源源不断地向西流去，哺育了原始社会牟族、莱族的先民，创造了灿烂的大汶口文化、龙山文化，留下了牟城、汶阳、嘶马河等一批文化遗址。《禹贡》中"浮于汶，达于济"的贡道也由此而始。商周时期的牟国，到汉代衍化成牟县，直到隋大业初年才并入嬴县。另外，春秋时期的长勺邑、艾邑、平州也在牟汶河流域。著名的艾之盟、夹谷会盟、长勺之战、艾陵之战等，也都发生在牟汶河流域。汉代至明代，牟汶河流域的冶铁业非常繁盛。[1]

说到莱芜的农耕文明，不能不提及少昊帝和莱芜的关系。上古五帝之一的少昊帝是东夷族的领袖，生于嬴汶水，是嬴人的祖先，他在曲阜建立都城，以鸟名为官名，凤凰为历正，影响了二十四节气的诞生，对农业文化产生了重要影响。东夷在他的统治下，成为崇拜鸟图腾的部落，莱夷的图腾也是一种鸟。所谓的"鸟官"，实际上是根据鸟的作息来确定节气。《后汉书·百官公卿上》"少昊鸟师鸟名"引用张晏的话注解道："少昊之立，凤鸟适至，因以名官。凤鸟氏为历正，玄鸟司分，伯赵司至，青鸟司开（《通典》为启），丹鸟司闭。"颜师古指出"玄鸟"就是燕子，"伯赵"是伯劳鸟，"青鸟"是鸧鹒，"丹鸟"是鷩雉，

---

① 尹承乾. 绪论［A］. 牛志春. 山东文化通览·莱芜文化通览［M］. 济南：山东人民出版社，2012：5.

凤凰是百鸟之长。《通典》①进一步指明"凤鸟知天时,为历正之官"。"司分"说明了燕子春分来,秋分去;伯劳"司至"夏至鸣,冬至止;青鸟"司启"立春鸣,立秋止;丹鸟"司闭"立秋来,立冬去。此外《通典》还列举祝鸠氏为司徒,主管教化百姓;鸠氏为司马,主管法制;鸤鸠氏为司空,主管平治水土;爽鸠氏为司寇,主管抓捕贼盗等。

### 六、牟文化的历史遗存

牟子国都城位于山东莱芜钢城区辛庄镇赵家泉村。城墙用土夯筑而成,有三个城门,现仅存西北角一段残墙,出土有周代的石器、陶器、青铜器、蚌和骨器。尹承乾《中华文明早期的莱芜》第一章第二节"牟汶河两岸先秦文化遗址分布"②对牟文化的历史遗存进行了更加详细的说明,摘要简述如下:

牟汶河流经的区域已发现多处古代文明遗址,较大的有赵家泉牟城遗址、汶阳遗址和嘶马河遗址等。

赵家泉遗址位于莱城以东10千米的赵家泉村北边的高地上,北、西两面有牟汶河环绕,总面积30多万平方米。遗址北部文化层厚1米多,分为三层,上层为黄土层,中层为黑褐土层。在中层的黑褐土层中发现有磨制精细的骨锥,有兽骨、贝壳等,还有较多的陶鬲等陶器。有的鬲器身陶片较大,有用火痕迹。石器有斧、凿、玉铲等,通体磨光。陶片的纹饰以绳纹为主,有些器物上有附加堆纹等。从这些陶器残片的特征来看,应为商代晚期至战国时期的遗物。赵家泉牟城遗址所呈现的文化特征上限在商代晚期,经周代一直向下延续。

---

① 杜佑. 通典[M]. 杭州:浙江古籍出版社,1988:105.
② 尹承乾. 中华文明早期的莱芜[A]. 牛志春. 山东文化通览·莱芜文化通览[M]. 济南:山东人民出版社,2012:22~23.

汶阳遗址位于莱城东南汶阳村北牟汶河弯曲部的河边高台地上,南北长 500 米,宽 300 米。遗址主要有石器、骨器、蚌器、牙器、玉器、个别的残陶器和陶器残片。汶阳遗址为大汶口文化至龙山温暖时期的遗址。

牟汶河下游主要指孝义河与牟汶河汇合处向下(向西)至牟汶河与泰安的汇合处之间的流域,重要的古文化遗址有嘶马河遗址和王善遗址。嘶马河遗址位于莱城以西 6 千米,牟汶河以北、嘶马河村西,于 1983 年发现,遗址为高台地,黄沙土质,面积约为 2500 平方米。在遗址处采集到三角形鼎足、褐陶鬲足、灰陶钵口沿、磨光石斧,为龙山文化时期遗址。王善寺遗址位于莱城张家洼王善村,出土磨制石器、和单耳黑陶杯等,遗址文化特征上从大汶口文化、龙山文化一直延续到宋元时期。

### 七、牟文化地域影响的拓展

"牟"的名称起源很早,古代莱芜就有牟汶河。《史记·封禅书》说:"黄帝封泰山,禅亭亭。"服虔注释说:"亭亭山在牟阴。"[1]"牟阴"当是牟汶河之阴。由上可知,莱芜是牟人的发源地,是牟族的聚居地和牟国建立诸侯国的故地。

牟族经过长期的发展,形成了牟子国。《辞源》说,古代有牟子国,相传是祝融之后,因以为氏。对于牟国的故地,曾有东牟和莱芜两种说法。唐杜佑《通典·卷一百八十》把"莱州"看成"春秋莱子国,战国属齐。秦属齐郡。汉以下并属东莱郡。大唐武太后分莱州,置登州,或为东牟郡"[2]。把东牟郡(今山东登州、蓬莱一带)称作"春秋牟子国"[3]。这个说法很值得商榷,顾名思义,"东莱"

---

① 司马迁. 史记[M]. 上海:上海古籍出版社,1986:192.

② 杜佑. 通典[M]. 杭州:浙江古籍出版社,1988:958.

③ 杜佑. 通典[M]. 杭州:浙江古籍出版社,1988:958.

和"东牟"应是莱人和牟人向东搬迁之后形成的,应晚于不附加方向的"来牟"。此外,比《通典》还要早的史书《汉书》给我们提供了进一步的佐证,前面所引的《汉书·地理志》在"莱芜"条中说:"牟,故国。"颜师古注解说:"《春秋》桓十五年'牟人来朝'。"①鲁桓公十五年,牟国归附于鲁国。《山东古国考》进一步指出:"牟本在今莱芜,齐迁之于福山,遂名东牟。"②东莱的莱子国和牟子国实际上是莱人和牟人东迁后重新建立的诸侯国。

春秋战国时期,牟族虽说不上强大,但也是个有影响力的部族。当时有很多地方的名称与牟有关,如《历代兵制·卷一·春秋》部分注释说,在鲁昭公时期,"根牟,鲁东界"③。当时鲁国的东部边界叫根牟。《清史稿·卷六十一·志三十六》指出,安丘地界上有"安丘山,西南十五里,即今牟山,所谓牟娄,古牟夷国"④。

牟夷人不仅居住在安丘这个古牟夷国,《史记·卷三十六》还提到杞国与牟夷人的关系,《史记索隐》说:"故《地理志》云雍丘县,故杞国,周武王封禹后为东楼公是也。盖周封杞而居雍丘,至春秋时杞已迁东国,故《左氏》隐四年《传》云:'莒人伐杞,取牟娄。'牟娄者,曹东邑也。"⑤杞国所在的"陈留雍丘县"在今河南境内,牟娄是杞国的一个县。又如《汉书·卷二十七》提到莒国和牟人的关系,鲁昭公五年,"莒牟夷以二邑来奔,莒怒伐鲁"⑥。可见牟夷在莒国的位置举足轻重。以上几则史料说明原居住于莱芜的牟人因战争等原因,为了生存不仅向东迁徙,而且向南迁移。

牟族发展形成牟子国,牟人为了生存,不断搬迁,这使牟人的活动范围进一步扩大。那么,牟人是何时东迁的呢?史书没有明确的记载,一般认为齐国前

① 班固著. 颜师古注. 汉书[M]. 上海:上海古籍出版社,1986:517.

② 王献唐. 山东古国考[M]. 济南:齐鲁书社,1983:170.

③ 袁林. 汉籍全文检索系统[DB/OL]. 西安:陕西师范大学历史文化学院,2002.

④ 赵尔巽. 清史稿[M]. 上海:上海古籍出版社,1986:9088.

⑤ 司马迁. 史记[M]. 上海:上海古籍出版社,1986:193.

⑥ 班固著. 颜师古注. 汉书[M]. 上海:上海古籍出版社,1986:501.

567 年灭掉莱子国之后,牟子国也受到威胁,随着莱人的搬迁,也进行了迁徙。

牟子国的位置处在齐鲁两国交界之处,很容易成为两国交战的战场。前 484 年吴鲁联军在艾陵与齐国进行大战,艾陵大战的位置应该就在牟子国内。牟国本来依附于鲁国,战国时,牟国被楚国所灭。战争使牟国人深受其害,处在齐鲁交界之处的牟子国不得不迁到齐国的大后方。南宋罗泌的《路史》说:"牟逼近临淄,乃迁于东海。"①牟人被迫从莱芜东迁至烟台福山,在那里重建了牟子国。齐国依仗势力强大,还是吞并了莱子国和牟子国这两个小国,齐国的疆土东扩到胶东半岛。山东东牟(今山东东莱)和牟平就是牟人东迁后形成的。

除了莱芜、东牟、牟平与古牟国关系密切外,还有许多地名以牟来命名,有些是牟人搬迁后改变了地名,有些则是从文化内涵上用牟来命名。战国时期,牟人还向南、向西搬迁,河南有中牟等地。中牟曾经作为赵国的都城。《汉书·霍光传》还记载汉代上林苑有牟首池。唐太宗征伐高丽,辽东有盖牟城。五代时,四川成都有弥牟镇。

中国古代有好几处地名叫作牟州,隋开皇十六年(597 年),在山东东莱郡观周设置牟州,隋文帝让辛公义任牟州刺史。山东登州在唐初被称为牟州。唐武德三年,河南中牟以县置牟州。三国时,诸葛亮征伐南中,云南定远有地名目直睒改为牟州,元宪宗四年立牟州千户,至元十二年改为定远州。

牟人属于东夷人的一支,此外还有西夷,与东夷对称,而且地名命名上也有相似的现象,如发生地震的汶川,原名广柔,隋朝改称汶川,属茂州。《史记·本纪二》注引《华阳国志》云:"今夷人共营其地,方百里不敢居牧,至今犹不敢放六畜。"②《史记·卷一五》说:"夫作事者必于东南,收功实者常于西北。故禹

---

① 袁林. 汉籍全文检索系统[DB/OL]. 西安:陕西师范大学历史文化学院,2002.

② 司马迁. 史记[M]. 上海:上海古籍出版社,1986:11.

兴于西羌,汤起于亳。"①《史记索隐》引皇甫谧的话说:"孟子称禹生石纽,西夷人也。传曰'禹生自西羌'是也。"②《史记正义》云:"禹生于茂州汶川县,本冉駹国,皆西羌。"③汶川也有汶水,是岷江的支流,也称锦水。莱芜有牟夷、汶水,四川有西夷、汶川,地名上有某种联系。再如《清史稿·卷六十九·地理志》成都沱江支流"锦水"条云:"锦水又名为利水河,并入金堂。其正流至城东南入湔水,在县北,亦自新繁入,合弥牟水,东入金堂。有弥牟、军屯二镇。"④北宋时期,西夏修建南牟城等。

牟人不仅朝中国东部和西南部迁徙,而且从胶东半岛漂洋过海,迁到朝鲜半岛了,在海外建立了许多国家。如《三国志·卷三十·魏书》记载高句丽有许多与牟有关的诸侯国名和地名,有"牟水国""优休牟涿国""牟卢卑离国"……⑤

## 八、牟姓与牟的其他内涵

随着牟族的发展,牟姓也形成了。牟姓作为中国的一个大姓,它的起源也很早。南宋郑樵《通志·氏族略》指出:"牟子国,祝融之后,后因氏焉。"⑥祝融是五帝之一的颛顼之后,担任后起的五帝之一帝喾高辛氏的火正,祝融的含义是"天明地德,光照四海"。牟姓较早的名人是牟贾,《史记·卷二十四·乐书》用很长的篇幅叙述孔子向牟贾问《武》乐和《商》乐的情况。战国时,齐国有大夫牟辛。从两个人的姓氏可以看出,他们与牟子国的密切关系。汉有太尉牟融,汉代牟乡为博士。

---

① 司马迁. 史记[M]. 上海:上海古籍出版社,1986:76.

② 司马迁. 史记[M]. 上海:上海古籍出版社,1986:76.

③ 司马迁. 史记[M]. 上海:上海古籍出版社,1986:76.

④ 赵尔巽. 清史稿[M]. 上海:上海古籍出版社,1986:9103.

⑤ 陈寿. 三国志[M]. 长沙:岳麓书社,1994:681.

⑥ 郑樵撰. 王树民点校. 通志二十略[M]. 北京:中华书局,1995:67.

牟姓也是朝鲜族的一个大姓，《南史·卷七十九》说："晋义熙十二年，以百济王余映为使持节，都督百济诸军事、镇东将军、百济王。……明帝泰始七年，又遣使贡献。庆死，立子牟都。都死，立子牟大。齐永明中，除大都督百济诸军事、镇东大将军、百济王。"①

牟还有大、博大的含义，如《吕氏春秋·卷十三·听言》云："贤者之道，牟而难知，妙而难见。"高诱注解说："牟，犹大也。"②所以牟不仅用作姓氏，而且常用作名字，如《史记·卫康叔世家》提到卫康叔之子牟伯，又称王孙牟父，卫宣公有一子名黔牟，曾替代卫惠公为国君八年。③《通典·卷二十八·职官》云："魏献子、卫文子并居将军之号。"注解说："文子为卫之将军，名弥牟。"④

牟还用作祭祀的金属器皿，如《礼记·内则》⑤"牟"注释说："齐人呼土釜为牟。"⑥与牟有关的地名也作为侯爵名称，如西汉刘兴居被封为东牟侯。三国魏明帝即位，进许褚为牟乡侯。后来牟还有牟取、侵夺的含义，如《汉景帝纪》云："渔夺百姓，侵牟万民。"⑦

总之，牟指小麦、牟人、牟族、牟姓、牟国、博大等，这些含义是牟的较早内涵，成为牟文化的组成部分。牟文化发达，成为莱芜文化的来源和基础。牟人培育小麦，驯化耕牛，创造了灿烂的农业文化。牟人发明弓矢，铸造青铜器，有利于人类征服自然，也作为兵器在战争中使用，是莱芜战争文化的最早起源。牟人依附于鲁，孔子问乐于牟贾，使牟文化带有鲁的礼乐文化特征，牟灭于楚，东迁之地最终归于齐，又带有齐文化重视功利、牟取利益的工商

① 李延寿. 南史[M]. 上海：上海古籍出版社，1986：2883.

② 吕不韦. 吕氏春秋[M]. 上海：上海书店出版社，1986：132.

③ 司马迁. 史记[M]. 上海：上海古籍出版社，1986：194.

④ 杜佑. 通典[M]. 杭州：浙江古籍出版社，1988：163.

⑤ 郑玄注. 孔颖达疏. 礼记正义[M]. 上海：上海古籍出版社，1990：1462.

⑥ 郑玄注. 孔颖达疏. 礼记正义[M]. 上海：上海古籍出版社，1990：1462.

⑦ 班固著. 颜师古注. 汉书[M]. 上海：上海古籍出版社，1986：382.

文化特征。

最后需要说明的是，关于牟，还有很多的未解之谜，需要历史资料、出土文物的进一步佐证和深入探讨。希望本文能起到抛砖引玉的作用，不当之处，敬请方家指正。

# 附　录

## 《固原历史文化研究》约稿函

　　宁夏师范学院固原历史文化研究中心是经宁夏回族自治区编办批准，于2011年年底正式成立的学术研究机构。固原历史文化研究中心立足地方区域文化，以"追踪固原历史文化，服务地方文化建设"为宗旨，是宁夏师范学院为提高学校哲学社会科学的科研质量和学术水平，在哲学社会科学研究领域发挥引领作用的目标下，整合校内外资源成立的科研实体，目的是将固原历史文化研究中心建设成为固原文献整理与区域史研究、固原历史环境与社会发展研究、固原文化遗产保护与产业开发研究、地方语言与民俗研究的重要基地，成为固原历史文化领域的资料中心、研究中心、学术交流中心、信息咨询中心，成为服务固原经济社会发展的强大智力库与高级人才库，全力推动固原区域经济社会大发展。

　　目前，中心编纂的《固原历史文化研究》已经出版了五辑，《固原历史文化研究》面向学界和社会各界人士征稿，敬请专家、学者不吝赐稿。

### 一、栏目设置

　　《固原历史文化研究》的常设栏目有"政治军事""社会经济""历史地理""文物考古""语言民俗""皇甫谧研究""环境生态""丝路研究""区域文化""文化产业"等。研究范围可不局限于固原地区，宁夏境内甚至西北地区的相关研究均可。

## 二、论文规范要求

根据书刊编辑规范化、标准化及现代化的需求,《固原历史文化研究》编辑部对作者稿件的结构、格式和体例等问题作如下说明。

第一,来稿应具有一定的学术水平。选题新颖、观点鲜明、材料翔实、论述严谨、语言规范、文字简练,切近固原历史文化的相关研究领域。

第二,来稿须结构齐全。按顺序包括下列内容:

1. 题名。概括文章的要旨,应简明、具体、准确,可加副标题。

2. 作者及工作单位。作者宜署真名;多个作者中间空一个汉字格;工作单位署单位全称,统一放置到论文最后(加括号,多个作者用";"隔开)。

3. 摘要。摘要内容应具有独立性和自含性,不用报道语式,不用序号,不分段。字数在 300 字以内。

4. 关键词。选取最能反映文章主要内容的名词性术语做关键词,以 3 至 5 个为宜,关键词之间空一个汉字格。

5. 基金项目。若有基金资助产出的文章,可以注明基金项目的名称和编号。

6. 作者简介。包括姓名、出生年、性别、民族、籍贯、职称、学位、研究方向或简历等。

7. 正文。文内标题应简洁、明确,层次一般不超过 5 级,层次序号采用"一、(一)、1、(1)、1)……"顺序标示,不宜用①,以与注释号区分。

8. 注释。注释是对论文某一特定内容的解释或补充说明,按顺序做页下注(序号设置为每页重新编号)。注释用带圆圈的阿拉伯数字标注,如①,且用上标。在页脚写清楚文献来源。如:

①薛正昌. 固原历史地理与文化[M]. 兰州:甘肃文化出版社,1995:11.

②范晔. 后汉书[M]. 北京:中华书局,1965:1565.

③戴伟华. 论岑参边塞诗独特风格形成的原因[J]. 文学遗产, 1997,（4）.

（三）来稿一律用 Word 文档,校对无误后,发到征稿电子邮箱。为便于联系,请作者提供联系电话。发送邮件时,主题一栏请注明作者及论文题目。

来稿应为原创性论文,即从未在正式刊物或网上发表过的研究成果。《固原历史文化研究》编辑部有权对采用稿件进行文字处理,作适当删改,如作者不同意,敬请注明。同时敬请各位作者遵守国家有关版权和著作权的法律、法规;切忌一稿多投;严禁抄袭、剽窃,否则作者自负其责。

### 三、注意事项

《固原历史文化研究》长期征稿,每年的 5 月底完成当年一辑的组稿工作。

其他未尽事宜,敬请来电垂询。

通讯地址:宁夏固原市原州区学院路宁夏师范学院固原历史文化研究中心（756000）

投稿邮箱:nsgylswhyjzx@163.com

nxazf@163.com

联系电话:0954-2079586

固原历史文化研究中心

2017 年 12 月 5 日

# 后 记

2016 年,宁夏回族自治区人文社科重点研究基地固原历史文化研究中心面向宁夏区内外学者、专家征稿,克服诸多困难,编辑出版了中心成立以来的第一部原创性学术论文集《固原历史文化研究(第四辑)》。在论文集发行仪式上,资深专家与青年学者肯定了编辑出版固原历史文化论文的必要性和价值。当下,在国家大力弘扬文化自信,提倡文化自觉的时代背景下,通过呈现最新的学术成果,推动地方文化的传播与研究,是固原历史文化研究中心的责任与使命。为此,我们今年继续编辑了论文集《固原历史文化研究(第五辑)》,以保持延续性。本书在体例上没有大的变化,但有几点需要说明。

第一,在栏目设置方面更加精当。将第四辑的"固原历史文化研究"栏目改为第五辑的"历史与文化"栏目,"地方语言民俗研究"栏目改为"语言与民俗"栏目。这样改动,可以在语言表述与视觉效果方面给读者更加精练、舒服的感觉。

第二,拓宽固原历史文化研究的范围。文化的内涵是宽泛的,包括文学艺术,因此新增"文学与艺术"栏目,征集到关于固原文学艺术研究的论文五篇。希望从事此领域研究的学者继续关注这个栏目,并不吝赐稿。

第三,学术研究需要在交流中进步。本辑开设"地方文化交流"栏目,期望不同地域从事地方文化研究的学者在此交流学术成果与研究心得,

提升地方文化研究的水平。

本辑的编辑出版得到了宁夏区内外学者的大力支持。有的老专家一如既往地关注这本小辑子,早早寄来大作;有的学者将原本可以在其他期刊发表的论文赐予本辑;有的一遍遍修改,不厌其烦。正是他们在固原历史文化研究领域的投入与付出,使得固原地区的历史文化为更多的人关注、熟知。在此,要对他们表示由衷的敬意与感谢!

感谢阳光出版社的编辑申佳女士,她对书稿正文认真编校,提出了细致的修订意见。感谢宁夏师范学院"学人文库"编委会的各位专家,他们的评审和推荐,使本书得以纳入《宁夏师范学校"学人文库"第六辑》,得到了宁夏师范学院科研经费的资助,在此致以诚挚的感谢。

编者

2017 年 12 月

**图书在版编目（CIP）数据**

固原历史文化研究. 第五辑 / 刘衍青主编. -- 银川:
阳光出版社, 2018.7
（宁夏师范学院学人文库. 第六辑）
ISBN 978-7-5525-4406-0

Ⅰ. ①固… Ⅱ. ①刘… Ⅲ. ①文化史－固原－文集
Ⅳ. ①K294.33-53

中国版本图书馆CIP数据核字(2018)第189131号

**固原历史文化研究（第五辑）**　　　　刘衍青　主编

责任编辑　申　佳
封面设计　晨　皓
责任印制　岳建宁

黄河出版传媒集团
阳　光　出　版　社　　出版发行

地　　　址　宁夏银川市北京东路139号出版大厦（750001）
网　　　址　http://www.ygchbs.com
网上书店　http://shop129132959.taobao.com
电子信箱　yangguangchubanshe@163.com
邮购电话　0951-5014139
经　　　销　全国新华书店
印刷装订　宁夏凤鸣彩印广告有限公司
印刷委托书号　（宁）0011507

开　　本　787mm×1092mm　1/16
印　　张　16.25
字　　数　200千字
版　　次　2018年10月第1版
印　　次　2018年10月第1次印刷
书　　号　ISBN 978-7-5525-4406-0
定　　价　42.00元

宁夏师范学院学人文库·第六辑

# 固原历史文化研究（第五辑）

GUYUANLISHIWENHUAYANJIU

刘衍青·主编

黄河出版传媒集团
阳光出版社